古代文化常識百科

徐振邦　著

商務印書館

本書由北京商務印書館有限公司授權出版

古代文化常識百科

作　　者：徐振邦

責任編輯：甘麗華　鄒淑樺

封面設計：涂　慧

出　　版：商務印書館（香港）有限公司

　　　　　香港筲箕灣耀興道 3 號東滙廣場 8 樓

　　　　　http://www.commercialpress.com.hk

發　　行：香港聯合書刊物流有限公司

　　　　　香港新界荃灣德士古道 220-248 號荃灣工業中心 16 樓

印　　刷：美雅印刷製本有限公司

　　　　　九龍觀塘榮業街 6 號海濱工業大廈 4 樓 A

版　　次：2022 年 1 月第 1 版第 5 次印刷

　　　　　© 2017 商務印書館（香港）有限公司

　　　　　ISBN 978 962 07 5730 3

　　　　　Printed in Hong Kong

前　言

　　中國文化歷史淵遠流長，從天文地理到禮樂科教、衣食住行，皆蘊藏着古人的生活智慧結晶，不僅構成了華夏民族的精神底蘊，亦影響着今天我們每一個人。

　　本書從天文曆法、教育科舉、宮室車馬、服飾器物等方面列舉了近千組古代文化詞彙，讓讀者一覽中國古代物質文明和精神文明之概貌。如《廉頗藺相如列傳》：“相如請秦王擊缶。”註：“缶：樂器。”或：“缶：敲擊樂器。”秦王只敲擊了一兩下。我們懷疑一隻陶缶，只敲擊一兩下，怎能奏出樂曲呢？此時如果知道陶缶一組有五隻，大小相同，缶中盛有不等量的水，用木棒敲擊缶邊，就能奏出樂音來，便不難理解秦王只是示意而已。所以，掌握古代文化常識是讀懂文言文、了解中國古代文化背景必不可少的路徑。

　　本書專注於對文化詞彙的解釋，力求通俗，有多種說法的，或一一列出，或只取傳統說法。為便於理解，配有插圖，希望除文字解釋外，能為讀者們呈現一個直觀形象的感覺。另外，為方便學習，一些內容已通過系統整理製成表格附在相應類別後，如五世關係圖表、職官表、歷代品官服制表等；詞語及釋義中的生僻字、易讀錯的字都會隨文標註普粵雙音。

　　無論是文言文的初學者、充滿好奇心和求知欲的學生，還是有興趣鑽研中國古典歷史文化的讀者，均可開卷有益，增強對中國古代文化的了解，提高文言文閱讀水平及文化素養。

2017 年 7 月

凡　例

一、　本書所收古代文化常識詞彙逾千個，歸納為二十種分類，包括天文、曆法、
　　　節日、地理、姓氏稱謂、禮俗、宗法、刑罰、皇室職官、教育科舉、樂、宮
　　　室建築、車馬、兵器戰具、飲食、服飾、器物、貨幣、度量衡、文字等。

二、　詞語解釋力求通俗，有多種說法的，或一一列出，或只取傳統說法。有多個
　　　義項的，分列義項。

三、　本書盡量列舉古代詩文例證，尤其是讀者熟悉的古詩文名句、書證等，以增
　　　強古代文化韻味，豐富語言知識積累，提高文言閱讀水平及文化素養。

四、　本書中的生僻字、多音字等易讀錯的字隨文標註普粵雙音。

五、　為幫助理解，本書還配有豐富的插圖。需系統了解的古代文化常識也製成表
　　　格，附在相應類別後。

六、　為方便閱讀，本書附有類目索引、分類索引、筆畫索引、附表索引，可供讀
　　　者日常檢索使用。

目　錄

類目索引

分類索引

1

天文

豐隆

古代神話中的雷神。

後多用作雷的代稱。《楚辭・離騷》："吾令豐隆乘雲兮,求宓 (fú ⑧ fuk⁶) 妃之所在。"《淮南子・天文訓》："季春三月,豐隆乃出。"

羲和

古代神話中給太陽駕車的神。

《楚辭・離騷》："吾令羲 (xī ⑧ hei¹) 和弭 (mǐ ⑧ mei⁵) 節兮,望崦嵫 (yān zī ⑧ jim¹ zi¹) 而勿迫。"(弭節:停車不進。崦嵫:山名,在甘肅天水西境。傳說是日落的地方)

望舒

古代神話中給月亮駕車的神。

《楚辭・離騷》："前望舒使先驅兮,後飛廉使奔屬 (zhǔ ⑧ zuk¹)。"(屬:跟隨)後也借指月亮。唐・耿湋《喜侯十七校書見訪》詩:"誰為 (謂) 須張燭,涼空有望舒。"

飛廉

古代神話中的風神。又稱"風伯、封姨"。

《楚辭・離騷》："前望舒使先驅兮,後飛廉使奔屬。"(屬:跟隨)王逸注:"飛廉,風伯也。"

三光

指日、月、星。

《白虎通·封公侯》：“天有三光：日、月、星。”又指房、心、尾三星宿（xiù ⓔ sau³）。《禮記·鄉飲酒義》：“立三賓以象三光。”鄭玄注：“三光，三大辰也。”《爾雅·釋天》：“大辰，房、心、尾也。”

三星

明亮而相近的三顆星。

參（shēn ⓔ sam¹）宿有星七顆，橫斜的三顆星最亮，稱作“三星”；心宿、河鼓皆有星三顆而明亮，也稱作“三星”。《詩經·唐風·綢繆（móu ⓔ mau⁴）》首章“綢繆束薪，三星在天”，指參宿三星；二章“綢繆束芻（chú ⓔ co¹）、三星在隅”，指心宿三星；末章“綢繆束楚，三星在戶”，指河鼓三星。

七政　七曜

古人把日、月和金、木、水、火、土五大行星合稱為“七政”或“七曜”。

《尚書·舜典》：“在璇璣玉衡，以齊七政。”孔傳：“日、月、五星，謂之七政。”晉范寧《春秋穀梁傳序》：“七曜為之盈縮。”楊士勳疏：“謂之七曜者，日月五星皆照天下，故謂之曜。”

五緯

古人把實際觀測到的金、木、水、火、土五大行星稱作“五緯”。

《周禮·春官·大宗伯》：“大宗伯之職，……以實柴祀日月星辰。”賈公彥疏：“五緯，即五星：東方歲星，南方熒惑，西方太白，北方辰星，中央鎮星。言緯者，二十八宿隨天左轉為經，五星右旋為緯。”

太白　明星
啟明　長庚

金星是天空最亮的星，光色銀白，故又稱“太白、明星”。

《詩經·鄭風·女曰雞鳴》：“子興視夜，明星有爛。”《詩經·陳風·東門之楊》：“昏以為期，明星煌煌。”金星黎明出現在東方叫作“啟明”，黃昏出現在西方叫作“長庚”。《詩經·大雅·大東》：“東有啟明，西有長庚。”《史記·天官書》：“察日行以處位太白。”司馬貞索隱：“太白晨出東方曰啟明。”

歲星

古人認為木星在黃道帶裏每年經過一"次"，十二年運行一週天，所以叫"歲星"，並用以紀年。

每"次"都有特定的名稱。這種紀年法叫"歲星紀年"。唐柳宗元《捕蛇者說》："其始，太醫以王命聚之，歲賦其二。"又："自吾氏三世居是鄉，積於今六十歲矣。"清方苞《獄中雜記》："每歲大決，勾者十三四，留者十六七，皆縛至西市待命。"以上句中的"歲"，都是以歲星紀年，"年"稱作"歲"。

辰星

水星古代又叫作"辰星"。

《史記·天官書》："辰星之色：春，青黃；夏，赤白；秋，青白，而歲熟；冬，黃而不明。"先秦古籍中談到天象時提到"水"，並非指行星中的水星，而是恆星中的定星（營室）。如《左傳·莊公二十九年》："水昏正而栽，日至而畢。"孔穎達疏："水昏正，謂十月定星昏而正中時也。"栽，指版築豎四根木柱。古代所說的辰星，不一定指水星。西漢蘇武《詩四首》："昔為鴛與鴦，今為參與辰。"又："參辰皆已沒，去去從此辭。"這裏的辰，指的是北辰，北極星。

熒惑

火星表面大部分呈紅色，熒熒像火，亮度常有變化，而且在天空中有時從西向東，有時又從東向西，令人迷惑，所以古人又稱之為"熒惑"。

值得注意的是，先秦古籍裏談到天象時所說的"火"，不一定指行星中的火星，而是指恆星中的"大火"（參見【流火】條）。

填星　鎮星

土星每二十八年運行一週天，每年填滿了二十八宿中的一宿，所以古名又叫"填星"。

又好像每年鎮壓了二十八宿中的一宿，所以古名又叫"鎮星"。

星宿

"星宿（xiù 粵sau³）"是鄰近的若干個星的集合，不是指一顆一顆的星星。

古人把比較靠近的若干個星假想地聯繫起來，給以一個特殊的名稱，如畢、參、井、翼、軫等，後世又名"星官"。

·· 二十八宿

古人觀測日、月、五大行星的運行，是以恆星為背景的。

古人先後選擇天球赤道黃道一週天附近的二十八個星宿作為標誌，來說明日、月、五大行星運行所到的位置，稱為"二十八宿 (xiù 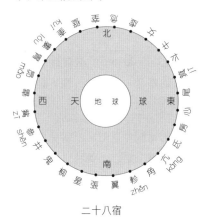sau³)"。每個星宿都不是一顆星，而是鄰近若干顆星的集合體，如牛宿有星六顆，女宿有星四顆。《詩經·小雅·大東》："維南有箕，不可以簸揚；維北有斗，不可以挹酒漿。"指的箕宿和斗宿。箕宿四星相聯像簸箕形，斗宿六星相聯像酒勺，但不能簸揚穀物，也不能舀酒。二十八宿不僅是觀測日、月、五星位置的坐標，也是古人測定歲時季節的觀測對象。

二十八宿

·· 四象

二十八宿本是一週天環形，但古人為了辨別和稱呼，把它分為四組，與四方東、西、南、北相配。

並把每一方的七宿聯繫起來想像成了四種動物形象，加上顏色，叫作"四象"。如把東方七宿，稱作"青龍"或"蒼龍"；把西方的七宿，稱作"白虎"；把北方的七宿稱作"玄武"或"真武"；把南方的七宿稱作"朱雀"或"朱鳥"。這和西方把星座想像成大熊座、獅子座、天蠍座等各種動物形象是一致的。古樂府《隴西行》："青龍對道隅。"道指黃道，青龍則指整個蒼龍七宿。《楚辭·遠游》："時曖曃 (ài dài oi³ dai⁶) 其矔莽兮，召玄武而奔屬 (zhǔ zuk¹)。"（屬：跟隨）

东方蒼龍：	角	亢	氐	房	心	尾	箕
北方玄武：	斗	牛	女	虛	危	室	壁
西方白虎：	奎	婁	胃	昴	畢	觜	參
南方朱雀：	井	鬼	柳	星	張	翼	軫

四象

·· 牛郎　織女

"牛郎"即牛郎星，俗稱"牽牛星"，即天鷹座的河鼓二。"織女"即織女星，也稱"天孫"。

天鷹座由三顆星組成，兩邊的河鼓

一、河鼓三常被比作牛郎挑着的兩個孩子。織女星由天琴座的三顆星組成，一大二小，呈三角形，大的一顆最明亮，在天河的西面，隔着天河與牛郎星相望。人們稱道的牛郎織女多半指這兩個星座，而不是北方玄武七宿的牛女。三國魏曹丕《燕歌行》："牽牛織女遙相望，爾獨何辜限河梁。"

三垣

古人將環繞北極和二十八宿以北接近頭頂上的星羣分成三個大區，叫作"三垣"，即紫微垣、太微垣、天市垣。

以北極星為中心，集合周圍的一些星宿，組成紫微垣；紫微垣外，在星、張、翼、軫以北的星區是太微垣；在房、心、尾、箕、斗以北的星區為天市垣。

北斗　北極

北斗由天樞、天璇、天璣、天權、玉衡、開陽、搖光七顆亮星組成，天樞、天璇、天璣、天權像斗形，玉衡、開陽、搖光連起來像斗柄，古曰杓（biāo 🔊 biu¹）。

北斗七星屬於大熊座。北斗星在不同的季節，所在的方位是不同的，所以古人根據初昏時斗柄所指的方向來確定季節。《鶡冠子·環流》：

"斗柄東指，天下皆春；斗柄南指，天下皆夏；斗柄西指，天下皆秋；斗柄北指，天下皆冬。"把天璇、天樞用直線連起來並延長約五倍的距離，就可以找到北極星。北極星是正北的標誌。

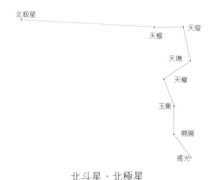

北斗星、北極星

十二次

也稱"十二星次"。

古人看到歲星（即五大行星中的木星）十二年一週天，為了用歲星紀年，就一週天自西向東分成十二等份，用以表示歲星每年所在的位置，並借以觀測日、月、五大行星的位置和運行，這十二等份就叫"十二次"，歲星運行也在黃道帶，和二十八宿大體相同，紀年的十二次與二十八宿相配也有定式，如星紀有斗、牛二宿等（見下頁左表）。十二次是等分的，而二十八宿寬狹不同，所以斗、女、危、奎、胃等十二宿各跨兩個星次。十二次的確立，一是指示歲星每年運行所到的位置，並據以紀年。例如説"歲在星紀"，次年"歲在玄枵"等。第二，星次指示一年四季太陽所在的位置，以説明節氣的變換。十二次和二十四節氣相對應（每月兩個節氣，前者稱節氣，後者稱中氣）。十二個節氣是每次的始點，十二個中氣是每次的中點（對照如下頁右表）。

十二次	二十八宿
1. 星紀	斗牛女
2. 玄枵 (xiāo ⓟ hiu¹)	女虛危
3. 諏訾 (zōu zī ⓟ zau¹ zi²)	危室壁奎
4. 降婁	奎婁胃
5. 大梁	胃昴畢
6. 實沉 (chén ⓟ cam⁴)	畢觜參井
7. 鶉首	井鬼柳
8. 鶉火	柳星張
9. 鶉尾	張翼軫
10. 壽星	軫角亢氐
11. 大火	氐房心尾
12. 析木	尾箕斗

十二次與二十八宿相配表

十二次	節氣	中氣
	始點	中點
1. 星紀	大雪	冬至
2. 玄枵	小寒	大寒
3. 諏訾	立春	雨水
4. 降婁	驚蟄	春分
5. 大梁	清明	穀雨
6. 實沉	立夏	小滿
7. 鶉首	芒種	夏至
8. 鶉火	小暑	大暑
9. 鶉尾	立秋	處暑
10. 壽星	白露	秋分
11. 大火	寒露	霜降
12. 析木	立冬	小雪

十二次與二十四節氣對照表

·· 分野

古人把天上的星宿與地上的州域聯繫起來，將天上的星宿分別對應地上的州國，説某某星宿是某國某州的分野。

如鶉首（井鬼）是秦的分野，鶉火（柳星張）是周的分野等。這樣，就把天上的二十八宿、十二次與地面上的國、州對應起來了（見下表）。古代文人把分野的概念運用到詩文中。北周庾信《哀江南賦》："以鶉首而賜秦，天何為而此醉。"唐王勃《滕王閣序》："（豫章）星分翼軫，地接衡廬。"唐李白《蜀道難》："捫參歷井。"都是在分野的意義上提到這些星宿。古人建立星宿分野，主要是為了通過觀察天象來占卜地上所配州、國的吉凶，是一種迷信。

十二次	二十八宿	分野	
		國	州
壽星	角亢氐	鄭	兗州
大火	房心	宋	豫州
析木	尾箕	燕	幽州
星紀	斗牛女	吳越	揚州
玄枵	虛危	齊	青州
諏訾	室壁	衛	并州
降婁	奎婁胃	魯	徐州
大梁	昴畢	趙	冀州
實沉	觜參	晉	益州
鶉首	井鬼	秦	雍州
鶉火	柳星張	周	三河
鶉尾	翼軫	楚	荊州

十二次、二十八宿與地面國、州對應表

·· 黃道

是古人想像的太陽一週年運行的軌道。

地球沿着自己的軌道圍繞太陽公轉，從地球軌道不同的位置看太陽，太陽在天球上的投影也不同。這種視位置的移動，叫作"太陽的視運動"，太陽一週年視運動的軌跡就是黃道。也就是說，地球上的人看太陽一年內在恆星之間所走的路徑，即地球公轉軌道平面和天球相交的大圓，黃道和赤道成 23°27′ 角，相交於春分點和秋分點。西方古代把黃道南北各八度內的空間叫作"黃道帶"，認為這是日、月、五大行星運行所經過的處所。

·· 流火

《詩經·豳 (bīn ⑧ ban¹) 風·七月》"七月流火，九月授衣"中的"火"，特指心宿二，也稱"大火"，二十八宿之一，東方蒼龍的第五宿的第二顆星，非指五大行星中的火星。

每年農曆五月的黃昏，心宿在天空南方，方向最正，位置最高，六月以後即偏西向下行，七月逐漸西降，此時暑熱開始減退。"流"這裏指星在天空的位置下移。

五行

古人試圖用日常生活中習見的金、木、水、火、土五行物質來説明萬物的起源和多樣性的統一。

春秋時已經出現，戰國時開始流行，後世更加盛行。並出現"五行相生相克"説。相生，意味互相促進；相克，意味互相排斥。後來人們把五方、五色、五音、五臟等都與五行相關聯。相生相克説具有樸素唯物論和自發的辯證法因素。對中國古代天文、曆數、醫學等的發展起了一定作用。

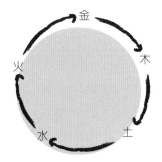

五行相克圖

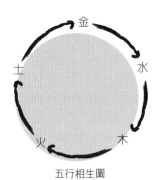

五行相生圖

五行	火	木	土	金	水
五方	南	東	中	西	北
五色	赤	青	黃	白	黑
五嶽	衡	泰	嵩	華	恆
五音	徵	角	宮	商	羽
五味	苦	酸	甘	辛	鹹
五臟	心	肝	脾	肺	腎
五物	氣	骨	肌	筋	血
五季	夏	春	長夏	秋	冬
五帝	赤帝	青帝	黃帝	白帝	黑帝
五情	樂	喜	慾	怒	哀

五行相配表

2

曆法

·· 曆法

古人觀測到的天象是太陽的出沒和月亮的盈虧，所以以晝夜交替的週期為一"日"，以月相變化的週期為一"月"（現代叫朔望月）。

至於年的概念，最初大約是由穀物成熟的物候形成的，《說文》："年，熟穀也。" 禾穀生長成熟的週期即寒來暑往的週期，就是地球繞太陽公轉一週的時間，現代叫"太陽年"，也叫"回歸年"。於是就有了以月亮、太陽運行週期為計算單位的"年"，並且有陰曆、陽曆。中國古代曆法不是純陰曆，而是陰陽合曆。

·· 三正

春秋戰國時有夏曆、殷曆、周曆三種曆法，三者的主要區別在於歲首月建不同。"建"指"斗建"，即北斗的杓（biāo ⑱ biu¹）所指的時辰，由子至亥，每月遷移一辰。

"正"即"正月"，歲首之月。因三種曆法正月的"月建"不同，所以稱作"三正"。夏曆以建寅之月（即後世通常所說的陰曆正月）為歲首，殷曆以建丑之月（夏曆十二月）為歲首，周曆以冬至所在的建子之月（夏曆十一月）為歲首。由於三正歲首月建不同，四季也不同。夏、殷、周三正是春秋時期不同地區不同諸侯國使用的不同的曆制。如齊國在春秋晚期至戰國初期用周曆，春秋時晉國和戰國時趙、魏、韓用夏曆。先秦古籍中使用也不一致，如《春秋》、《孟子》多用周曆，《楚辭》、《呂氏春秋》用夏曆。《詩經》不同詩篇用曆不同，如：《小雅‧四月》用夏曆，所以說："四月維夏，六月徂暑。"《豳（bīn 粵 ban¹）風‧七月》是夏曆、周曆並用。此詩自四月至十月均為夏曆，如"七月流火"、"五月鳴蜩"等，而詩中"二之日鑿冰沖沖，三之日納於凌陰"等的"一之日"、"二之日"、"三之日"、"四之日"，則為周曆的正月、二月、三月、四月，為夏曆十一月、十二月、正月、二月。《春秋‧隱公六年》："冬，宋人取長葛。"《左傳》："秋，宋人取長葛。"是因為《春秋》用的是周曆，《左傳》用的是夏曆。值得注意的是，夏曆、殷曆、周曆皆出現於周末，並非夏朝、殷朝就有的曆法。

月建	子	丑	寅	卯	辰	巳	午	未	申	酉	戌	亥
夏曆	十一月	十二月	正月	二月	三月	四月	五月	六月	七月	八月	九月	十月
	冬		春			夏			秋			冬
殷曆	十二月	正月	二月	三月	四月	五月	六月	七月	八月	九月	十月	十一月
	冬		春			夏			秋			冬
周曆	正月	二月	三月	四月	五月	六月	七月	八月	九月	十月	十一月	十二月
		春			夏			秋			冬	

三正與十二月、四季對應表

‥ 秦曆

戰國時，秦昭王（前306~前251年）以至秦始皇統一中國後，採用建亥之月（夏曆十月）為歲首，但夏正適合農事季節，所以不稱十月為正月。

秦始皇時為避諱"嬴政"的"政"字，改"正月"為"端月"。秦昭王到漢武帝元封七年（前104年）每年先過冬天，然後才是春夏秋三季，九月底是年末。

《史記‧魏其（jī 粵 gei¹）武安侯列傳》載，漢武帝元光五年（前130年）十月殺灌夫，十二月殺魏其，接着說："其春，武安侯病，專呼服謝罪。使巫視鬼者視之，見魏其、灌夫共守，欲殺之。"司馬遷不說"明春"，而說"其春"，就因為當時以十月為歲首，當年的春天在當年的十二月後的緣故。漢武帝元封七年（前104年）改用太初曆，以建寅之月為歲首，實即夏曆。此後大約兩千年間，除王莽和魏明帝一度改用殷曆，武則天、唐肅宗一度改用周曆外，一般用的都是夏曆。

月建	秦曆	夏曆	四季
亥	十二月	十月	
子	端月	十一月	冬
丑	二月	十二月	
寅	三月	正月	
卯	四月	二月	春
辰	五月	三月	
巳	六月	四月	夏
午	七月	五月	

月建	秦曆	夏曆	四季
未	八　月	六　月	夏
申	九　月	七　月	
酉	十　月	八　月	秋
戌	十一月	九　月	

秦曆、夏曆與四季對應表

月份	序列
七	孟秋
八	仲秋
九	季秋
十	孟冬
十一	仲冬
十二	季冬

四時

又叫四季，指一年中的春、夏、秋、冬。每季三個月，又分別為孟、仲、季。春、夏、秋、冬分別加上序列孟、仲、季，就成了各月份的代稱。

如《楚辭·九章·哀郢》："民離散而相失兮，方仲春而東遷。"（仲春：指夏曆二月）《古詩十九首》："孟冬寒氣至，北風何慘慄。"（孟冬：指夏曆十月）晉陶淵明《讀〈山海經〉》詩："孟夏草木長（cháng 粵 coeng⁴），繞屋樹扶疏。"（孟夏：指夏曆四月）晉陶淵明《〈歸去來兮辭〉序》："仲秋至冬，在官八十餘日。"（仲秋：指夏曆八月）漢司馬遷《報任少卿書》："今少卿抱不測之罪，涉旬月，迫季冬。"（季冬：指夏曆十二月）四時與序列相加指稱夏曆各月，具體見下表：

月份	序列
正	孟春
二	仲春
三	季春
四	孟夏
五	仲夏
六	季夏

二十四節氣

古人根據季節更替和氣候變化的規律，把一年 365¼ 天分為二十四段，分列在十二月中，反映四季、氣溫、降雨、物候等方面的變化，就是二十四節氣。

一年十二個月，二十四個節氣，每月兩個節氣，前半月的節氣稱作"節（氣）"，後半月的節氣稱作"中（氣）"，這樣二十四節氣是由十二個節（氣）和十二個中（氣）組成的。二十四節氣起源於中國黃河流域，是中國古代曆法特有的重要組成部分和獨特創造。早在西周、春秋時期，古人就用圭表測日影的方法，測定了冬至、夏至、春分、秋分，後來又測出立春、立夏、立秋、立冬，使節氣逐步完善。西漢武帝時期成書的《淮南子》，已有了二十四節氣完整的記載，名稱、順序和現在完全一樣。二十四節氣在每月分配如下表：

月份	節氣	中氣
二	立春	雨水
三	驚蟄	春分

月份	節氣	中氣
四	清明	穀雨
五	立夏	小滿
六	芒種	夏至
七	小暑	大暑
八	立秋	處暑
九	白露	秋分
十	寒露	霜降
十一	立冬	小雪
十二	大雪	冬至
一	小寒	大寒

·· 二十四節氣歌

二十四節氣和物候與農業生產關係密切，人們編成歌謠幫助記憶：
春雨驚春清穀天，夏滿芒夏暑相連，
秋處露秋寒霜降，冬雪雪冬小大寒。
上半年逢六、二一，下半年在八、二三，每月兩節日期定，
最多不差一兩天。
記住二、六立春日，
推算節氣不費難。
黃河流域的陝西、山西、河南、河北、山東及蘇北地區二十四節氣與物候的關係如下面這首歌謠：
打春陽氣轉，雨水雁河邊。
驚蟄烏鴉叫，春分地皮乾。
清明忙種麥，穀雨種大田。
立夏鵝毛住，小滿雀來全。
芒種開了鏟，夏至不拿棉。
小暑不算熱，大暑三伏天。
立秋忙打靛 (diàn ◉ din⁶)，
處暑動刀鐮。
白露煙上架，秋分無生田。

寒露不算冷，霜降變了天。
立冬交十月，小雪地封嚴。
大雪河汊上，冬至不行船。
小寒大寒又一年。

·· 干支

干支是天干地支的合稱。

天干：甲、乙、丙、丁、戊、己、庚、辛、壬 (rén ◉ jam⁴)、癸 (guǐ ◉ gwai³)。
地支：子、丑、寅、卯、辰、巳、午、未、申、酉、戌 (xū ◉ seot¹)、亥。
十天干與十二地支依次相配，配成六十對。
這六十個組合，第一對 "甲子"，第六十對 "癸亥" 為一周，稱 "六十花甲子"，即六十干支。曆法上用干支表示年、月、日的順序，主要用來紀日和紀年。甲骨文中有一塊甲骨完整地刻寫出六十干支。古人用干支代替具體日期已成慣例，六十甲子周而復始，至今未斷。如《赤壁賦》："壬戌之秋。" 近代有 "甲午海戰"、"辛亥革命" 等。

甲子	乙丑	丙寅	丁卯	戊辰	己巳
庚午	辛未	壬申	癸酉	甲戌	乙亥
丙子	丁丑	戊寅	己卯	庚辰	辛巳
壬午	癸未	甲申	乙酉	丙戌	丁亥
戊子	己丑	庚寅	辛卯	壬辰	癸巳
甲午	乙未	丙申	丁酉	戊戌	己亥
庚子	辛丑	壬寅	癸卯	甲辰	乙巳

丙午	丁未	戊申	己酉	庚戌	辛亥
壬子	癸丑	甲寅	乙卯	丙辰	丁巳
戊午	己未	庚申	辛酉	壬戌	癸亥

•• 干支紀日法

干支紀日是以干支相配的六十個單位每個單位代表一天，假定確定某日為甲子日，後面的日子依乙丑、丙寅、丁卯……順推。

干支紀日遠在甲骨文時代就已經使用，至於將干支換算為公曆日期，現代學者已完成。《左傳‧隱公元年》：“五月辛丑，大 (tài 🔊 taai³) 叔出奔共 (gōng 🔊 gung¹)。”後人推定辛丑是魯隱公元年五月二十三日。《楚辭‧離騷》：“攝提貞於孟陬 (zōu 🔊 zau¹) 兮，惟庚寅吾以降。”（太歲在寅那年，孟春那月，庚寅那天，我降生了。是說屈原的生辰是寅年寅月寅日）宋蘇軾《石鐘山記》“元豐七年六月丁丑”，即農曆六月九日。

•• 朔　晦　朏　　　望　既望

古代將每月初一叫“朔”，最後一天叫“晦”，初三叫“朏 (fěi 🔊 fei²)”，大月十六、小月十五叫“望”，“望”後的一天叫“既望”。

明張溥《五人墓碑記》：“予猶記周公之被逮，在丁卯 (年) 三月之望。”

宋蘇軾《前赤壁賦》：“壬戌之秋，七月既望，蘇子與客泛舟，游於赤壁之下。”“朔”“晦”因是每月的初一和三十 (小月二十九)，特別重要，一般既稱干支又稱朔晦。《左傳‧僖公二十二年》：“冬十一月己巳朔。”《左傳‧襄公十八年》：“十月……丙寅晦，齊師夜遁。”其他日子一般只記干支，人們可以根據朔晦的干支推算出其他只記干支的日子是這個月的第幾天。

•• 閏月

中國古代的曆法是陰陽合曆，平年12 個月，有 6 個大月各 30 天，6 個小月各 29 天，全年總共 354 天，少於一個太陽年。

《尚書‧堯典》說：“期 (jī 🔊 gei¹) 三百有六旬有六日。”太陽回歸年是 365 ¼ 日，比朔望月的日數多 11 ¼ 日，積三年就差一個月以上的時間，所以三年就要閏一個月，使歷年的平均長度大體等於一個太陽年，和四季大致協調配合。《尚書‧堯典》說：“以閏月定四時成歲。”後來發現三年一閏還不夠，就五年閏兩個月，但這樣又多了些，於是就規定 19 年共閏 7 個月。殷周時期閏月一般放在年終，稱作“十三月”。漢初在九月之後置閏，稱“後九月”，這是因為當時沿襲秦制，以十月為歲首，以九月為年終的緣故。後世置閏就不專放在年終，如有閏三月、閏六月之類。

紀時法

古人根據天色把一晝夜分為若干時段，如日出時叫作"旦、早、朝(zhāo 粵ziu¹)、晨"，日入時叫作"夕、暮、昏、晚"，太陽正中時叫作"日中"，將近日中的時間叫作"隅中"，太陽西斜叫作"昃"，日入以後是黃昏，之後是人定、夜半、雞鳴、昧旦。

《詩經‧鄭風‧女曰雞鳴》："女曰雞鳴，士曰昧旦。"雞鳴在夜裏兩點多，昧旦又叫昧爽，天將亮的時間。《木蘭詩》："旦辭爺娘去，暮宿黃河邊。""旦""暮"對舉。《兩小兒辯日》："吾以日始出時去人近，而日中時遠矣。"日中又稱"亭午"。北魏酈道元《三峽》："自非亭午夜分，不見曦月。"古人一日兩餐，朝食在日出後隅中前，這段時間叫"食時"或"早食"，夕食在日昃之後，日入之前，這段時間叫晡(bū 粵bou¹，古同餔)時。宋司馬光《李愬雪夜入蔡州》："晡時，門壞。"又："雞鳴，雪止，愬入居元濟外宅。"《孔雀東南飛》："奄奄黃昏後，寂寂人定初。"又："雞鳴外欲曙，新婦起嚴妝。"《史記‧留侯世家》："後五日平明，與我會此。"這些用的都是古代天色紀時。大約在漢武帝太初改曆以後，

曆法更加精密，把一晝夜的時辰整分為十二段，名為夜半、雞鳴、平旦、日出、食時、隅中、日中、日昳(dié 粵dit⁶)、晡時、日入、黃昏、人定。用十二地支表示，以夜半二十三點至一點為子時，一點至三點為丑時……二十一點至二十三點為亥時。每一時都細分為初、正、末。如二十三點即是亥末又是子初，二十四點是子正，一點即是子末又是丑初。餘皆類此。（見"十二時辰與十二地支搭配"圖）

十二生肖

古人以十二種動物和十二地支相配：子鼠、丑牛、寅虎、卯兔、辰龍、巳蛇、午馬、未羊、申猴、酉雞、戌狗、亥豬。

後用來記人的出生年份，如子年出生則屬鼠，稱"生肖"，又稱"屬相"。

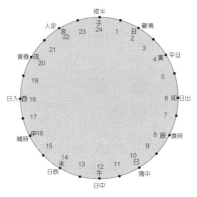

十二時辰與十二地支搭配

3

節日

•• 元日　春節　元旦

農曆正月初一，又稱"元日"，今稱
"春節"。辛亥革命以後把公曆 1 月
1 日稱為"元旦"，農曆正月初一稱
"春節"。

東漢崔寔 (shí 粵 sat⁶)《四民月令》
載："正月一日是謂正日，潔祀祖禰
(nǐ 粵 nei⁵)，進酒降神。"家人皆
鮮衣，少年依次給長者拜年祝賀，
放爆竹，家宴時，飲椒柏酒，放五
辛盤 (蔥、蒜、韭、蓼蒿、芥)，據
稱可以發洩五臟氣。宋代改用屠蘇
酒，從最小的人飲起，所以宋代陸
游說"年年最後飲屠蘇"。鄰里親
戚，不分貧富，互相拜賀祝福。家
家門上釘上桃木板，稱"桃符"，每
年更換一塊新的。宋王安石《元日》
詩："千門萬戶曈曈日，總把新桃換
舊符。"皇帝要舉行朝會，接受百
官或外國使官的朝賀，皇帝要賞賜
禮物或賜宴。從漢代起就有了這種
禮俗。《漢雜事》載，正月朝賀，三
公奉璧上殿，皇帝起立，三公叩首，
皇帝坐，乃前進璧。

•• 人日

農曆正月初七。

《北齊書·魏收傳》載魏收引晉董勳
《答問禮俗》云：正月初一為雞，初
二為狗，初三為豬，初四為羊，初

五為牛，初六為馬，初七為人。看天氣的陰晴，便知道這一年各畜及人的豐歉。唐杜甫《人日》詩："元日到人日，未有不陰時。"人日這天，剪彩帛為人形，不論男女都戴在頭上，表示今年的人勝過去年的人，叫作"人勝"，又叫"春勝"。還互相饋贈。南朝梁宗懍《荊楚歲時記》："正月七日為人日，以七種菜為羹，剪彩為人，或鏤金薄（箔）為人，以貼屏風，亦戴之頭鬢。"

上元　元宵
元夜　燈節

農曆正月十五為"上元節"，也稱"元宵節、元夜、燈節"。

唐徐堅《初學記》引《史記·樂書》說，漢家於元夜祭祀太一神，即道家尊奉的太乙真君，從黃昏到天明，現今夜遊觀燈，是其遺風。唐宋兩代元宵觀燈成為盛事。為便於百姓觀燈，十五、十六、十七解除宵禁，官宦人家的公子小姐、市民之家的翁嫗少年均走街串巷，盡情觀燈，毫無避忌。除官家搭設彩棚，懸掛各種奇異燈籠，各店舖、官宦富貴人家也在自家門前懸掛彩燈，供人觀賞。唐蘇味道《望日夜遊》詩："火樹銀花合，星橋鐵鎖開。"唐崔液《上元夜》詩："玉漏銀壺且莫催，鐵關金鎖徹明開。"皆指元宵夜不禁行人。宋歐陽修《生查子·元夕》詞："去年元夜時，花市燈如晝。今年元夜時，人約黃昏後。"

下九

農曆每月十九日。古人以每月二十九日為"上九"，初九為"中九"，十九日為"下九"。

據元伊世珍《嫏嬛記》引宋無名氏《採蘭雜志》，每逢下九，婦女歡聚，置酒遊戲，以待月明，至有忘寐而達曙者。《孔雀東南飛》："初七及下九，嬉戲莫相忘。"（初七：指七夕）

社日　春社　秋社

古人祭祀社神（土地神）祈求豐收的日子。

春社一般為立春後第五個戊日，約在春分前後。漢代以前，只有春社而無秋社，漢代以後始有春、秋二社。立秋後第五個戊日為秋社，約在秋分前後。南朝梁宗懍《荊楚歲時記》："社日，四鄰並結綜會社牲醪，為屋於樹下，先祭神，然後饗（xiǎng 粵 hoeng²）其胙（zuò 粵 zou⁶）。"社日兼有祭神和鄉鄰會聚宴飲的性質。唐王駕《社日》詩："桑柘（zhè 粵 ze³）影斜春社散，家家扶得醉人歸。"宋楊萬里《乙酉社日偶題》詩："社日雨多晴較少，春風晚暖曉猶寒。"

寒食

清明前二日，一説清明前一天。南朝梁宗懍《荊楚歲時記》説，冬至後的一百零五天就是寒食節，所以“一百五”就成了寒食的代稱。

唐溫庭筠《寒食節日寄楚望》詩中就有“時當一百五”之句。相傳春秋時期，晉國賢臣介子推跟隨公子重耳在外流亡十九年，重耳歸國做了國君（晉文公），封賞不及介子推，介子推和母親到綿山裏隱居。後來晉文公想到了他，親自帶人到綿山尋找，介子推卻避而不見。晉文公就放火燒山，想逼他出來。然火燒三天三夜仍未見介子推，大火熄滅後，人們發現介子推母子抱在樹上被燒死。這一天正值清明節前一天，晉國人為紀念他，就在這天不舉煙火，吃冷食，以後相沿成俗，寒食禁火。古代從寒食起禁火三天，只吃冷食，夜裏也不點燈。到清明節重新起火，叫“新火”。宋王禹偁《清明》詩有“昨日鄰家乞新火，曉窗分與讀書燈”之句。唐韓翃《寒食》：“春城無處不飛花，寒食東風御柳斜。”

清明

二十四節氣之一。

古人常把清明和寒食聯繫起來，有掃墓踏青的習俗。唐杜牧《清明》詩：“清明時節雨紛紛，路上行人欲斷魂。”宋黃庭堅《清明》詩：“佳節清明桃李笑，野田荒塚只生愁。”宋高菊磵《清明》詩：“南北山頭多墓田，清明祭掃各紛然。”

上巳　修禊

農曆三月上旬的巳日稱“上巳”。舊俗以此日臨水祓（fú 🔊 fat¹）除不祥，叫作“修禊（xì 🔊 hai⁶）”。

魏晉以後，把節日固定在三月初三。後來變成水邊宴飲、郊外遊春的節日。此節始自春秋，《韓詩外傳》稱，三月桃花水之時，鄭國之俗，三月上巳，於溱（zhēn 🔊 ceon⁴）洧（wěi 🔊 fui²）兩水之上，執蘭招魂續魄，祓除不祥。晉王羲之《蘭亭集序》：“永和九年，歲在癸丑，暮春之初，會於會稽山陰之蘭亭，修禊事也。”唐杜甫《麗人行》詩：“三月三日天氣新，長安水邊多麗人。”

端午

也叫“五月節、端陽節”。農曆五月初五。

這個節日從戰國延續至今。傳説屈原在五月初五投汨（mì 🔊 mik⁶）羅江而死，人們在這天競渡，表示要拯救屈原，後來又把船做成龍形，出現了龍舟競渡。每至此日，楚人以竹筒盛米，投入江中，以救屈原。人們用五色絲線繫在腕上，用苧麻做小掃帚，又有小刀、小剪子掛在胸前，據說這樣可避瘟疫毒氣。家家戶戶包粽子，用艾蒿或剪成劍形的蒲葉插在房簷，用艾水洗臉，都是為除穢闢邪。端午日又捉蟾蜍、螻蛄、蛤蚧以藥用。俗語有"癩蛤蟆躲端午，躲過初一躲不過十五"。唐宋以後，端午被定為大節，朝廷常給百官賞賜。

伏日

也叫"伏天"。

夏至後第三個庚日入初伏，第四個庚日入中伏，立秋後第一個庚日入末伏。初伏、中伏、末伏分別又叫"頭伏、二伏、三伏"，總稱"三伏"。初伏、末伏都是十天。如果立秋在夏至後第四個庚日後，中伏十天；立秋在夏至後第五個庚日後，中伏則二十天，因為末伏必須在立秋後，所以伏天有時三十天，有時四十天。三伏中又以中伏為最熱，故有"熱在中伏"之說。一般說的伏日大概指初伏的第一天。漢代有伏日祭祀的習俗。漢楊惲《報孫會宗書》："田家作苦，歲時伏臘，烹羊炮（páo ⑧ baau³）羔，斗酒自勞。""伏臘"即指伏日、臘日的祭祀。《史記·留侯世家》："留侯死，並葬黃石，每上冢伏臘，祠黃石。"

七夕　乞巧節

農曆七月初七。

相傳是牛郎織女相會的日子。是日夜，婦女在庭中仰望牛郎織女，陳設瓜果，結五彩絲縷，穿七孔針，或以金銀鍮（tōu）石為針穿絲縷，待月明向織女乞巧。漢樂府《古詩十九首》："迢迢牽牛星，皎皎河漢女。"唐杜甫《牽牛織女》詩："牽牛出河西，織女處其東。萬古永相望，七夕誰見同。"是說二人沒有相會。唐杜牧《七夕》詩："天街夜色涼如水，臥看牽牛織女星。"宋楊樸《七夕》詩："未會牽牛意如何，須邀織女弄金梭。年年乞（給）與人間巧，不道人間巧幾多。"

中秋

也叫"八月節、團圓節"。

農曆八月十五，因在秋季三個月的正中，故稱"中秋"。古人以為這天月亮最圓最亮，民間以合家團聚賞月、拜月，吃月餅、瓜果，祈求全家團圓。宋孟元老《東京夢華錄》記載，中秋夜，貴人家彩飾樓台水榭，平民也爭佔酒樓賞月，有歌有樂，當然還有宴飲。皇宮裏的樂聲通達於外，宛若雲中仙樂。閭里兒童，連宵嬉戲，走街串巷，夜市相連，至於通曉。宋蘇軾《水調歌頭·中秋》："明月幾時有，把酒問青天。"

·· 重陽

也叫"重九、九日"。農曆九月初九。

古人以九為陽數，日月都逢九，故稱"重陽"。據漢代《西京雜記》載，漢武帝宮女賈佩蘭稱：九月九日佩茱萸 (zhū yú ⑧ zyu¹ jyu⁴)、食米糕、飲菊花酒，令人長壽。相傳自此有重陽節求壽之俗。重陽節是古人秋遊的日子，登高望遠，身佩茱萸，賞菊、飲菊花酒，習俗延續至今。晉陶淵明有"菊花如我心，九月九日開。客人知我意，重陽一同來"。唐王勃有"九月重陽節，開門見菊花"。唐孟浩然"待到重陽日，還來就菊花"，都描寫重陽賞菊的情景。唐王維《九月九日憶山東兄弟》"遙知兄弟登高處，遍插茱萸少一人"，是遠在異鄉的詩人寫家鄉的兄弟按重陽風俗登高時，在懷念自己。

·· 小春　小陽春

指農曆十月。

這時天氣尚暖，不太冷，故稱"小春"，或"小陽春"。宋歐陽修《漁家傲》詞："十月小春梅蕊綻，紅爐畫閣新裝遍。"

·· 初陽

約在農曆十一月。

古謂冬至日一陽始生，因以冬至到立春以前的一段時間為初陽。《孔雀東南飛》："往昔初陽歲，謝家來貴門。"（謝：辭別）

·· 冬至

在每年農曆十一月。

冬至前一日為"小至"。古人把冬至看成是節氣的起點。《史記·律書》："氣始於冬至，週而復始。"冬至白天最短，從冬至起白天漸長。冬至日是數九的開始，但也看到"冬至一陽生"。宋代極重視冬至節，其慶祝活動類似除夕夜，只是隆重程度稍遜。這一天，穿新衣，備辦酒食，祭祀祖先，一如年節。冬至這天，皇帝接受百官朝賀，禮儀隆重，俗稱"排冬仗"。唐杜甫《小至》詩："天時人事日相催，冬至陽生春又來。"

·· 臘日

年終祭眾神之日。

《左傳·僖公五年》："虞不臘矣。"（虞國不能再舉行臘祭了）漢代的臘日是冬至後第三個戌日。村民在這一天擊細腰鼓，做金剛力士以驅鬼疫。臘日並不是臘八，直到宋代還分得很清楚。但《荊楚歲時記》以十二月初八日為臘日。臘八成為民間一個節日，出自佛教傳說。據說釋迦牟尼於此日成道，每逢這一天佛寺要誦經、浴佛，並用香穀及果實等煮粥供佛，這就是“臘八粥”。後來民間也仿效做“臘八粥”，一直延續到今天。唐杜甫《臘日》詩：“臘日常年暖尚遙，今年臘日凍全消。”

小年

古代以臘月二十三或二十四為小年，當晚叫“小年夜”，是新舊歲更易的一天，是“交年”。

有晚上祭送灶神的習俗。宋文天祥《二十四日》詩：“春節前三日，江鄉正小年。”（春節：指立春）唐羅隱《送灶》詩：“一盞清茶一縷煙，灶君皇帝上青天。”

三九

從冬至數九開始，每九天為一九，一直到九九，共八十一天。

“三九”是指冬至後的第三個九天，即冬至後第十九天至第二十七天。三九、四九是一年中最冷的時候。民謠說：一九二九不出手，三九四九冰上走（凍死狗），五九六九河邊看柳，七九河開（河不開），八九燕來（燕不來），九（八）九加一九，耕牛遍地走。民謠不同，大約因地域南北之別。民諺又說“春打六九頭”，即六九的第一天或五九的第九天立春。

除夕

農曆十二月最後一天叫“歲除”，晚上叫“除夕”。

除是除舊布新的意思。《呂氏春秋·季冬紀》注曰：“前歲一日，擊鼓驅疫癘之鬼，謂之逐除，亦曰儺（nuó 粵 no⁴）。”除夕之夜，家家放爆竹，掛燈籠，迎諸神，人們通宵不睡，謂之守歲。宋蘇軾《守歲》詩：“兒童強不睡，相守夜歡嘩。”

4

 地理

∵國

春秋戰國直至漢初，天子統治的地域稱"天下"，諸侯王統治的地域稱"國"。

戰國後期，較強的諸侯國是：齊、楚、燕（yān 粵 jin¹）、韓、趙、魏、秦。漢初分封了許多諸侯國，如韓信分封齊國，立作齊王，後又改封楚國，立作楚王。漢賈誼《過秦論》："秦人開關延敵，九國之師，逡（qūn 粵 seon¹）巡而不敢進。"這裏的"九國"，指趙、魏、韓、齊、楚、燕、宋、衛、中山，都是諸侯國。西漢初年，諸侯王的封地是很大的，後經朝廷"割地""削藩"，王國的區域逐步變小，以至略等於郡，所以"郡國"連稱，王國的最高行政長官"相"相當於郡的太守。侯國的區域則等於縣。西周春秋時的國，往往指都城，和郊外的"野"相對。《史記·樂毅列傳》："濟上之軍受命擊齊，大敗齊人。輕卒銳兵，長驅至國。齊王遁而走莒，僅以身免。"

州

相傳禹平洪水，分天下為九州，即冀州、兗（yǎn ⑧ jin⁵）州、青州、徐州、揚州、荊州、豫州、梁州、雍州。

漢賈誼《過秦論》：“然秦以區區之地，致萬乘（shèng ⑧ sing⁶）之勢，序八州而朝同列，百有餘年矣。”秦居雍，六國居於其他八州。到了秦漢，全國統一，疆土擴大，西漢時增加了一個交州，一個朔方。後來朔方併入并（bīng ⑧ bing¹）州，改雍州為涼州，改梁州為益州。東漢共分十三州，晉初又分十九州。從西漢到南北朝末，州基本上是監察區（每州設刺史或州牧一人，巡察所屬郡國，不掌軍政權），有時也是行政區，掌軍政權，巡察境內。東漢末以後，州成了郡以上的一級行政區，如西晉陳壽《隆中對》：“亮答曰：‘自董卓以來，豪傑並起，跨州連郡者不可勝數。’”隋代廢郡存州，有時又改州為郡。從南北朝起，州的範圍逐漸縮小。到了唐代，全國共有三百多個州，都是行政區。宋元的州，與唐代大致相同。明清改州為府，所以有“兗（yǎn ⑧ jin⁵）州府、青州府、揚州府”等名稱；只留少數直隸州直轄於省，其餘散州隸屬於府。

郡

春秋至隋唐時地方行政區劃。

春秋時，秦、晉、楚等國在邊境設縣，後來逐漸推行到內地。戰國時，各國開始在邊地設郡，面積比縣大，逐漸形成了地方行政郡縣兩級制。秦始皇統一中國後，普遍推行郡縣制，郡守、縣令由朝廷任免，發給俸祿。秦分天下為三十六郡，即三川、河東、南陽、南郡、九江、鄣郡、會（kuài ⑧ kui²）稽、潁川、碭（dàng ⑧ dong⁶）郡、泗水、薛郡、東郡、琅琊（láng yá ⑧ long⁴ je⁴）、齊郡、上谷、漁陽、右北平、遼西、遼東、代郡、巨鹿、邯鄲（hán dān ⑧ hon⁴ daan¹）、上黨、太原、雲中、九原、雁門、上郡、隴西、北地、漢中、巴郡、蜀郡、黔（qián ⑧ kim⁴）中、長沙共三十五郡，連內史（秦代京畿附近由內史治理，即以官名為名，不稱郡）三十六郡。後來又增加桂林、象郡、南海、閩中，共四十郡。秦以後，歷代都有郡，只是區域變小了。隋唐時期，州郡迭改。宋廢郡，改為府。《史記·李將軍列傳》：“李將軍廣者，隴西成紀人。”“隴西”即“隴西郡”。

道

古代的行政區劃單位。

漢代少數民族聚居的新設縣叫作

"道"。唐貞觀年間，按山河形勢，分全國為十道：①關內道，即古雍州；②河南道，即古豫、兗 (yǎn 粵 jin⁵)、青、徐四州；③河東道，即古冀州；④河北道，即古幽、冀二州；⑤山南道，即古荊、梁二州；⑥隴右道，即古雍、梁二州；⑦淮南道，即古揚州；⑧江南道，即古揚州的南部 (今浙江、福建、江西、湖南等省)；⑨劍南道，即古梁州 (劍閣以南)；⑩嶺南道 (轄境相當於今廣東、廣西大部及越南北部)。開元年間，增為十五道，從關內道分出一個京畿道 (治長安)，從河南道分出一個都畿道 (治洛陽)，把山南道分為山南東道、山南西道，把江南道分為江南東道、江南西道和黔中道。唐代的道是監察區，每道設採訪使一員，職權如漢朝的州刺史。明清的道，是在省、府之間設置的監察區，道下有府有州。

路

宋、金、元時期地方區劃。

唐玄宗時，全國分十五道，宋太宗改道為路，把全國州府分為十五路，宋神宗又增為二十三路。路的長官設轉運使、提點刑獄和經略安撫司等官，統稱"監司"，等於中央政府的特派員，主要管領所屬州縣的水陸轉運和財政稅收。其後權力擴大，逐漸帶有行政區和軍區的性

質。其下統轄府、州、軍、監 (指礦區、鹽區)、縣等。宋代的路，其中有些和現在的省大致相同，如福建路、廣南東路、廣南西路、荊湖南路、荊湖北路，大致相當於現在的福建、廣東、廣西、湖南、湖北等省。金滅遼和北宋後，依宋制，分境內為十九路，全國分路而治，路下轄府 (州) 縣。元代在全國設十個行中書省，簡稱"行省"或"省"，行中書省以下是路，路以下是州、府，"路"遂成了省以下一級行政區劃。明代廢。

省　行省

省本是中央機構，如尚書省、中書省。

元代以中書省為中央政府，中書省直轄山東、山西、河北三地，稱為"腹裏"，其餘地方，路之上，陸續設置了嶺北、遼陽、河南、陝西、四川、甘肅、雲南、江浙、江西、湖廣共十個行中書省 (略同於中央中書省的地方辦事處或中書省行署)，簡稱"行省"。置丞相、平章等官以總攬該地區的政務，為地方最高行政區劃。後來，行省成為正式的行政區劃名稱，簡稱為"省"。明代設十五行省 (明代雖已改行中書省為承宣布政使司，但習慣上仍稱"行省")，即北直隸、南直隸、山東、山西、河南、浙江、湖廣、

江西、陝西、四川、福建、廣東、廣西、貴州、雲南。長官為左右布政使，掌一省之政。另有巡撫、總督，都不是正式的地方官。清初，改北直隸為直隸，南直隸為江南布政使司，仍為十五省。康熙時，分江南為江蘇、安徽二省，分湖廣為湖南、湖北二省，分陝西為陝西、甘肅二省，共十八省，光緒年間又增設奉天、吉林、黑龍江、新疆四省，共二十二省。還有台灣，清代也曾建省。到了清代，總督、巡撫都是正式的地方官。巡撫是一省的最高長官，總督則總攬一省或兩三省的軍民要政，布政使卻成了督、撫的下屬，主管財政和人事。

府

唐代將京師和陪都洛陽所在地的州升為府，將設有都督府或設有都護府的州升為府。

一般説來，唐代制度，大州稱府。這些府，隸屬於道。宋代的府、州同時存在，隸屬於路。如東京東路包括一府（濟南府）、七個州（青、密、沂、登、萊、淄、濰）和一個軍（淮陽軍）。元代的府，有的隸屬於路，有的中央直轄。明代以京畿、應天諸府直隸京師，其餘隸屬於各省。清代以順天、奉天二府直隸京師，其餘和明制相同。府的最高長官，唐宋設權知府，明清稱知府。

軍

宋代地方行政區劃名。

軍有兩種。一種是與府、州同級，即一個軍等於一個州或府，如宋代的南安軍即清代的南安。這種軍，上轄於路，下領縣，如宋代在今安徽無為縣建無為軍，下又置無為縣；有的下領數縣。另一種與縣同級，隸屬州府、州。軍的最高長官叫“知某某軍”。軍，又是古代軍隊編製。

縣

春秋以前，縣大於郡；戰國以後，郡大於縣。

春秋初期，秦、晉、楚等大國往往把新兼併的土地設縣。到春秋後期，各國才把縣的建制推廣到內地，而在新得到的邊遠地區設郡。當時，郡的面積雖比縣大，但因地廣人稀，地位比縣低，所以《左傳・哀公二年》中，晉國趙簡子説：“克敵者上大夫受縣，下大夫受郡。”戰國時，各諸侯國的邊地逐漸繁榮，郡下才設縣，產生郡縣兩級制。秦統一六國，確立郡縣制，縣隸屬於郡。以後，縣的上級單位或是府，或是州、軍、監、廳。

坊

三國以來，隋、唐時期，在京城、州縣設坊，坊設坊正進行管理。

唐都城長安城內，除皇城外，共有108個里坊，坊內有店舖、佛寺，主要是居民區。每坊築有高牆，四面或兩面設門，供人出入。北宋及北宋以前，一直實行宵禁，唐時坊門有看門人，按時開關，不許夜行。唐代長安的坊又稱里。唐白行簡《李娃傳》："久之，日暮，鼓聲四動。姥訪其居遠近，生紿（dài ⓟ toi⁵）之曰：'在延平門外數里。'冀其遠而見留也。姥曰：'鼓已發矣，當速歸，無犯禁。'"唐後期、五代至北宋，隨着城市經濟的發展，開始出現店舖侵街的現象，坊市結合，不再設坊牆，先前嚴格的坊市不復存在。

關東

①指函谷關或潼關以東地區。

秦漢定都長安（今陝西），故稱函谷關或潼關以東地區為"關東"。《史記・李斯列傳》："自秦孝公以來，周室卑微，諸侯相間，關東為六國。"

②指遼寧、吉林、黑龍江三省。

明代以來，稱遼寧、吉林、黑龍江三省為"關東"，因在山海關以東的緣故。

關西

秦漢定都長安（今陝西），故稱函谷關或潼關以西地區為"關西"。

諺曰："關西出將，關東出相。"即秦漢時關東民風尚文，多出文官；關西民風尚武，多出武將。

山東

① 戰國、秦漢時，通稱崤（xiáo ⓟ ngaau⁴）山或華山以東地區為"山東"。

《史記・蘇秦列傳》："秦欲已得乎山東，則必舉兵而向趙矣。"《鴻門宴》："沛公居山東時，貪於財貨。"

②泛稱戰國時秦以外的六國，因都在崤山函谷關之東，故稱。

漢賈誼《過秦論》："山東豪俊，遂並起而亡秦族矣。"唐杜甫《兵車行》："君不聞漢家山東二百州，千村萬落生荊杞。"

③今山東省，因在太行山之東而得名。

北宋時，金國設置山東東路、山東西路，正是今山東省地界，明代設山東省。

山西

① 戰國、秦漢時，通稱崤（xiáo ⑧ ngaau⁴）山或華山以西地區為"山西"。

《史記・太史公自序》："蕭何鎮撫山西。"

② 今山西省。

因在太行山以西而得名。

關中

所指範圍大小不一。古人習慣稱函谷關以西地區為"關中"。

《史記・貨殖列傳》："故關中之地，於天下三分之一。"《鴻門宴》："沛公欲王（wàng ⑧ wong⁶）關中，使子嬰為相。"

三秦

秦亡後，項羽分封諸侯。

三分關中，封秦降將：章邯為雍王，司馬欣為塞王，董翳（yì ⑧ ai³）為翟（dí ⑧ dik⁶）王，合稱"三秦"。後指陝西一帶。唐王勃《送杜少府之任蜀州》詩："城闕輔三秦，風煙望五津。"《資治通鑑》胡三省注："三秦，秦、東秦、南秦也。"

江東　江左

長江在蕪湖、南京間做西南東北流向，習慣上稱自此以下的長江南岸為"江東"。

三國時江東是孫吳的根據地，故當時又稱孫吳統治下的全部地區為"江東"。《史記・項羽本紀》："且籍與江東子弟八千人渡江而西，今無一人還，縱江東父兄憐而王（wàng ⑧ wong⁶）我，我何面目見之？縱彼不言，籍獨不愧於心乎？"（籍：項羽自稱）宋李清照《夏日絕句》詩："至今思項羽，不肯過江東。"古人在地理上以東為左，以西為右。清魏禧《日錄雜説》："江東稱江左，江西稱江右，自江北論之，江東在左，江西在右耳。"《羣英會蔣幹中計》："幹曰：'丞相放心，幹到江左，必要成功。'"

行在

① 本作"行在所"，皇帝所在的地方。

《後漢書・光武帝上》："更始〔帝〕遣侍御史持節立光武為蕭王，悉令罷兵詣行在所。"此指京師洛陽。

② 後專指皇帝行幸（包括逃亡）所至之地。

唐杜甫《北征》詩："揮涕戀行在，道途猶恍惚。"此指皇帝外出臨時居所。

瀚海

也作"翰海"。

含義隨時代而變。①兩漢六朝時指北方的大湖，一說在黑龍江西邊內蒙古境內的呼倫湖與貝爾湖，一說是俄羅斯境內的貝加爾湖。②唐代是蒙古高原大沙漠以北，及其迤西今准噶爾盆地一帶廣大荒漠地區的泛稱。唐岑參《白雪歌送武判官歸京》詩："瀚海闌干百丈冰，愁雲慘淡萬里凝。"③元代專指古金山（今阿爾泰山）。也有學者認為瀚海為杭愛山名的對音。④明代以來，用以指沙漠。

三楚

秦漢時分戰國楚地為"三楚"。

《漢書·高帝紀》注引孟康說，江陵為南楚，吳為東楚，彭城為西楚。西楚約當今淮河以北、泗水、沂水以西；南楚北起淮水、漢水，南至長江以南；東楚跨長江逾淮河，東至於海。項羽滅秦以後，自封"西楚霸王"。

三吳

是東晉南朝重要的地理範圍。

雖頻見於史書，但具體區域後世卻有不同說法。①《水經注·漸江水》以吳郡、吳興、會稽為"三吳"。②《通典·州郡典》以吳郡、吳興、丹陽為"三吳"。③宋《歷代地理指掌圖》以蘇州、常州、湖州為三吳。④明代則以蘇州為東吳，以潤州為中吳，以湖州為西吳。狹義的三吳是指吳縣（蘇州）、吳江、吳興。

三關

古人對三個重要關口的總稱。

但各朝代所指不同。①東漢指上黨關、壺口關、石陘（xíng ⓰jing⁴）關。②三國時指陽平關、江關、白水關。③南朝時，義陽（今河南信陽）南的平靖關、武進關、黃峴關總稱為"三關"。④五代時，後周世宗從契丹統治下收復的今河北境內的瓦橋關、益津關、淤口關總稱為"三關"。⑤明代以今河北境內長城的居庸關、倒馬關、紫荊關為"內三關"，山西境內長城的雁門關、寧武關、偏頭關為"外三關"。是屯兵重地。

九塞

古代的九個要塞。

據《呂氏春秋·有始覽》："何謂九塞，大汾、冥阨、荊阮、方城、殽、井陘、令疵、句注、居庸。"《淮南子·地形訓》"冥阨"作"澠阨"，"殽"作"殽阪"。

•• 四瀆

古人對四條獨流入海的大川的總稱，即長江、黃河、淮水、濟 (jǐ ⑧ zai²) 水。

《爾雅・釋水》：“江、淮、河、濟為四瀆，發源注海者也。”古代淮水、濟水皆獨流入海，所以和江、河並列。唐代以大淮為東瀆、大江為南瀆、大河為西瀆、大濟為北瀆，為金、明各代所沿襲。

•• 五湖

古代説法不一。

先秦古籍常提到吳越地區有五湖。從《國語・越語》和《史記・河渠書》來看，五湖的原意當係泛指太湖流域一帶所有的湖泊或太湖。唐王勃《滕王閣序》“襟三江而帶五湖”就是這個意思。或説五湖是五個大湖的總稱。究竟是哪五個大湖，又有多種説法。一説是長蕩湖、太湖、射湖、貴湖、滆 (gé ⑧ gaak³) 湖；一説是具區、洮滆、彭蠡、青草、洞庭；一説是彭蠡、洞庭、巢湖、震澤、鑒湖；一説是洞庭、震澤、青草、雲夢、巴丘等。近代一般以洞庭、鄱陽、太湖、巢湖、洪澤為“五湖”。

•• 五嶽

中國五大名山的總稱。

即東嶽泰山、南嶽衡山、西嶽華山、北嶽恆山和中嶽嵩山。先秦古籍中只有四嶽，無中嶽，《周禮・春官・大宗伯》和《大司樂》中才有五嶽之名。漢宣帝確定以今河南的嵩山為中嶽，山東的泰山為東嶽，安徽的天柱山為南嶽，陝西的華山為西嶽，河北的恆山（在曲陽西北）為北嶽。後來又改以今湖南的衡山為南嶽，隋以後成為定制。明代才以今山西渾源的恆山為北嶽。

•• 五嶺

大庾嶺、越城嶺、騎田嶺、萌渚嶺、都龐嶺的總稱。

這五嶺是南嶺山脈的主體，位於江西、湖南與廣東、廣西各省之間。《史記・張耳陳餘列傳》：“北有長城之役，南有五嶺之戍。”毛澤東《長征》詩：“五嶺逶迤騰細浪，烏蒙磅礴走泥丸。”

•• 大庾嶺

五嶺之一。

古名“塞上、台嶺”，相傳漢武帝時有庾姓將軍築城於此，故有“大庾”之名。又名“東嶠、梅嶺”。在今江西大庾、廣東南雄交界處。宋代在嶺上築有關卡，稱"梅關"。梅嶺南北氣候迥異，古人狀梅花為"南枝既落，北枝始開"。梅嶺孔道向為嶺南、嶺北交通咽喉。韓愈貶潮州、蘇軾貶嶺南，皆由此道。宋蘇軾《贈嶺上老人》詩："問翁大庾嶺頭住，曾見南遷幾個回。"

關內

漢唐等定都長安（今陝西）的王朝，通稱函谷關或潼關以西王畿附近為"關內"，亦稱"關中"。

另外，今河北山海關以西地區、四川康定以東地區、甘肅嘉峪關以東地區，舊亦皆稱"關內"。

江表

泛指長江以南地區。"表"是外的意思。

從中原來看，長江以南地區在長江之外，所以稱作"江表"。《赤壁之戰》："江表英豪，咸歸附之。"

河東

黃河流經河套後，是自北向南的流向，古稱河套以下的黃河以東地區為"河東"。

戰國、秦、漢指今山西西南部，秦漢曾在此設河東郡。唐以後泛指今山西。唐曾設河東道，宋設河東路。

唐代的河東道除今山西外，還包括今河北西北部，此後各代所說的河東都在今山西境內。

腹裏

元代對中書省直轄地區的通稱。

元代把黃河以北、太行山以東及以西的這片地區叫作"腹裏"。就是現在的河北、山西、河南、山東以及內蒙古的一部分地區。這個地區由朝廷的中書省直接管理，其餘各地分設行中書省（簡稱行省）管理。

安西四鎮

唐代在西域設置的四個軍事重鎮。

唐太宗貞觀二十二年（649 年）在天山南路設置龜茲（qiū cí ⑳ gau¹ ci⁴，今新疆庫車一帶）、于闐（今新疆和田西南）、焉耆（今新疆焉耆）、疏勒（今新疆喀什）四鎮，各置都督府，隸屬於安西都護府，派兵戍守。

燕雲十六州

指石敬瑭割讓予契丹的十六州。

五代時，後唐的河東節度使石敬瑭，為奪取政權向契丹求援，拜契丹主為父，許以事成之後，俯首稱臣，割地納貢。公元 936 年，契丹出兵，幫助石敬瑭推翻了後唐，建立後晉。石敬瑭稱帝後，即行割地之約，割送了下列十六州：

序號	州名	今　名
1	幽州	北京
2	薊州	天津薊縣
3	瀛州	河北河間
4	莫州	河北任丘
5	涿州	河北涿州
6	檀州	北京密雲
7	順州	北京順義
8	新州	河北涿鹿
9	媯州	河北懷來
10	儒州	北京延慶
11	武州	河北宣化
12	雲州	山西大同
13	應州	山西應縣
14	寰州	山西朔州
15	朔州	山西朔州
16	蔚州	河北蔚縣

十六州的範圍相當於以北京和山西大同為中心，東至河北遵化，北迄長城，西至山西神池，南至天津、河北河間、保定及山西繁峙、寧武一線以北地區。這十六州當時並無總稱，北宋末年才總稱為燕（yān 粵jin¹）雲十六州或幽雲十六州。由於石敬瑭割讓了燕雲十六州，使北方地區自後晉乃至宋代均無險可守，從地理環境上來說，給契丹、女真、蒙古族等少數民族進攻中原地區創造了有利條件。

·· 九邊

明代北方九個軍事重鎮的總稱。

在東起鴨綠江、西到嘉峪關之間設置軍鎮，派兵戍守。先設置遼東、宣府、大同、延綏（榆林）四鎮，再設寧夏、甘肅、薊州三鎮，此外，設太原和固原二鎮，合稱"九邊"。

·· 柳條邊

又名"盛京邊牆、柳牆、柳城、條子邊"。

清順治年間至康熙年間分階段修築的柳條籬笆牆。手臂粗的柳樹插到地上就活。初插似籬笆，過幾年大都成活，長出新枝新葉，就成了柳樹趟（tàng 粵tong³）子，以此當作邊牆。南起遼寧鳳城南，經新賓到開原北，再折向西南，到山海關北，與長城相連，這個邊牆叫"老邊"。從開原向東北，到吉林市北的一段叫"新邊"。邊牆以東主要是長白山區，清代滿族人的發祥地。定為皇家圍場禁地，禁止邊內居民越過柳條邊去打獵、放牧和採掘人參。這對保護長白山原始森林無疑是最好的辦法。

大梁　汴京　汴梁

古代河南開封的別稱。

戰國時，開封為魏都大梁，因此魏惠王又稱梁惠王，孟子見梁惠王的故事就發生在開封。梁惠王派人開挖著名的人工水渠——鴻溝，溝通了黃河與淮河之間的主要水道，便利了水上運輸。因地臨汴水，隋唐時又稱為汴州，五代後晉、後漢、後周及北宋都在這裏建都，稱“汴京”，又稱“東京開封府”。金、元以後合稱“汴梁”。汴京依水建城，被稱為四水貫都，即由汴河、蔡河、五丈河、金水河匯集這裏。汴河南與淮河長江相通，漕運十分發達。北宋張擇端的名畫《清明上河圖》即反映了當時汴梁商業繁榮的景象。

鎬京

西周國都。

周文王死後，周武王繼位，從豐遷都於鎬（hào ⊕ hou⁶）京（今陝西西安），武王滅商之後，建立西周王朝，定都鎬京。《詩經·大雅·文王有聲》：“考卜維王，宅是鎬京。”

土木堡

地名，在今河北懷來西南。

明英宗正統年間，瓦剌（là ⊕ laat⁶）部首領脫歡統一了蒙古各部。脫

歡死後，其子也先準備進攻明朝，正統十四年（1449 年）七月，也先發動瓦剌軍四路南侵，大同告急。朝廷宦官王振調動三大營軍士五十萬人挾英宗親征。至大同，尚未交鋒，即擬從蔚縣撤退，中途又折往宣化，行至土木堡，為瓦剌軍所襲，英宗被俘，王振被亂軍所殺，明軍全軍覆沒。瓦剌軍沿途劫掠殺虜民眾數十萬，兵臨北京城下，史稱“土木堡之變”。

黃龍府

五代時，契丹耶律乙於天顯元年（926 年）設府。治所在今吉林農安境內。

後有廢有設。金天眷三年（1140 年）改為濟州。南宋抗金名將岳飛曾對部下說，“直抵黃龍府，與諸君痛飲耳”，以黃龍府泛指金國大本營，表示收復失地的決心。一說岳飛誤以當時的上京會寧府為黃龍城，所謂“直抵黃龍府”，實指上京而言。

烏江

古地名。秦置烏江亭，因附近有烏江而得名。

烏江在今安徽和縣東北四十里，今名烏江浦。公元前 202 年，楚漢決戰於垓下。劉邦及諸侯兵七十萬，韓信自率三十萬正面擋之，項羽兵

八萬，被重重圍困，項羽率輕騎突圍，斬漢將多人，最後突圍至烏江岸邊，不肯過江，卸甲與漢兵搏戰，身被數十創，自刎身亡。後烏江浦建有楚霸王祠墓。

函谷關

原在今河南靈寶東北。

地勢險要，北面是黃河，南面是崇山峻嶺，山谷中兩邊懸崖峭壁，東起崤山，西至潼津，深險如函，故稱"函谷"。戰國時，秦在此谷中設置關隘，名"函谷關"，函谷關以西地區便稱作"關中"。蘇秦游說秦惠王所說的"東有崤函之固"即指此。漢武帝時東移三百里到今新安東，稱為"函谷新關"。原函谷關稱作"舊關"，改置為弘農縣。

劍門關

在四川北部劍閣北六十里的大劍山上。大劍山長達七十餘里。主峰大劍山兩崖相對如門，稱為"劍門"。

崖間峽谷，寬約二十米，長約五百米，人行其中，有"昂首只見一線天"之感。劍門關倚山而建，上有關樓，極為雄壯。關口兩側的山勢巍峨陡峭，綿亙七十餘里，宛如天然城廓。三國時，姜維退屯劍門以拒鍾會，即此。唐李白《蜀道難》詩："劍閣崢嶸而崔嵬，一夫當關，萬夫莫開。"

5

姓氏稱謂

百家姓
天文燦堂梓行

小人　君子　庶人　布衣　黔首　黎民　百姓　士臣　臣　君　避諱　年號　廟號　私謚　謚號　學名　小名　乳名　名字　別號　號　別字　複姓　姓氏

·· 姓氏

上古有姓有氏。姓是族號，氏是姓的分支。

人類原始社會母系氏族制度時期，每個氏族公社有一個共同的女祖先，全體成員都是她的後代。"只知其母，不知其父"，子女隨母姓，世系也由母親方面來確定。因此，古姓有不少都從"女"，如姚、姜、嬴（yíng 粤 jing⁴）、姬、姒（sì 粤 ci⁵）、嫪（lào 粤 lou⁶）等。後來，由於子孫繁衍，一族分若干支，散居各地，每支有一個不同的稱號，這就是氏，如商人的祖先是子姓，後來分為殷、時、來、宋、空同等氏。

這樣，姓就成了舊有族號，氏是後起的族號。氏的來源，大致可歸七類：（1）諸侯以受封國為氏。如：鄭捷（鄭文公）、蔡甲午（蔡莊公）、齊環（齊靈公）、宋王臣（宋成公）。鄭、蔡、宋本姬姓，齊本姜姓，皆以國為姓。（2）以祖先的字或謚號為氏。如：孔丘（宋公孫嘉之後，嘉字孔父）、叔孫得臣（魯公子牙之後，牙字叔，本姓姬）、莊辛（楚莊王之後，莊是謚號）。（3）以祖先封爵為氏。如：王、侯、王孫、公孫。（4）以官名為氏。如：卜偃、祝鮀（tuó 粤 to⁴）、司馬牛、樂（yuè 粤 lok³）正克。（5）卿大（dà 粤 daai⁶）夫及其後裔以受封的邑名為氏。如：屈完（屈為地名）、知罃（yīng 🔊 ang¹）（知為地名）、羊舌赤（羊舌為地名）、解（xiè 🔊 haai⁶）狐（解為地名）。（6）以所居的地名為氏。如：東門襄仲、北郭佐、南宮敬叔。（7）以技為氏。如：巫（巫，神巫）、陶（陶，做陶器）等。古代姓氏的重要作用，就是"明貴賤，別婚姻"。《通志·氏族略序》："三代之前，姓氏分而為二，男子稱氏，婦人稱姓。氏所以別貴賤，貴者有氏，賤者有名無氏……姓所以別婚姻，故有同姓、異姓（王舅之親）、庶姓（與王無親者）之別。氏同姓不同者，婚姻可通；姓同氏不同者，婚姻不可通。三代之後，姓氏合而為一，皆所以別婚姻，而以地望明貴賤。"秦漢以前，貴族婦女大多有姓無名，待嫁女子若要加以區別，便在姓前加孟（伯）、仲、叔、季，表示排行，如孟姜、伯姬、仲姬、叔姬、季姬。出嫁以後，有的在姓上加上所自出的國名或氏，如齊姜、晉姬、秦嬴；有的在姓上加上配偶受封的國名，如秦姬、芮（ruì 🔊 jeoi⁶）姜；有的在姓上加上配偶的氏或邑名，如趙姬（趙衰（cuī 🔊 ceoi¹）妻）、棠姜（棠公妻，棠，邑名）；有的死後在姓上加上配偶或本人的謚號，如武姜（鄭武公妻）、敬嬴（魯文公妃）等。上古稱呼婦女，也可在姓下加"氏"字，如武姜稱姜氏，敬嬴稱嬴氏，驪姬稱姬氏。

先秦只有貴族才有姓，平民無姓，只有名。如《孟子》中的弈秋，弈是圍棋，又指下棋的人，弈秋就是名叫秋的棋手，無姓。《莊子》中的庖丁，庖是廚子，庖丁就是名叫丁的廚師，無姓。這些都是從他們從事的職業或具有的專長來稱呼的。到漢代，姓與氏合而為一。

·· 複姓

指兩字或兩字以上的姓。

後世有非漢族的複姓，如：長（zhǎng 🔊 zoeng²）孫、万俟（mò qí 🔊 mak⁶ kei⁴）、宇文、慕容、賀蘭、獨孤、拓跋、尉（yù 🔊 wat¹）遲、呼延、禿髮（fà 🔊 faat³）、乞伏、僕固、豆盧、哥舒等。

·· 名字

名和字在古代是兩個不同的概念。

《顏氏家訓·風操》："古者名以正體，字以表德。"古人有名又有字。名，一般指人的姓名或單指名。是幼時所起，供長輩呼喚的。男子到二十歲成人，要舉行冠禮，示已成年，要另起一個字。女子未許嫁的叫"未字"，也叫"待字"，十五歲成年許嫁，舉行笄（jī 🔊 gai¹）禮（結髮加笄，笄，束髮用的簪子），也要取字。名和字有意義上的聯繫。如：屈原，名平，字原（原，寬闊平坦）；

顏回，字子淵（淵，旋轉）；曹操，字孟德；諸葛亮，字孔明；岳飛，字鵬舉；文天祥，字宋瑞。有的名和字是同義詞。如：宰予，字子我；樊須，字子遲（zhì ⑧ zi⁶）（須和遲都有"等待"義）。有的名和字是反義詞。如：曾點，字皙（點，小黑，引申為污。皙，膚色白也）。周代貴族男子字的前面加伯、仲、叔、季，表示排行，字的後面加父（fǔ ⑧ fu²）或甫表示性別，這樣，就構成了男子字的全稱。如：姬伯禽，周公旦之子，魯國的始祖，史失其名，字伯禽，字的全稱為伯禽父，略稱為禽父或伯禽。孔丘，字仲尼，字的全稱為仲尼甫，略稱為仲尼、尼父。周代貴族女子字的前面加姓，姓的前面加孟（伯）、仲、叔、季表示排行，字的後面加"母"或"女"表示性別，這樣構成女子字的全稱。如《鑄公簠（fǔ ⑧ fu²）》上有孟妊車母。姓妊，字車。《仲姞匜（yí ⑧ ji⁴）》有中姞（jí ⑧ gat¹）義母，姓姞，字義，中即仲，是排行。周代女子有名的很少，有字的更少，為區分和稱呼，最常見的是在姓前冠以排行。如孟姜、叔姬、季羋（mǐ ⑧ mei⁵）等。春秋時，男子取字最普遍的方式是在字的前面再加上"子"字。如：公孫僑，字子產；狐偃，字子犯；伍員，字子胥；顏回，字子淵；冉求，字子有；卜商，字子夏；宰予，字子我；端木賜，字子貢。因為"子"是男子的尊稱。

但這個"子"字也常常省去，直稱顏淵、冉有、宰我等。

古時"名"和"字"是有區別的，把名和字連起來稱呼是為了表示尊敬。先秦時期是先字後名，如：百里奚的兒子孟明視，"孟明"是字，"視"是名，沒提姓"百里"；孔子的父親叔梁紇（hé ⑧ gat¹），"叔梁"是字，"紇"是名，沒提姓孔。漢以後，可先名後字，如曹丕《典論·論文》："今之文人，魯國孔融（名）文舉（字），廣陵陳琳（名）孔璋（字），山陽王粲（名）仲宣（字）……"古人尊對卑稱名，卑自稱也稱名；對平輩或尊輩則稱字。

·· 別號　號　別字

別號是名和字以外的稱號，也叫"號"或"別字"。

名、字與號的根本區別是，前者由父親或尊長取定，後者由自己取定。號一般用於自稱，以示某種志趣或抒發某種情感。舊時，為了尊重別人，一般不直呼其名，也不稱其字，而稱其別號。如范蠡（lǐ ⑧ lai⁵），號陶朱公；陶潛，號五柳先生；李商隱，號玉谿（xī ⑧ kai¹）生；王安石，號半山；蘇軾，號東坡居士；黃庭堅，號山谷道人；辛棄疾，號稼軒；陸游，號放翁。

小名 乳名

也叫"小字、奶名"。

父母隨意呼喚的名字。如：曹操小名阿瞞，南朝宋劉裕小名寄奴，北魏太武帝拓跋燾 (tāo ⑧ tou⁴) 小名佛狸，後人著作中不稱他們的名、字、別號，而稱他們的小名，以示貶抑和蔑視。

學名

也稱"大名、官名"。

古代入學時老師給起的名，俗稱"書名"，此後應考、出仕，即用此名。古人在尊長前自稱時用學名，不能用字、號。向朝廷上書時，只准用名，不能冠姓，如諸葛亮《出師表》第一句就是"臣亮言"。古代尚有"子不道父名"的禮俗。司馬遷在《報任安書》中說到宦官趙談，"同子參乘，袁絲變色"。因司馬遷父親名司馬談，子不言父名，不說趙談，而說"同子"，意為和我父親同名的人。

謚號

古代帝王、諸侯、卿大夫、高官大臣等死後，朝廷根據他們生平事跡而加給的一種稱號以寓褒貶善惡，稱為"謚 (shì ⑧ si³)"或"謚號"。

據說謚號是死者生前事跡和品德的概括，其實謚號符合事實的很少，但一個人有了謚號，就等於在名字之外又多了一個別名。古代有謚法，規定了一些用字。屬於表揚的有：文、景、武、惠、昭、宣、元、成、平、明、桓、獻、康、穆。屬於批評的有：靈、厲、煬 (yáng ⑧ joeng⁶) 等。屬於同情的有：哀、愍 (mǐn ⑧ man⁵)、懷等。如：周平王、鄭武公、齊桓公、秦穆公、魏安釐 (xī) 王、趙孝成王、宣成侯 (霍光)、忠武侯 (諸葛亮)、文公 (韓愈)、文忠公 (歐陽修)、武穆王 (岳飛)。

私謚

有些人不是高官，或在有罪流放之中，朝廷不予謚號，親友們給予他的謚號。

如：東漢時，陳寔 (shí ⑧ sat⁶) 死後，海內赴弔者三萬餘人，謚為文範先生；陶淵明死後，顏延年為他作誄 (lěi ⑧ loi⁶，略似祭文)，謚為靖節徵士；唐代孟郊死後，韓愈、張籍等師友謚為貞曜先生；宋代張載死後，門人謚為明誠夫子；黃庭堅因是"元祐黨人"，在貶所而死，門人謚為文節先生。

廟號

皇帝死後，在太廟（同一般人的祖廟）立室奉祀時特起的名號。

加在謚號前，從漢朝起，每個朝代的第一個皇帝一般稱太祖或高祖，以後的嗣君則稱太宗、世宗等。如：漢高祖的全號是太祖高皇帝（太祖是廟號，高是謚號），漢文帝的全號是太宗孝文皇帝，漢武帝的全號是世宗孝武皇帝，魏文帝的全號是世祖文皇帝，唐憲宗的全號是憲宗昭文章武大聖至神孝皇帝。

年號

是封建皇帝紀年的名號。

年號是漢武帝開始使用的，一直到清末。漢武帝即位的一年（前 140 年）稱為建元元年，第二年稱建元二年，一直延續下去，直至改元。新皇帝即位即改變年號，稱為"改元"。同一皇帝在位時也可改元，如漢武帝第一個年號為建元，後來改元為元光、元朔、元狩、元鼎、元封、太初、天漢、太始、征和等。明清兩代皇帝基本上不改元，因此就有可能用年號來稱皇帝，如明世宗被稱為嘉靖皇帝，清聖祖被稱為康熙皇帝，清高宗被稱為乾隆皇帝。

避諱

古代臣下或晚輩不能直稱君主或尊長的名字，凡遇到和君主尊長的名字相同的字，則改用同義的字。

為避漢高祖劉邦諱，《論語·微子》："何必去父母之邦。"漢石經殘碑改作"何必去父母之國"。為避漢文帝劉恆諱，五嶽之一的"恆山"改為"常山"，月中仙女"恆娥"改為"嫦娥"。唐太宗名世民，唐人便改"世"為"代"，改"民"為"人"。"三十年為一世"改為"三十年為一代"，"世本"改為"系本"，唐柳宗元《捕蛇者説》一文中"故為之説，以俟夫觀人風者得焉"一句，將"民風"改為"人風"。唐高宗名治，改"治"為"理"。唐韓愈《送李願歸盤古序》把"治亂不知"改為"理亂不知"。除避君諱外，文人還避家諱。漢代淮南王劉安父親劉長（cháng 🔊 coeng⁴），劉安編寫《淮南子·齊俗訓》中，將《老子》的"長短相形"改為"修短相形"。蘇軾的祖父名序，所以蘇洵的文章改"序"為"引"，蘇軾為人作序，又將"序"字改為"敍"字。避諱中，可以避單名，雙名只避其一則可。唐柳宗元《捕蛇者説》避了李世民的"民"字，沒避"世"字，"有蔣氏者，專其利三世矣"。由於避諱，甚至改變別人的名或姓。漢文帝名"恆"，春秋時的"田恆"被改稱"田常"；漢景帝名“啟”，紂王的叔父“微子啟”被改稱“微子開”；漢武帝名“徹”，漢初的“蒯徹”被改稱為“蒯通”；漢明帝名“莊”，“莊助”被改稱“嚴助”；劉知幾著《史通》，後人因避唐玄宗李隆基（基幾同音）諱，改為“劉子玄”著（子玄，是劉知幾的字）。地名官名等也有因避諱而改變的。

唐代開始還有缺筆以避諱。如：“丘”作“乒”，“世”作“卅”，“恆”作“恒”，“胤”作“肎”。或用“某”字代替法。如《史記·文帝本紀》：“子某最長（zhǎng 🔊 zoeng²），請建（立）以為太子。”“某”指劉啟，漢景帝的名。東漢許慎《說文解字》是中國第一部字典，禾部的“秀”字，草部的“莊”字，火部的“炟（dá 🔊 daat³）”字等，原先都空着，只寫上“上諱”二字，這是為了避漢光武帝劉秀、明帝劉莊、章帝劉炟的名諱。現在《說文解字》中的“秀”、“莊”、“炟”等字是後人補上去的。

ᐧᐧ 君

①周代稱諸侯為君。

《禮記·服問》：“君為天子三年。”即諸侯為天子服喪三年。

②秦後天下統一，稱皇帝為君。

《孔子家語·本命》：“天無二日，國無二君。”

③戰國、秦漢時期貴族、功臣的封號。

如齊國田文號孟嘗君，魏公子無忌號信陵君，漢酈食其（lì yì jī 🔊 lik⁶ ji⁶ gei¹）號廣野君，劉敬號奉春君。

④引申為對男子的尊稱。

《史記·孫子吳起列傳》：“於是孫子對田忌曰：‘君弟重射，臣能令君勝。’”（射：賭，指賭賽馬）《史記·廉頗藺相如列傳》：“臣所以去親戚而事君者，徒慕君之高義也。”

⑤夫、父亦可稱君。

《戰國策·鄒忌諷齊王納諫》：“其妻曰：‘君美甚，徐公何能及君也？’”《孔雀東南飛》：“十七為君婦，心中長苦悲。”唐王勃《滕王閣序》：“家君作宰，路出名區。”

ᐧᐧ 臣

上古指男性奴隸，與妾為同類。

《書·費誓》：“臣妾逋逃。”傳：“役人賤者，男曰臣，女曰妾。”後來君主時代，官吏、百姓統稱臣。《戰國策·鄒忌諷齊王納諫》：“令初下，羣臣進諫，門庭若市。”“臣”又是謙卑的自稱。《史記·高祖本紀》：“呂公曰：‘臣少好相人，無如季相。’”（季：劉邦字）集解：“古人相與語，多自稱臣，自卑之道，若今人相與語皆自稱僕。”

士

商、西周、春秋時統治者的最底層及其成員。

《左傳・昭公七年》："王臣公，公臣大夫，大夫臣士。"周天子有天下，諸侯有國，卿大夫有家，即采邑，是卿大夫的統治區域，擔任家的官職的通常是士，稱為家臣。戰國時的士大體分為四類：一類是學士，如孟子、荀子、墨子、莊子、韓非子等，他們著書立說，提出各種思想、政治主張，在文化上有巨大貢獻；一類是策士，如蘇秦、張儀，即所謂縱橫家，他們長於政論，善於外交，在當時各國之間的鬥爭中，起着重大作用；一類是方士或術士，他們之中，有的是天文、曆算、地理、醫藥、農業、技藝等學科的專門家，在文化上也起着巨大作用；最下一類的士即食客，戰國時齊國的孟嘗君、趙國的平原君、魏國的信陵君、楚國的春申君，他們養士皆在三千人以上，但品流很雜，包括雞鳴狗盜之徒，也有罪犯、賭徒。這類人有士之名，無士之實，多是貴族的幫兇。

百姓

①古指百官。

《詩經・小雅・天保》："羣黎百姓，遍為爾德。"《書・堯典》："九族既睦，平章百姓。百姓昭明，黎民於變是雍。"這裏講的是堯的管理方法，自上而下，分三個層次：上為堯的九族，即堯的親族；中為百姓，即百官；下為黎民，即奴隸。九族和睦了，百姓昭明了，黎民就會變得馴順。

②戰國時，"百姓"成為平民的通稱，與"民"為同義詞。

《孟子・滕文公上》："鄉里同井，出入相友，守望相助，疾病相扶持，則百姓親睦。"

黎民

即平民，百姓。

古也稱"黎庶、黎氓"。"黎"通"驪"，黑色。《孟子・梁惠王上》："黎民不飢不寒。"

黔首

戰國時秦國及秦王朝對百姓的稱呼。

《史記・秦始皇本紀》："更名民曰：'黔（qián ⑧ kim⁴）首。'"秦始皇規定"衣服旄旌節旗，皆尚黑"。《禮記・祭義》孔穎達疏："黔首謂民也，黔謂黑也，凡人以黑巾覆頭，故謂之黔首。"秦李斯《諫逐客書》："今乃棄黔首以資敵國，卻賓客以業諸侯。"

布衣

借指平民百姓。

中國古代，官員、富人穿絲綢，平民百姓穿麻布、葛布（直至北宋尚如此，南宋時棉衣才普遍），所以稱"布衣"。三國蜀諸葛亮《出師表》："臣本布衣，躬耕於南陽。"《史記·廉頗藺相如列傳》："臣以為布衣之交尚不相欺，況大國乎。"

庶人

也稱"庶民"。

西周以後對農業生產者的稱呼。西周時，"庶人"雖然可用作封賜的對象，但其身份比奴隸高，相當於後來的農民個體戶，地位在士之下。《左傳·宣公九年》："其庶人力於農穡。"《禮記·大傳》："庶民安，則財用足。"《荀子·王制》："君者，舟也；庶人者，水也。水則載舟，水則覆舟。"庶人的向背直接關係到上層統治階級的安危。秦漢以後，泛指沒有官職的平民百姓。

君子

①對統治者和貴族男子的通稱。常與"小人、野人"對舉。

《詩經·魏風·伐檀》："彼君子兮，不素餐兮。"《孟子·滕文公上》："無君子莫治野人，無野人莫養君子。"

②泛指才德出眾之人。常與"小人"對舉。

《論語·衛靈公》："君子固窮，小人窮斯濫矣。"（窮：走投無路）

③妻對夫之稱。

《詩經·王風·君子于役》："君子于役，如之何勿思。"《詩經·召(shào ⑧ siu⁶)南·草蟲》："未見君子，憂心忡忡。"

小人

①古代貴族對平民百姓的蔑稱。

《左傳·襄公九年》："君子勞心，小人勞力，先王之制也。"《孟子·滕文公上》："有大人之事，有小人之事。勞心者治人，勞力者治於人。"注："勞心，君也；勞力，民也。"

②人格卑鄙之人。

《論語·顏淵》："君子成人之美，不成人之惡，小人反是。"又《述而》："君子坦蕩蕩，小人長戚戚。"三國蜀諸葛亮《出師表》："親賢臣，遠小人，此先漢所以興隆也。"

③對上自稱的謙詞。

《左傳·隱公元年》："小人有母，皆嘗小人之食矣，未嘗君之羹，請以遺(wèi ⑧ wai⁶)之。"

附表一　部分古代詩文作家姓名、字、號一覽表

姓　名	字	別　號	謚　號
屈平 （自云名正則）	原、靈均		
荀況		時人尊而號之為"卿"	
賈誼		世稱"賈太傅、賈長沙、賈生"	
司馬遷	子長		
劉向	子正		
王充	仲任		
班固	孟堅		
曹操	孟德		
陶淵明	元亮	五柳先生	私謚"靖節"
王勃	子安		
李白	太白	青蓮居士	
王維	摩詰	王右丞	
杜甫	子美	自稱"杜陵布衣、少陵野老" 世稱"杜工部、杜拾遺"	
韓愈	退之	昌黎	文
白居易	樂天	香山居士	
劉禹錫	夢得	世稱"劉賓客"	
柳宗元	子厚	世稱"柳河東"， 又稱"柳柳州"	
杜牧	牧之	人稱"小杜"，以別於杜甫	
李商隱	義山	玉谿（xī 🔊 kai¹）生、樊南生	
柳永 （原名三變）	耆卿	柳屯田、柳七	
范仲淹	希文		文正
歐陽修	永叔	自稱"醉翁、六一居士"	文忠
蘇洵	明允	老泉	
司馬光	君實	世稱"涑水先生"	文正
王安石	介甫	號半山、世稱"荊公、臨川先生"	文
蘇軾	子瞻	東坡居士	文忠
蘇轍	子由		
李清照		易安居士	
陸游	務觀	放翁、龜堂	
辛棄疾	幼安	稼軒	
文天祥	履善、宋瑞	號文山，世稱"文信國"	

6

禮俗

·· 世襲

指帝位、爵位等世代相傳。

原始社會堯傳舜，舜傳禹的傳賢制度叫"禪（shàn 🔊 sin⁶）讓"。夏禹不傳賢而傳子，帝位開始世襲。商代王位是兄終弟及，無弟然後傳子。周代王位由嫡（dí 🔊 dik¹）長子世襲，餘子分封為諸侯。諸侯的君位也由嫡長子繼承，餘子分封為卿大（dà 🔊 daai⁶）夫，卿大夫下面是士，都屬貴族階層。

·· 冠禮

古代貴族男子二十歲時舉行的加冠（guān 🔊 gun¹）儀式。

舉行冠（guàn 🔊 gun³）禮之前，先選定吉日、賓。賓是負責加冠的人，一般是父兄僚友或長輩。加冠在宗廟裏舉行，由父兄主持。冠禮進行時，賓要給冠者加冠三次。先加緇布冠（即用黑麻布做的冠），表示從此有治人的特權；次加皮弁（biàn 🔊 bin⁶，用白鹿皮製成，如後代的瓜皮帽），表示從此要服兵役；最後加爵弁（赤中帶黑色的平頂帽，用極細的葛布或絲帛製成），表示從此有權參加祭祀。每加一次冠，賓都要對冠者致祝詞。三次加冠後，主人設酒饌招待所有參加冠禮的人，叫"禮賓"。禮賓後，冠者入家拜見母親，然後由賓取"字"、依次拜見兄弟姑姊，最後，冠者要換上玄色禮帽禮服，帶着禮品，去拜見國君、鄉大夫（在鄉而有官位者）和鄉先生（退休鄉居的官員）。主人向來賓敬酒、贈送禮品。貴族男子二十歲加冠後可以娶妻。

笄禮

古代貴族女子十五歲許嫁時舉行的加笄（jī 🔊 gai¹）儀式。

女子的笄禮和男子的冠禮儀式相同，只不過主持者是女性家長，加笄的是女賓。笄，束髮用的簪子。行笄禮時要改變幼年的髮式，先把頭髮縮成一個髻，叫"結髮"；然後用稱作纚（xǐ 🔊 lei⁴）的一塊黑布把髮髻包住，再用笄插定髮髻。《儀禮・士昏禮》："女子許嫁，笄而禮之，稱字。"

媵

媵制在春秋諸侯貴族間盛行，成了風俗。

一個女子出嫁，她的多個到年齡的妹妹和姪女都要隨嫁，其他與女子同姓的諸侯國，也要把適齡的女子隨嫁。《詩經・大雅・韓奕》："韓侯娶妻……諸娣從之。"毛傳："諸侯一娶九女，二國媵之。諸娣，眾妾也。"《左傳・成公八年》："衛人來媵共姬（衛公送姊妹或女兒陪嫁宋共公為媵（yìng 🔊 jing⁶），禮也。凡諸侯嫁女，同姓媵之，異姓則否。"九年："晉人來媵，禮也。"十年："齊人來媵。"宋共公娶魯成公姊妹為夫人，衛侯、晉侯、齊侯都把姊妹或女兒陪嫁過來。戰國後，媵制消失。

婚姻

①男娶女嫁結為夫妻，嫁娶。

《荀子・富國》："男女之合，夫婦之分，婚姻，娉內、送逆之禮。"

②結婚男女雙方的父母。

婚是女方的父母，姻是男方的父母。《漢書・高帝紀上》："沛公與伯約為婚姻。""約為婚姻"就是"結為兒女親家"。

六禮

古代婚姻的六道手續，即納采、問名、納吉、納幣、請期、親迎。

納采是男家向女家送見面禮（通常是一隻雁），求親；女家如同意，男家問清楚女子的名字、生辰，以便回到宗廟占卜，看男女二人命相的吉凶，為問名；納吉，是男家占卜得兆，到女家報喜，送禮，訂婚；納幣，又稱“納徵”，即男家向女家送較重的聘禮；請期，即選定結婚吉日，徵求女家同意；親迎，即新郎到女家迎親。六禮除納幣外，男家都要向女家送雁作為見面禮。

文定

指納幣訂婚。

《詩經·大雅·大明》：“文定厥祥，親迎於渭。”鄭玄箋：“問名之後，卜而得吉，則文王以禮定其吉祥，謂使納幣也。”這是説周文王卜得吉兆後納幣訂婚，親迎太姒於渭濱。後世因以“文定”代指訂婚。

冰人

媒人。

《晉書·索紞（dǎn 粵 dam²）傳》：“孝廉令狐策夢立冰上，與冰下人語。紞曰：‘冰上為陽，冰下為陰，陰陽事也。士如歸妻，迨冰未泮（以上二句為《詩經·邶（bèi 粵 bui³）風·匏有苦葉》中語），婚姻事也。君在冰上與冰下人語，為陽語陰，媒介事也。君當為人作媒，冰泮而婚成。’”後因稱媒人為冰人。明謝讜《四喜記·憶雙親》：“這一曲《鷓鴣兒》就是我孩兒的冰人月老。”又省稱“冰”。《聊齋志異·寄生》：“父遣冰於鄭，

鄭性方謹，以中表為嫌，卻之。”

委禽

即納采。

古代結婚禮儀（六禮）中，除納幣外，男方都要向女方送雁作為見面禮，故稱。《左傳·昭公元年》：“鄭徐吾犯之妹美，公孫楚聘之矣，公孫黑又使強委禽焉。”杜預注：“禽，雁也，納采用雁。”

青廬

用青布幔臨時搭建的帳幕，古代北方民族舉行婚禮，交拜迎婦之所。

一般在住宅的西南角“吉地”，露天設置，新娘從特備的氈席上踏入青廬。《孔雀東南飛》：“其日牛馬嘶，新婦入青廬。”唐段成式《酉陽雜俎（zǔ 粵 zo²）·禮異》：“北朝婚禮，青布幔為屋，在門內外，謂之青廬，於此交拜。”

合卺

古代結婚時的一種儀式，婚禮飲交杯酒。

新郎親迎新娘進家門後舉行。把瓠剖成兩個瓢，叫“卺（jǐn 粵 gan²）”。新婚夫婦各執一瓢飲酒，稱“合卺”。《禮記·昏義》：“婦至，壻揖婦以入，共牢而食，合卺

而酳。"（酳：用酒漱口）後世把成婚叫"合巹"。

結髮

①古代男子二十結髮加冠，女子十五結髮加笄，表示年屆"成人"，因以"結髮"指初成年。

《史記・平津侯主父列傳》："臣結髮遊學，四十餘年。"

②指成婚。

古代新婚夜要行男女並坐束髮合髻之禮，以示正式結為夫妻。西漢蘇武《詩》："結髮為夫婦，恩愛兩不移。"唐杜甫《新婚別》："結髮為君妻，席不暖君牀。"

③指妻，常指元配。

南朝梁江淹《雜體・李都尉從軍》："而我在萬里，結髮不相見。"

拜舅姑

舅姑，指丈夫的父母，即公婆。在婚禮中，新婦拜見公婆的儀式。

親迎的次日，新婦早起，沐浴盛裝拜見公婆。拜見時，雙手捧笲（fán ⑧ faan⁴，圓形竹器），盛以棗栗腶脩（duàn xiū ⑧ dyun³ sau¹，捶打而加薑桂的乾肉）。棗栗獻給舅，取"早自謹敬"之意；腶脩獻給姑，取"斷斷自修"之意。然後行新婦盥饋

禮，即新婦把用特、豚（牛肉、豬肉）做成的盛饌獻給舅姑，表示孝敬。舅姑食畢，共宴新婦於堂上，取杯斟酒給新婦，表示回敬。宴畢，舅姑從西階（賓階）下堂，新婦從阼（zuò ⑧ zou⁶）階（東階）下堂，表示新婦要代替婆婆主持家務。唐朱慶餘《近試上張水部》："昨夜洞房停紅燭，待曉堂前拜舅姑。"唐杜甫《新婚別》："暮婚晨告別，無乃太匆忙！妾身未分明，何以拜姑嫜。""拜姑嫜"指的也是"拜舅姑"之禮。不行見舅姑之禮，新婦的身份就不能得到確認。

歸

古代女子出嫁叫"歸"。

即出嫁的女子以男家為家，往歸夫家之意。《詩經・周南・桃夭》："之子于歸，宜其室家。"

歸寧

已嫁女子回娘家探望父母。

《詩經・周南・葛覃》："害浣害否，歸寧父母。"據孔穎達疏，周制，諸侯夫人，如父母健在，可以歸寧；如父母已死，夫人本人不能歸寧，但可派人向娘家兄弟問安。卿、大夫之妻則無此限制。

大歸

已嫁女子回母家後不再回夫家，叫"大歸"。

《左傳・文公十八年》："夫人姜氏歸於齊，大歸也。"《詩經・邶風・燕燕》孔穎達疏："言大歸者，不返之辭，以歸寧者有時而返，此即歸不復來，故謂之大歸也。"後亦稱婦人被休，永歸母家為大歸，如《孔雀東南飛》中的劉蘭芝。

"死"的諱稱

古人對"死"有許多諱稱，且有等級尊卑之別。

《禮記・曲禮下》："天子死曰崩，諸侯曰薨，大夫曰卒，士曰不祿，庶人曰死。"出於感情表達的需要，古人對不同身份、不同關係的人的死，也有替代的諱稱。常見的有：

(1) 天子、太后、公卿、王侯之死稱：崩、薨、百歲、千秋、晏駕、山陵崩。三國蜀諸葛亮《出師表》："先帝創業未半，而中道崩殂。"

(2) 父母之死稱：見背、孤露、棄養。晉李密《陳情表》："生孩六月，慈父見背。"

(3) 佛教、道教徒之死稱：涅槃、圓寂、坐化、羽化、滅度、仙遊、仙逝。宋蘇軾《前赤壁賦》："飄飄乎如遺世獨立，羽化而登仙。"

(4) 一般人之死稱：殂、殞、沒、棄世、過世、謝世、不諱、物故、亡故、長眠、長逝、壽終、捐生、就木、溘逝、登遐、填溝壑、卒、老、故、逝、終。《史記・汲鄭列傳》："黯為上泣曰：'臣自以為填溝壑，不復見陛下，不意陛下復收用之。'"

屬纊

古喪儀之一。

屬（zhǔ 粵 zuk¹），是放置的意思；纊（kuàng 粵 kwong³），是新絮，特指蠶吐出的絲綿，極輕。據《儀禮・既夕禮》和《禮記・喪大記》，古人把新絮放在彌留者的口鼻上，測看是否還有氣息。後來，"屬纊"成了臨終的代稱。南朝宋鮑照《松柏篇》："屬纊生望盡，闔棺世業埋。"

飯含

古喪儀之一。

將米、珠玉之類的物品放在死者口中。飯，是往死者口中放米、貝；含，又作"琀"，往死者口裏放珠玉。《戰國策・魯仲連義不帝秦》："鄒魯之臣，生則不得事養，死則不得飯含。"

殯

古喪儀之一。

《釋名・釋喪制》："衣尸棺曰殯"，

"殮者殮也，殮藏不復見。"殮，即給死者穿衣、裝入棺內。有小殮、大殮。小殮是給屍體裹上衣衾；大殮是把已裹好的屍體裝進棺材。據《儀禮·士喪禮》、《禮記·喪大記》，小殮的時間在死去的次日早晨，衣、衾質地據死者身份定；大殮的時間在小殮的次日。

殯

停柩待葬叫"殯"。

《禮記·王制》記述春秋的喪禮："天子七日而殯，諸侯五日而殯，大夫、士、庶人三日而殯。"殯，有的停柩在祖廟，有的停柩在堂，有的停柩在曠野。

《左傳·僖公三十二年》："冬，晉文公卒。庚辰，將殯於曲沃。"曲沃是晉的宗廟所在，故往曲沃在宗廟裏停柩待葬。《禮記》記載春秋殯葬風俗說："諸侯五日而殯，五月而葬。"即據晉文公說的。晉文公三十二年十二月殯於曲沃，三十三年四月而葬，相隔正是五個月。

執紼

指送葬的人幫助拉靈車。

紼 (fú ⑧ fat¹) 是拉靈車的繩子。《禮記·曲禮上》："助葬必執紼。"據記載，天子之葬，用六根大繩輓車，叫"六紼"，執紼者據說有千人；諸

侯四紼，五百人；大夫二紼，三百人。執紼僅是親友送葬的一種儀式。

輓歌

古時執紼者所唱的哀歌。

上古無輓歌。最早的輓歌見於《左傳·哀公十一年》："公孫夏命其徒歌《虞殯》。"杜預注："《虞殯》，送葬歌曲。"今人楊伯峻認為"《虞殯》即送葬之輓歌"。漢魏以後，輓歌大為流行，古樂府相和曲中的《薤 (xiè ⑧ haai⁶) 露》、《蒿里》都是輓歌。後世的輓聯就是從輓歌演變來的。

殉葬

古代用活人和器物隨葬的陋俗，後世也叫"陪葬"。

殷代人殉之風甚盛，甚至成了制度。《墨子·節葬下》："天子殺殉，眾者數百，寡者數十；將軍大夫殺殉，眾者數十，寡者數人。"周代有所收斂，但秦國依然盛行。秦武公葬時，從死者六十六人；秦穆公葬時，從死者一百七十七人（包括《詩經·秦風·黃鳥》所悼念的三良臣：子車奄息、子車仲行、子車鍼虎）。又據《史記·秦始皇本紀》記載，秦始皇葬時，秦二世令後宮妃嬪 (pín ⑧ pan⁴) 無子者一律從死，並把工匠都關閉在墳墓內。春秋以後，統治者知道人力可貴，不再殺

罪人、戰俘和奴隸殉葬，改用人俑，有木俑、陶俑。秦始皇兵馬俑是陶人、陶馬，漢文帝陪葬的是陶俑木臂。孔子也反對用俑，《孟子·梁惠王上》："仲尼曰：'始作俑者，其無後乎！'為其象人而用之也。"

•• 明器

> 古代隨葬的器物。也作"冥器"。

用竹、木、陶土等仿製的模型。《禮記·檀弓上》："其曰明器，神明之也。"即把死者當作神明來侍奉。《史記·絳侯周勃世家》載，條侯周亞夫之子私下為其父購買皇帝殉葬用的明器甲楯五百套，周亞夫被傳訊，"廷尉責曰：'君侯欲反邪？'亞夫曰：'臣所買器，乃葬器也，何謂反邪？'"葬器即明器。自宋代起，紙做的明器逐漸流行。宋趙彥衛《雲麓漫鈔》卷五："古之明器，神明之也。今以紙為之，謂之冥器。"

•• 棺槨

> 棺材和外棺。

古代藏屍之器叫"棺"（棺材），圍棺之器叫"槨"(guǒ 🔊 gwok³)（套在棺材之外的大棺材）。上古貴族死後一般有棺有槨。有的竟達三四層之多。殷周天子的棺槨有四層，最外兩層都用梓 (zǐ 🔊 zi²) 木，所以又稱"梓宮"。孔子的兒子孔鯉死後"有棺而無槨"（《論語·先進》），可見槨不是一般人所能用的。

•• 墳墓

> 埋葬死人之地。

古代墳、墓有別：築土為墳，穴地為墓。《方言》卷十三："凡葬而無墳謂之墓。"殷人墓地是不築墳堆的，周代平民也是有墓而無墳，周代貴族、天子諸侯等開始在墓地築墳植樹，但有等級差別。《白虎通·崩薨》："天子墳高三仞，樹以松；諸侯半之，樹以柏；大夫八尺，樹以欒；士四尺，樹以槐。"築墳植樹，主要是用作標誌。據《禮記·檀弓》記載，孔子既合葬父母，說："吾聞之，古也墓而不墳。今丘也，東西南北人也，不可以不識 (zhì 🔊 zi³) 也。"（東西南北人：意謂我是四處奔波的人。識：做標誌）"於是封之，崇四尺"。

•• 槁葬

> 草草埋葬。

《後漢書·馬援傳》："援妻孥惶懼，不敢以喪還舊塋，裁買城西數畝地槁葬而已。"也作"藁葬"。用草蓆裹着屍體埋葬。《聊齋志異·促織》："日將暮，取兒藁葬。"

合葬

古時夫婦死後安葬在一起的風俗。

先秦文獻有合葬的記載，但普遍流行則在西漢以後。《詩經·王風·大車》："穀則異室，死則同穴。"（穀：活着）《禮記·檀弓上》記載，孔子將其父母合葬於防。現代田野考古發現，戰國墓中有一槨兩棺的結構。《孔雀東南飛》："兩家求合葬，合葬華山傍，東西植松柏，左右植梧桐。"

廬塚

也稱"廬墓"。

古人在服喪期間，為守護父母或師長的墳墓而建的屋舍。《水經注·泗水》："今泗水南有夫子冢（zhǒng 粵 cung²），即子貢廬墓處也。"宋王安石《游褒禪山記》："今所謂慧空禪院者，褒之廬冢也。"

七七

舊俗，人死後，每隔七天皆為忌日，祭奠一次。七七四十九天為止，叫"斷七"。

七七祭奠，根據地位、富有程度而不同。《魏書·胡國珍傳》載，北魏司徒、侍中胡國珍為北魏肅宗孝明帝的外祖父，去世，"又詔自始薨至七七，皆為設千僧齋"，"百日設萬人齋"。僧人要奏樂唱經超度亡魂。

犧牲

古代祭祀用的純色體全的牲畜，色純為"犧"，體全為"牲"。

《左傳·曹劌論戰》："犧牲玉帛，弗敢加也，必以信。"

九拜

古代的九種拜禮方式。

《周禮·春官·大祝》記載的是：稽（qǐ 粵 kai²）首、頓首、空首、振動、吉拜、凶拜、奇拜、褒拜、肅拜。前四種是正拜，常用之拜，後五種依附於正拜。

稽首

九拜之一。禮最重。

古人席地而坐，姿勢像跪着，臀部落在腳後跟上。行禮時，要跪直，拱手落地，然後引頭至地，並停留較長時間。用於臣拜君。後來子拜父、拜天拜神、新婚夫婦拜天地等也都用此大禮。《左傳·僖公三十三年》記載，秦晉殽之戰，秦將孟明被俘，晉襄公放他回國，孟明謝罪行稽首禮："孟明稽首曰：'君之惠，不以累臣釁鼓，使歸就戮於秦。'"（累臣：被俘囚禁之臣。釁鼓：殺死，用血塗戰鼓誓師）《左傳

·宣公二年》記載晉大夫士季向晉靈公進諫："稽首而對曰：'人誰無過，過而能改，善莫大焉。'"

頓首

九拜之一。略輕於稽首，是下對上及平輩之間的拜禮。

先跪直，拱手至地，叩頭至地，立即抬起。因頭觸地只是略作停留，所以叫"頓首"。常用於書信的末尾。漢李陵《答蘇武書》："李陵頓首。"

長揖

古時不分尊卑的相見禮。拱手高舉，自上而下。

《史記·酈生陸賈列傳》："沛公方倨牀，使兩女子洗足，而見酈生。酈生入，則長揖不拜。"

坐

古人席地而坐。

兩膝着席，臀部放在腳後跟上。為表示對人尊重，坐法頗有講究："虛坐盡後，食坐盡前。""盡後"是盡量讓身體坐後一點，以示謙恭；"盡前"是盡量讓身體往前一點，以免飲食污染坐席而對人不敬。

箕踞

箕 (jī ⓖ gei¹) 即簸箕。箕踞姿勢是臀部着地，兩腿張開，平放而直伸，像簸箕一樣。

《史記·刺客列傳》："〔荊〕軻自知事不就，倚柱而笑，箕踞以罵。"古人認為箕踞是最不恭敬的一種坐相。

跪

兩膝着地，挺直身子，臀不沾腳跟的一種姿勢。

以示莊重。《廉頗藺相如列傳》："於是相如前進缻，因跪請秦王。"

跽　長跪

跽，即跪直。兩膝着地，挺身直腰。這樣，身體似乎加長，所以又稱"長跪"。

《史記·項羽本紀》載，鴻門宴上，項莊舞劍，意在沛公。張良急招樊噲入帳，"項王按劍而跽曰：'客何為者？'"《史記·范睢 (jū ⓖ zeoi¹) 列傳》載，范睢拜見秦王，"秦王跽而請曰：'先生何以幸教寡人？'"《戰國策·魏策》："秦王色撓，長跪而謝之。"樂府詩《飲馬長城窟行》："長跪讀素書，書中竟何如？"

•• 席次尊卑

古代的室在堂後，南牆開一窗，稱"牖"，牖東有窄牆，牆東為戶（門），所以室中的席位，坐西朝東最尊，其次是坐北朝南，再次是坐南朝北，最卑是坐東朝西。

《史記・項羽本紀》："項王即日因留沛公與飲。項王、項伯東向坐，亞父南向坐。亞父者，范增也。沛公北向坐，張良西向侍。"劉邦是客，本應居首席東向坐，但項羽自己居首席，自己的謀士范增南向坐，讓劉邦北向坐。這樣，劉邦受到的禮遇就連陪客的范增也不如。張良是劉邦的部下，只能末坐相陪。項伯是項羽的叔父，但項羽是主帥，不能把首席讓給他，只好讓他跟自己同坐。鴻門宴上座次的安排主客顛倒，反映了項羽的自尊自大和對劉邦的輕侮。

•• 八卦

《周易》中象徵自然現象和人事變化的一套符號。

每個圖形用三個分別代表陽的"▬▬"（陽爻）和代表陰的"▬ ▬"（陰爻）組成。名稱是：乾（☰）、坤（☷）、震（☳）、巽（☴）、坎（☵）、離（☲）、艮（☶）、兌（☱）。相傳是伏羲所作，八卦分別代表天、地、雷、風、水、火、山、澤八種自然現象。乾與坤（天與地）、震與巽（雷與風）、坎與離（水與火）、艮與兌（山與澤）是對立的形態。八卦表示方位，則從西北開始，分別是：乾（西北）、坎（北）、艮（東北）、震（東）、巽（東南）、離（南）、坤（西南）、兌（西）。傳說周文王將八卦互相組合，又得六十四卦，用來象徵自然現象和社會現象的發展變化。八卦本是反映古代人們對現實世界的認識，具有樸素的辯證法因素，自被用作占卜的符號，逐漸帶上了神秘的色彩。

符號	卦名	代表物	代表方位
☰	乾	天	西北
☵	坎	水	北
☶	艮	山	東北
☳	震	雷	東
☴	巽	風	東南
☲	離	火	南
☷	坤	地	西南
☱	兌	澤	西

7

宗法

•• 宗法

宗法是以家族為中心，按血統遠近區別嫡庶親疏的法則。

其主要精神是嫡（dí ⓹ dik¹）長子繼承制，根本一點是大宗、小宗的區分，以及家族中祭祀、婚嫁、家塾、慶弔、送終等事務的家法。宗法制度的確立，維護了長期的封建社會的家族秩序和社會秩序。

•• 族　九族　三族

族，是表示親屬的宗族、家族。

九族通常指以自己為本位，上推四世，下推四世，即高祖、曾祖、祖、父、自己、子、孫、曾孫、玄孫。三族説法不一。（1）謂父、子、孫（《周禮·春官·小宗伯》鄭玄注）。（2）父族、母族、妻族（《莊子·徐無鬼》成玄英疏）。（3）謂父母、兄弟、妻子（《史記·秦本紀》裴駰集解引張晏説）。

•• 昭　穆

古代廟的次序和墓的次序。

具體是：始祖居中，左昭右穆。周以后稷為始祖，居中，后稷後的第一代（后稷之子）不窋（kū ⓹ fat¹）為昭，居左，第二代（后稷之孫鞠）

為穆，居右。以後的第三、第五、第七代，及以後的奇 (jī 📖 gei¹) 數代皆為昭，第四、第六、第八代，及以後的偶數代皆為穆。《左傳・僖公五年》："大 (tài 📖 taai³) 伯、虞仲，大王之昭也"，"虢 (guó 📖 gwik¹) 仲、虢叔，王季之穆也。" 這是說大伯、虞仲是大王【古公亶父 (dǎn fǔ 📖 taan² fu²)】的兒子，是昭輩。他們的弟弟王季也是昭輩。虢仲、虢叔是王季的兒子，是穆輩。後世家廟中的神主 (牌位) 也是按昭穆順序排列。這件事，古人認為很重要，用以區別父子遠近、長幼親疏之序使不混亂。

大宗　小宗

古代為了確立家族秩序，宗法上把諸子分為大宗、小宗。

以始祖的嫡長子孫這一系為"大宗"，其餘子孫的世系為"小宗"。如周天子，其王位由嫡長子世襲，這是天下的大宗；其餘諸子分封為諸侯，對天子來說是小宗。諸侯的王位也由嫡長子世襲，在本國又是大宗；其餘諸子封為卿大夫，對諸侯來說是小宗。卿大夫嫡長子在本族又是大宗，其餘諸子為士，對卿大夫來說是小宗。士和庶人的家庭關係也是如此。在宗法上，大宗比小宗為尊。在由大、小宗構成的整個家族中，大宗的歷代傳人都居於族長地位，稱"宗子"，卿大夫的爵位、貴族的身份，一般由宗子承襲。

宗子

就是大宗的嫡長子。

對大宗，宗子是家長；對眾多小宗，宗子是族長。有權繼承始祖的爵位，主持始祖廟的祭祀。《詩經・大雅・板》："懷德維寧，宗子維城。"鄭玄箋："宗子謂王之嫡子。"

世子

帝王和諸侯的嫡長子。

也叫"太子"。《禮記・曲禮下》："不敢與世子同名。"

嫡子

①古稱正妻為"嫡"，正妻所生之子為"嫡子"。

②專指正妻所生的長子，即嫡長子。

《公羊傳・隱公元年》："立嫡以長不以賢，立子以貴不以長。"即正妻所生的長子才合乎承襲的資格，妾媵所生子即使年長，若正妻有子，仍由正妻之子承襲。

庶子

妾所生之子，亦指正妻所生除嫡長子以外的其他兒子。

《禮記‧內則》："嫡子庶子，只事宗子宗婦。"孔穎達疏："庶子，謂嫡子之弟。"

公子

指諸侯王嫡長子以外的其他兒子。

齊桓公即位前稱公子小白，晉文公即位前稱公子重耳。《史記‧魏公子列傳》："魏公子無忌者，魏昭王少子而安釐王異母弟也。"因不是嫡長子，故皆稱公子。

嫡母

妾的子女稱父的正妻為嫡（dí ⑧ dik¹）母。

對嫡母，服喪是斬衰（cuī ⑧ ceoi¹）三年。妾的子女稱自己的母親為生母。

庶母

嫡生子女稱父之妾。

《爾雅‧釋親》："父之妾為庶母。"據《儀禮‧喪服》，士為庶母的喪服是緦（sī ⑧ si¹）麻（五服中最輕的一種），"大夫以上為庶母無服"。

親屬

在封建宗法社會中，凡血緣近的同姓本族人和有親戚關係的異姓外族人都是親屬。

特點是親屬關係拉得遠，親屬名稱分得細。其關係名稱如下：父之父為祖，古稱王父，後稱祖父；父之母為祖母，古稱王母。祖之父母為曾祖父、曾祖母；曾祖之父母為高祖父、高祖母。子之子為孫，孫之子為曾（zēng ⑧ zang¹）孫，曾孫之子為玄孫，玄孫之子為來孫，來孫之子為晜（kūn ⑧ gwan¹，同昆）孫，晜孫之子為仍孫（亦稱耳孫），仍孫之子為雲孫。《孟子‧離婁下》："君子之澤，五世而斬。"這是說，君子的思想影響以及財產、權力等，傳到第五代玄孫輩以後就斷了。父之兄為世父，今稱伯父；父之弟為叔父；世父之妻稱世母，今稱伯母；叔父之妻稱叔母，今稱嬸；伯叔之子稱從父晜弟，又稱從兄弟，後來稱叔伯兄弟、堂兄弟。父之姊妹為姑，後稱姑母，其夫稱姑夫。父之伯叔為從祖祖父（伯祖父、叔祖父），父之伯母、叔母為從祖祖母（伯祖母、叔祖母），父之從兄弟為從祖父（當稱從父，稱從祖父，意謂同祖而別），俗稱堂伯、堂叔，從祖父之妻為從祖母（實應稱從母），後稱堂伯母、堂叔母，堂伯叔之子為從祖晜弟、再從兄弟，後稱從堂兄弟、堂叔兄弟。兄弟之子為從子，又稱為姪；兄弟之女為從女，後稱為姪女。父之子女與父之姐妹之女互稱中表。如：表兄、表弟、表姐、表妹，另外還有表叔、表大爺。中表是晉代以後才有的稱呼，後來稱姑表。母之父、母為外祖父、外祖母，俗稱姥爺、姥姥，古稱外王父、外王母。外祖父之父母為外曾王父、外曾王母，俗稱太姥爺、太姥姥。母之兄弟為舅，後稱舅父，其妻為舅母。母之姐妹為從母，後稱姨母，簡稱姨，其夫稱姨夫。姨之子女也稱中表，後稱姨表。母之從兄弟為從舅。母之兄弟姐妹之子女統稱為從母兄弟、從母姐妹，後來也稱為姑表兄弟姐妹、姨表兄弟姐妹。

妻之父為外舅，後稱岳父、丈人、泰山、岳翁；妻之母為外姑，後稱岳母、丈母；妻之姐妹為姨，後稱姨子，妻之兄弟之子稱妻姪。夫之父為舅，又稱嫜，後稱公、公公；夫之母為姑，後稱婆、婆婆；連稱為舅姑、姑嫜，後又連稱為公婆；夫之兄弟也稱伯叔，後來稱大伯子、小叔子；夫之姐妹，中古後稱姑，後來稱夫之姐為大姑子，稱夫之妹為小姑子。《孔雀東南飛》："蘭芝初來時，小姑始扶牀。"夫之弟婦為娣婦，夫之嫂為姒婦，互稱為娣姒妯娌。

伯（孟）仲叔季

古代兄弟間的排行順序。

伯（孟）為老大，仲行二，叔行三，季最小。古代男子字前常加伯（孟）、仲、叔、季，以表示在兄弟之間的排行。如：伯禽（周公的長子）、仲尼（孔子有一哥哥孟皮）、叔向、季路等。上古女子無名無字，為表明在姐妹中次第，姓前加伯（孟）、仲、叔、季。如：伯姬（魯女嫁於宋者。魯，姬姓）、孟姬（趙嬰妻）、叔姜（魯閔公母）、季芊（mǐ 粵 mei5，楚平王女，昭王妹。楚，芊姓）。父之兄稱伯父，父之次弟稱仲父，仲父之弟稱叔父，最小的叔父稱季父。《史記‧項羽本紀》："項籍者，其季父項梁。"這裏的季父泛稱叔父。

五服

古代根據生者和死者親屬關係的親疏遠近，將喪服分為五個等級，稱"五服"。

按《儀禮‧喪服》所記，分別為斬衰、齊衰（zī cuī 粵 zi1 ceoi1）、大功、小功、緦麻。古人常用喪服來表親疏遠近。如晉李密《陳情表》："外無期功強近之親，內無應門五尺之僮。"唐杜甫《遣興》："共指親戚大，緦麻百夫行。"其中的期功緦麻均指親戚。如在五服之內，還算本家；如在五服之外，便不是本家，而是同姓。

斬衰

五服中最重的一種。

喪服，上衣叫"衰（cuī 粵 ceoi^1）"（同縗），下衣叫"裳"（cháng 粵 soeng^4）。衰用最粗生麻（葛）布製成。《儀禮·喪服》"斬衰裳"唐賈公彥疏："按下《記》云，廣四寸，長六寸，綴之於心，總號為衰，非正當心而已。"這說明，衰是一小塊長六寸寬四寸的粗麻布，佩在胸前，兩側和下邊不縫邊。喪制，諸侯為天子、臣為君、子為父、父為長子、嗣子為嗣父都服斬衰。妻妾為夫、未嫁的女子為父，除斬衰外還有喪髻，叫"髽（zhuā 粵 zaa^1）衰"。服斬衰者，服喪期是三年，實際是二十五個月。

齊衰

五服中僅次於斬衰的喪服。

用粗麻布做成，大小與斬衰同，將下邊折轉縫起來。因縫邊整齊，所以叫"齊衰（zī cuī 粵 zi^1 ceoi^1）"。齊衰按喪期長短分四等。一為齊衰三年。是父已去世而子為其母、母為長子的喪服。二為齊衰杖期（jī 粵 gei^1）。杖是喪杖，期是一年。是父健在而子為其母、夫為妻的喪服。三為齊衰不杖期。不用喪杖，齊衰一年。是男子為伯父母、叔父母、兄弟、眾子（長子以外之子）的喪服。又已嫁女子為娘家父母、媳婦為舅姑（公婆）、孫子孫女為祖父母的喪服。四為齊衰三月，是為曾祖父母的喪服。

大功

大功次於齊衰，用熟麻布做成，比齊衰精細些，縫邊。

功，指對喪服所用麻布的處理。大功服喪九個月。男子為出嫁的姐妹和姑母、為從兄弟和未嫁的從姐妹；女子為丈夫的祖父母、伯叔父母，為自己的兄弟；舅姑（公婆）為嫡子之妻，都持大功服。

小功

五服中次於大功的喪服。

用熟麻布做成，對布料的處理，較大功服更精細，縫邊。小功服喪五個月。男子為伯祖父母、叔祖父母、堂伯父母、堂叔父母、同曾祖而不同祖父的兄弟、堂姐妹、外祖父母，都持小功服。女子為丈夫的姑姐妹、兄弟媳婦，也持小功服。

•• 緦麻

五服中最輕的一種喪服。

緦（sī 粵 si¹），即細麻布，布料精細，縫邊。緦麻服喪三個月。男女為族曾祖父母、族祖父母、族父母、族兄弟，為外孫、外甥、婿，妻之父母，舅父，都持緦麻服。

附表二　五世關係圖表

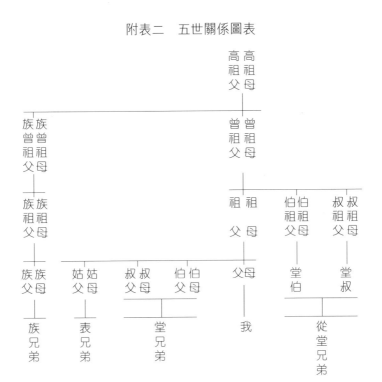

8

刑罰

臏刑　刖刑　徒刑　杖刑　鞭刑　笞刑　大辟　腐刑　宮刑　荆刑　劓刑　發配　充軍　流配　刺字・刺配　墨・黥・刀墨　五刑　刑罰

木驢　立枷　枷・枷站籠　桎梏　連坐　族誅・滅族　戮屍　梟首　棄市　腰斬　絞刑　凌遲　車裂・轘割・轘裂・剮　湯鑊　炮格・炮烙　烹刑　刵刑　髡刑

·· 刑罰

古代刑、罰輕重有別。刑，指較重的肉刑、死刑的懲罰；罰，指以金錢贖罪的較輕的懲罰。

《尚書·呂刑》："刑罰世輕世重。"又："五刑不簡，正於五罰。"傳："謂不應五刑，當正五罰，出金贖罪。"

·· 五刑

古代的五種輕重不同的刑罰。

五刑的內容，歷代不盡相同。商周時期，五刑指墨、劓(yì 粵ji⁶)、荆(fèi 粵fei⁶，斷足)、宮、大辟。(見《尚書·堯典》)《後漢書·崔駰(yīn 粵jan¹)傳》附崔寔(shí 粵sat⁶)《政論》："昔高祖令蕭何作九章之律，有夷三族之令，黥(qíng 粵king⁴)、劓、斬趾、斷舌、梟(xiāo 粵hiu¹)首，故謂之具五刑。"唐代有：笞(chī 粵ci¹)、杖、徒、流、死五刑。明清兩代，相承沿用。

墨　黥　刀墨

古代五刑中較輕的一種刑罰。用刀刺刻犯人的額、頰等處，再塗上墨，作為懲罰的標記。

《周禮・秋官・司刑》：“墨罪五百。”鄭玄注：“墨，黥（qíng ⊛king⁴）也，先刻其面，以墨窒之。”商周稱“墨”，秦漢稱“黥”。《史記・孫臏列傳》：“龐涓恐其（孫臏）賢於己，疾之，則以法刑斷其兩足而黥之。”漢初名將英布，因受過黥刑，所以又稱黥布。《漢書・英布傳》：“少時，客相之，當刑而王。及壯，坐法黥。”《國語・周語上》：“有斧鉞、刀墨之民。”注：“刀墨，謂以刀刻其額而墨涅之。”

刺字　刺配

刺字即商周的墨刑、漢之黥。

五代後晉天福年間開始有刺配的刑罰，即將犯人刺字後發配邊遠地區。刺字有刺臂與刺面之別。刺臂多在腕上肘上，刺面多在鬢下頰上，一般刺明所犯事由及發遣地名，押送邊疆服役或充軍，重者終身不得釋放。宋、元、明、清各代沿用。《水滸傳》第八回回目：“林教頭刺配滄州道。”

流刑

同於後世的流放。

流刑起源很早。商周時代只是把犯人遣送邊遠地區，並不服勞役。《尚書・舜典》：“流宥五刑。”意思是，不忍殺害犯人，用流放到邊疆寬宥他。作為五刑之一的流刑始於隋代。《隋書・刑法志》：“流刑三：有一千里，千五百里，二千里。應配者，一千里居作（即服役）二年，一千五百里居作二年半，二千里居作三年。”服役期滿，可留在當地落戶生活，可還歸原籍。以後各代大體沿襲隋制。

充軍

古代刑罰之一。即讓罪犯當兵服役，一般是把重犯押解到邊遠地區當兵，或在軍中服勞役。

充軍之法，始自秦漢。如秦二世二年（前 208 年），陳涉起義，二世赦驪山修陵罪徒，編成軍隊，迎戰楚軍。漢武帝元封六年（前 105 年），益州、昆明反，赦京師亡命，令從軍。東漢肅宗建初七年（76 年），“詔天下繫囚減死一等，勿笞，詣邊戍”。自此以後，歷代都有。充軍之名，始於宋。宋代把罪犯發配軍內或官辦作坊、鹽亭服勞役。充軍制度，明代最為完備。《明史・刑法志一》：“流有安置，有遷徙，有口外為民，其重者曰充軍。充軍者，明初唯邊方屯種。後定制，分極邊、煙瘴、邊遠、邊衛、沿海、附近。充軍有終身，有永遠二等"，"永遠者，罰及子孫，皆以實犯死罪減等者充之。"

•• 發配

即充軍。

清方苞《獄中雜記》："功令：大盜未殺人，及他犯同謀多人者，止主謀一二人立決，餘經秋審，皆減等發配。"

•• 劓刑

古代五刑之一。割掉鼻子的刑罰。

《史記・商君列傳》："〔新法〕行之四年，公子虔復犯約，劓 (yì 粵 ji⁶) 之。"

•• 刖刑

古代五刑之一。斷足的刑罰。

《尚書・呂刑》："刖 (fèi 粵 fei⁶) 罰之屬五百。"（用錢贖斷足之刑需銅錢五百。）

•• 宮刑

古代五刑之一。又稱"腐刑"。破壞生殖機能的酷刑。女犯的宮刑又稱"幽閉"。

商周時期開始使用。最初，用來懲罰淫亂罪，後來也用到別的大罪上。《尚書・呂刑》："宮辟疑赦。"傳："宮，淫刑也。男子割勢，婦人幽閉。"司馬遷因替戰敗投降的李陵辯護，被定為"誹謗皇帝罪"，受到宮刑。漢司馬遷《報任安書》："詬莫大於宮刑。"

•• 腐刑

即宮刑。

《漢書・景帝紀》中四年秋："赦徒作陽陵者，死罪欲腐者許之。"注引如淳曰："腐，宮刑也。丈夫割勢，不能復生子，如腐木不生實。"

•• 大辟

古代五刑之一。砍頭的刑罰。

商周春秋戰國時期，是死刑的通稱。《禮記・文王世子》："獄成，有司讞 (yàn 粵 jin⁶) 於公，某死罪，則曰某之罪在大辟。"（讞：報告審判結果）清方苞《獄中雜記》："惟大辟無可要 (yāo 粵 jiu¹)，然猶質其首。"（要：劊子手要挾被決人家屬）

·· 笞刑

用荊條或竹板拷打犯人的臀、腿、背的刑罰，隋代定為五刑之一，一直沿用至清代。

《隋書·刑法志》：“笞（chī 粵 ci¹）刑五，自十至於五十。”即笞刑分五等：笞十，笞二十，笞三十，笞四十，笞五十。荊條粗細有規定，還規定行刑者中途不得換人。笞刑一般用於懲罰輕罪。

·· 鞭刑

《尚書·舜典》：“鞭作官刑。”

可見鞭刑用之已久。北齊、北周定鞭刑為正刑，隋文帝廢除鞭刑，代之以杖刑，但不久又復用，唐初廢除鞭刑，此後用鞭刑者甚少。

·· 杖刑

用木杖拷打犯人的背、臀、腿的刑罰。

隋代定為五刑之一，比笞刑重，比徒刑輕，一直沿用到清代。《隋書·刑法志》：“杖刑五，自六十至於百。”即杖刑分五等：杖六十、杖七十、杖八十、杖九十、杖一百。《聊齋志異·促織》：“宰嚴限追比，旬餘，杖至百，兩股間膿血流離。”

·· 徒刑

拘禁並迫使犯人服勞役的刑罰。

《周禮·秋官·司圜（huán 粵 waan⁴）》：“司圜掌收教罷（pí 粵 pei⁴）民。凡害人者，弗使冠飾而加明刑焉，任之以事而收教之。”此即後世的徒刑。圜即圜牆的省稱，即後來的監獄。隋代定為五刑之一，歷代相沿，但刑等、刑期歷代有所不同。明、清兩代沿襲唐制。《明史·刑法志》：“徒刑五：徒一年杖六十，一年半杖七十，二年杖八十，二年半杖九十，三年杖一百，每杖十及徒半年為加減。”

·· 刖刑

古代五刑之一。砍掉腳的酷刑。

《史記·魯仲連鄒陽列傳》：“昔卞和獻寶，楚王刖（yuè 粵 jyut⁶）之。”《韓非子·和氏》：“王以和為誑，而刖其左足。”西漢初年又叫“斬趾”，漢文帝十三年廢除此刑，以笞代之。

·· 臏刑

臏（bìn 粵 ban³）刑大約始於夏代。剔去人的膝蓋骨的酷刑。

《周禮·秋官·司刑》“刖罪五百”鄭玄注：“刖，斷足也。周改臏作刖。”沈家本《刑法分考》卷六：“臏，本名也。荆，今名也。刖即荆也。今名荆為刖，而世俗猶相沿稱臏也。"故司馬遷《報任安書》中的"孫子臏腳"，所言實為刖刑，解作去掉膝蓋骨的臏刑則誤。

•• 髡刑

將人頭髮全部或部分剃掉的刑罰。

古人認為"身體髮膚，受之父母，不敢毀也"，明代以前，中國男人皆留長髮、全髮，所以剃髮就成了一種刑罰，用於罪行較輕者。《周禮·秋官·掌戮》："髡（kūn 粵kwan¹）者使守積。"鄭玄注："鄭司農云：髡當為完，謂但居作三年，不虧體者也。"《史記·季布列傳》載，楚漢戰爭，項羽部將季布多次困窘劉邦，劉邦稱帝，追捕季布，季布藏在濮陽周家，周氏保不了他，二人設計，"乃髡鉗季布，衣褐衣，置廣柳車中"，這裏的"髡"即剃去頭髮，"鉗"指用鐵圈束頸，將季布打扮成"奴隸"的模樣，"並與其家僮數十人，之魯朱家所賣之"。髡刑大約在北周時被廢除。

•• 刵

古代刑罰之一。割去耳朵。

《尚書·康誥》："劓刵（èr 粵ji⁶）人。"孔傳："刵，割耳。"又《呂刑》："殺戮無辜，爰始淫為劓、刵、椓（zú）、黥。"

•• 烹

古代的一種酷刑。用鼎鑊煮殺罪人。

《戰國策·齊策一》："臣請三言而已矣；益一言，臣請烹。"《史記·高祖本紀》："齊王烹酈生，東走高密。"又《史記·項羽本紀》："〔項王〕為高俎，置太公其上，告漢王曰：'今不急下，吾烹太公。'漢王曰：'……吾翁即若翁，必欲烹而翁，則幸分我一桮（杯）羹。'"

•• 炮格　炮烙

殷紂王所用的酷刑。

格為銅器（一說即銅柱）。格下燒炭，迫受刑者步行格上，墮入火中燒死。後人改"格"為"烙（luò 粵lok³）"，解為燒灼。《史記·殷本紀》："百姓怨望而諸侯有畔者，於是紂乃重刑辟，有炮格之法。"裴駰集解引《列女傳》："膏銅柱，下加之炭，令有罪者行焉，輒墮炭中，妲己笑，名曰炮格之刑。"自紂以後，唯遼國採用此刑。

•• 湯鑊

古代一種酷刑。即把人投入燒着開水的大鼎中燙死。

同烹。鑊（huò 粵wok⁶），無足大鼎。湯，滾開的水。《史記·廉頗藺相如列傳》："臣知欺大王之罪當誅，臣請就湯鑊。"

車裂　轘　轘裂

古代酷刑之一。以車馬撕裂人的肢體。

《史記·商君列傳》："秦發兵攻商君，殺之於鄭黽池，秦惠王車裂商君以徇。"《新五代史·李存孝傳》："存孝泥首請罪……縛載後車，至太原，車裂之以徇。"也稱"轘 (huàn ⑱ waan⁶)、轘裂"。《左傳·桓公十八年》："齊人殺子亹 (wěi ⑱ mei⁵) 而轘高渠彌。"杜預注："車裂曰轘。"《後漢書·宦者傳·呂強》："有趙高之禍，未被轘裂之誅，掩朝廷之明，成私樹之黨。"

凌遲　臠割　剮

一作"陵遲"。割肉離骨，又稱"臠割、剮"。

是中國封建時代死刑中最殘酷的一種。元關漢卿《竇娥冤》第四折："合擬凌遲，押赴市曹中，釘上木驢，剮一百二十刀處死。"

絞刑

死刑的一種，用繩索套在犯人脖子上勒死。

上古叫"磬"。《禮記·文王世子》："公族其有死罪，則磬於甸人。"鄭玄注："懸縊殺之曰磬。"絞刑之名始於北齊、北周。隋代的法律把"絞"定為次於"斬"的死刑。此後，除元代外，歷代都有絞刑。

腰斬

古代的一種酷刑。從腰部把身體斬為兩段。

腰斬用的刑具是鈇 (fū ⑱ fu¹) 鑕，即鍘刀，鈇是長刀，鑕是座。《公羊傳·昭公二十五年》："君不忍加之以鈇鑕。"何休注："鈇鑕，要 (腰) 斬之罪。"周代已有腰斬之刑，魏晉以後漸少。

棄市

古代在鬧市執行死刑，並將屍體暴露街頭示眾。

秦漢時期的棄市指的是斬首之刑。《漢書·景帝紀》："改磔曰棄市。"注："棄市，殺之於市也。謂之棄市者，取'刑人於市，與眾棄之'也。"魏晉以後，棄市指的是絞刑。隋、唐兩代以後，雖然沒有列為刑罰，但是執行死刑，一般都用棄市。《史記·淮南王列傳》："〔淮南王劉〕長當棄市，臣請論如法。"

梟首

古代死刑之一。先將罪人斬首，然後懸於高桿之上以示眾。

梟（xiāo 粵 hiu¹）首之刑始於秦。《史記‧秦始皇本紀》：「〔九年〕衛尉竭、內史肆、佐弋（yì 粵 jik⁶）竭、中大夫齊等二十人皆梟首。」裴駰集解：「縣（懸）首於木上曰梟。」以後歷代沿用。隋文帝廢除梟首。

戮屍

懲罰死者生前的罪行，將屍體梟首示眾，或鞭打屍體。

《左傳‧襄公二十八年》：「求崔杼之屍，將戮之。」《後漢書‧靈帝紀》中平元年：「皇甫嵩與黃巾賊戰於廣宗，獲張角弟梁。角先死，乃戮其屍。」戮屍不是正刑，而是一種逞威洩憤行為。《史記‧吳太伯世家》：「吳兵遂入郢，子胥、伯嚭鞭平王之屍，以報父仇。」

族誅　滅族

古代一人犯罪，而父母兄弟妻子等全族被殺，古書上也單稱「族」。

古代有滅三族、滅九族的刑罰。《史記‧秦始皇本紀》：「法初有三族之罪」，指誅三族，即父母、兄弟、妻子；一說指父族、母族、妻族。《史記‧項羽本紀》：「秦始皇帝游會稽，〔項〕梁與〔項〕籍俱觀，籍曰：『彼可取而代也！』梁掩其口，曰：『勿妄言，族矣。』」此處的「族」，指秦法滅三族。漢初名將韓信因「謀反」，被夷滅三族。後世的滅九族，包括從高祖到玄孫的直系親屬，以及旁系親屬堂兄弟等。明方孝孺被永樂皇帝誅滅十族，共殺八百七十餘口。這是封建專制時代最殘酷的刑罰。

連坐

古代一人犯罪，其家屬親友鄰里連同處罰。

《史記‧商君列傳》：「令民為什伍，而相牧司連坐。」（相牧司：相互舉報）司馬貞索隱：「一家有罪而九家連舉發，若不糾舉，則十家連坐。」《漢書‧王尊傳》：「是時，東平王以至親驕奢不設法度，傅、相連坐。」顏師古注：「前任傅、相者，頻坐以王得罪。」

桎梏

古代的木製刑具。

桎（zhì 粵 zat⁶），銬在兩腳腕上；梏（gù 粵 guk¹），銬在兩手腕上。和枷類似。《漢書‧刑法志》：「上罪梏拲（gǒng 粵 gung²）而桎，中罪桎梏，下罪梏。」（拲：雙手銬在一起，狀如拱手）《史記‧齊世家》：

"鮑叔牙迎受管仲，及堂阜而脫桎梏。"清方苞《獄中雜記》："主桎僕者亦然。"

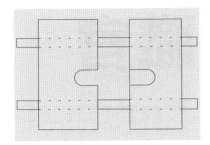

桎梏簡圖

·· 枷

古代架在犯人頸項上的木製刑具，形狀似桎梏。

枷的名稱始於晉。《晉書·石勒載記》："兩胡一枷。"謂兩個胡人共戴一枷，其後歷代沿用。枷的長短輕重歷代不同。元關漢卿《竇娥冤》："劊子磨旗、提刀，押正旦帶枷上。"

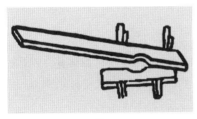

枷

·· 立枷　站籠

明清時期的刑具。立枷，俗稱"站籠"。

用粗木棒製成籠子，籠頂開一圓孔，卡在犯人頸部，使人晝夜直立，以致疲勞過度而死；或在套枷時，腳下墊物，套完抽去墊物，使犯人懸空窒息致死。明代始創。《明史·刑法志》："自劉瑾創立枷，錦衣獄常用之。"清代沿用。

·· 木驢

刑具。裝有輪軸的木架，載死刑犯遊街示眾，最後處死。

元關漢卿《竇娥冤》第四折："押赴市曹中，釘上木驢，剮一百二十刀處死。"

9 皇室職官

天子
可汗
大夫
士大夫
太中大夫

皇帝
皇后
皇太后
太皇太后
給事中
侍中
舍人

妃嬪
美人
婕妤
昭儀
郎
郎中
侍郎
員外郎

長公主
大長公主
吏部
六部
戶部

尹
令尹
上卿
岡卿
太史
禮部
兵部

司馬
太史令
秘書省
著作郎
校書郎
正字

太傅
供奉

宰
虞人
左徒
翰林院
翰林學士
侍讀
侍讀學士
侍講
侍講學士

尉
廷尉
知制誥
博士

宰相
丞相
三閭大夫
拾遺
參知政事

宰相
相

御史中丞
御史

太尉

衛內
樞密使
集賢院
資政院
經略使
道員
道台

司
令史
侍中
令
知縣
縣令

曹
刺史
州牧
知州
知府

太守
郡守
丞
縣丞

郡君
縣尉
別駕

通判
提刑
都頭

節度使
刑名師爺
錢谷師爺

安撫使
下吏
書吏
亭長

團練使
三老

按察使
觀察使
里正

巡訪使
採訪使
品
階
行
守
試

總督
勳
開府儀同三司

制台
制軍
制憲
爵
二十等爵

巡撫
撫軍
撫台
撫院

部院

藩台
藩司
布政
布政使

（一）皇室

•• 天子

古代君主的稱號。

《禮記·曲禮下》:"君天下曰天子。"古代認為君權是神授的,君主秉承天意治理百姓,故稱君主為"天子"。《戰國策·魏策四·唐雎不辱使命》:"公亦嘗聞天子之怒乎?"《木蘭詩》:"歸來見天子,天子坐明堂。"(此天子指可汗)

•• 可汗

中國古代鮮卑、突厥、回紇(hé ⑧gat¹)、蒙古族等少數民族對最高統治者的稱呼。

《木蘭詩》:"昨夜見軍帖,可汗(kè

hán（粵 hak¹ hon⁴）大點兵。"

皇帝

君主制國家的國家元首名稱之一。

公元前 221 年，秦王嬴政統一六國後，王綰、李斯等根據三皇的名稱，上尊號為秦皇，嬴政決定兼採帝號，稱作"皇帝"。自此，歷代封建君主皆稱"皇帝"，俗稱"皇上"。

皇后

皇帝正妻的稱呼。

自秦代始，歷代相沿不改。《晉書·后妃列傳》："初為東海王妃。及帝即位，立為皇后。"

皇太后

皇帝母親的稱呼。

《後漢書·光烈陰皇后紀》："顯宗即位，尊后為皇太后。"

太皇太后

皇帝祖母的稱呼。

始自漢武帝。《漢書·武帝紀》："御史大夫趙綰，坐請毋奏事太皇太后，及郎中令王臧皆下獄，自殺。"

妃　嬪

帝王的侍妾。

妃，位次於后；嬪，位又次於妃。唐杜牧《阿房（ē páng 粵 o¹ pong⁴）宮賦》："妃嬪媵（yìng 粵 jing⁶）嬙，王子皇孫，辭樓下殿，輦來於秦。"

美人

妃嬪的稱號。

西漢始置。《漢書·外戚傳序》："美人視二千石（dàn 粵 daam³），比少上造。"《新唐書·百官志》："美人四人，掌女官修祭祀、賓客之事。"自東漢至明代，歷代沿置。《史記·廉頗藺相如列傳》："秦王大喜，傳以示美人及左右，左右皆呼萬歲。"

婕妤

一作"倢伃"。妃嬪的稱號。

漢武帝時始置，位比上卿，秩比列侯。直至明代多沿置。《史記·外戚世家》："武帝時幸夫人尹婕妤（jié yú 粵 zit³ jyu⁴）。"史學家班固的祖姑成帝時入宮為婕妤，史稱班婕妤。

昭儀

妃嬪的稱號。

漢元帝時始置，位比丞相，爵比諸侯王。僅次於皇后。後代沿用，但其地位不如漢魏尊貴。《漢書・外戚傳・孝成趙皇后》：“上見〔趙〕飛燕而悅之，召入宮，大幸。有女弟（即趙合德）復召入，俱為倢伃，貴傾後宮……而弟絕幸，為昭儀。”

長公主

皇帝姊妹的封號。

始於漢代。《明史・公主傳序》：“明制，皇姑曰大長公主，皇姊妹曰長（zhǎng 粵 zoeng²）公主，皇女曰公主，俱授金冊。”沿用至清代。《漢書・文三王傳》：“上由此怨望梁王，梁王恐，乃使韓安國因長公主謝罪太后，然後得釋。”《漢書・昭帝紀》：“帝姊鄂邑公主益湯沐邑，為長公主，供養省中。”《宋史・真宗本紀一》：“〔真宗繼位〕封姊秦國、晉國二公主並為長公主。”

大長公主

皇帝的姑母的封號。

漢代始置，沿用至清代。《史記・衛將軍驃騎列傳》：“皇后，堂邑大長（zhǎng 粵 zoeng²）公主女也。”張守節正義：“陳皇后，武帝姑女也。”

（二）中央機構及職官

尹

古代官名。

商代、西周時期為輔弼之官。春秋時，楚國長官多稱尹。秦漢之際，楚官又有左尹、右尹之稱。漢代以後，都城的行政長官稱尹，有京兆尹、河南尹等。元代，州縣長官也稱尹。《鴻門宴》：“楚左尹項伯者，項羽季父也。”北魏酈道元曾任河南尹。《新唐書・韓愈傳》：“時宰相李逢吉惡李紳，欲逐之，遂以愈為京兆尹。”

令尹

古代官名。

春秋戰國時，楚國最高的官職，掌軍政大權。《論語・公冶長》：“令尹子文三仕為令尹，無喜色；三已之，無慍色。”明清之際，對縣長官的稱呼。秦漢以後，一縣之長稱縣令，元代稱縣尹，明清稱知縣，便合稱為令尹。清蒲松齡《聊齋志異・促織》：“天將以酬長厚者，遂使撫臣、令尹，並受促織恩蔭。”

上卿

周代，宗周和諸侯國都設卿，分上中下三級，上卿最尊。

《公羊傳・襄公十一年》：“古者上

卿、下卿、上士、下士。"歷代多沿此制。《史記·廉頗藺相如列傳》:"廉頗為趙將,伐齊,大破之,取陽晉,拜為上卿。"又:"既罷,歸國,以相如功大,拜為上卿,位在廉頗之右。"

冏卿

官名。即太僕寺卿。

《周禮·夏官》有"太僕"一官,職掌正王之服位,出入王之大命。秦漢兩代為九卿之一,職掌輿馬及牧畜之事。北齊設太僕寺,有卿、少卿各一人。後世相沿不改,便以冏(jiǒng ⑧ gwing²)卿為太僕的別稱。明張溥《五人墓碑記》:"賢士大夫者,冏卿因之吳公,太史文起文公,孟長姚公也。"

太史　太史令

官名。

西周、春秋時,太史職掌起草文書,策命諸侯卿大夫,記載史事,編寫史書,兼管國家典籍、天文曆法、祭祀等,為朝廷大臣。秦漢兩代設太史令,職位漸低。魏晉以後,修史的職務劃歸著作郎,太史僅掌管推算曆法。隋代改為太史監(jiàn ⑧ gaam³),唐代改為太史局,後又改為司天台。明、清兩代,均稱欽天監(jiàn ⑧ gaam³),修史之事則

歸於翰林院,所以也稱翰林為"太史"。明張溥《五人墓碑記》:"賢士大夫者,冏卿因之吳公,太史文起文公,孟長姚公也。"文起為翰林院修撰。《漢書·司馬遷傳》:"〔太史公司馬談〕卒三歲,而遷為太史令。"

司馬

古代官名。

①西周始設,春秋戰國時沿用,掌管軍政和軍賦。②漢武帝時廢太尉設大司馬,後世用作兵部尚書的別稱,兵部侍郎則稱少司馬。③漢代大將軍營分五部,每部各設置司馬一人。④魏晉至宋代,司馬均為軍府之官,在將軍之下,綜理一府事務,參與軍事計劃。⑤隋、唐兩代,州、郡、府有佐吏司馬一人,位在別駕、長史之下。⑥明、清兩代稱府同知為司馬。唐白居易《琵琶行(並序)》:"元和十年,予左遷九江郡司馬。"這裏的"司馬"是州刺史的別稱,當時實際上是散官閒職。

太傅

輔導太子的官,西漢時稱"太子太傅"。

歷代沿置。西漢賈誼曾由太中大夫貶為長沙王(異姓王吳差)太傅,後又被召入為梁懷王太傅。《漢書·

賈誼傳》：“乃拜〔賈〕誼為梁懷王太傅。”

宰

古代官名。

殷代始設，本為奴隸總管，掌管家務和家奴。西周沿置，掌管王室內外事務，有的在天子左右，佐助天子之命。春秋時各國沿用，多稱“太宰”。《吳越春秋·勾踐入臣外傳》：“太宰嚭(pǐ 粵 pei²) 曰：‘願大王以聖人之心，哀窮孤之士。’”後世稱縣令為“宰官”，簡稱“宰”。清蒲松齡《聊齋志異·促織》：“宰嚴限追比。”

虞　虞人

古代官名。

西周始設，主管山澤，稱“虞”。春秋戰國時或稱“虞人”。明馬中錫《中山狼傳》：“虞人導前，鷹犬羅後。”

左徒

戰國時，楚國設此官，參與議論國事，發佈號令，接待賓客。

黃歇、屈原都曾任此職。《史記·屈原列傳》：“屈原者，名平，楚之同姓也。為楚懷王左徒。”

尉　廷尉　都尉　縣尉

春秋時，晉國上、中、下三軍都設尉，主掌發眾使民。

《左傳·閔公二年》：“羊舌大夫為尉。”杜預注：“尉，軍尉。”戰國時，趙國設中尉，主掌“選練舉賢，任官使能。”秦國曾以國尉為武官之長。秦代以後，朝廷設有太尉，主管兵權；朝廷設廷尉，主管刑獄；各郡有都尉，各縣有縣尉。《史記·陳涉世家》：“將尉醉，〔吳〕廣故數言欲亡，忿恚尉，令辱之，以激怒其眾。尉果笞廣。尉劍挺，廣起，奪而殺尉。”

三閭大夫

戰國時楚國設置的官，掌管昭、屈、景三姓宗族事務。

《史記·屈原列傳》：“子非三閭(lǘ 粵 leoi⁴) 大 (dà 粵 daai⁶) 夫歟？”集解引王逸《離騷序》：“三閭之職，掌王族三姓，曰昭、屈、景。”

丞相

官名。

戰國始設左右丞相，為百官之長。秦統一六國後，朝以丞相、太尉、御史大夫為三公，地位最高。西漢初，改丞相為相國，不久，恢復舊名，與太尉、御史大夫合稱三公。西漢末改稱大司徒。東漢末復稱丞相。唐廢丞相而以中書令、侍中、尚書令、僕射（yè ⬤ je⁶）等為宰相；但因為這些官的品位高，輕易不授人，而以其他官加“同中書門下平章事”等名義任宰相之職。《舊唐書·姚崇傳》：“睿宗即位，召〔姚崇〕拜兵部尚書，同中書門下三品。”南宋孝宗時，改尚書左右僕射為左右丞相。元代中書省及行中書省均設左右丞相。明初設丞相，不久即廢。舊時丞相常用作宰相的通稱，但宰相不一定是丞相。

∷ 宰相

封建社會主管政事最高行政長官的通稱。

其職權是輔佐帝王總攬國政，統率百官。但歷代所用正式官名不同。如秦、西漢時，稱“相國”或“丞相”；東漢時，名義上司徒當丞相，與司空、太尉共掌國政，實際上權歸尚書，尚書令無所不統，實為宰相；魏晉以後，中書監（jiàn ⬤ gaam³）、中書令掌管機要，與侍中、尚書令、尚書僕射等實為宰相之任；隋唐時，以三省長官中書令、侍中、尚書令、僕射為宰相；中葉以後，凡為宰相者，必某官加“同中書門下三品”或“同中書門下平章

事”銜。宋代竟以“同平章事”為宰相的官稱，副宰相稱“參知政事”，合稱“執宰”。神宗元豐年間改革官制，以尚書左、右僕射為宰相。元代以中書省丞相、平章政事為宰相，左右丞和參知政事為副相。明洪武十三年（1380 年）廢除丞相，皇帝親攬政務。此後，明清的內閣大學士及清代的軍機大臣都是宰相之任。

∷ 相

即後代所稱的宰相、丞相。

《史記·陳涉世家》：“王侯將相寧有種乎？”又《廉頗藺相如列傳》：“且庸人尚羞之，況於將相乎！”宋文天祥《指南錄後序》：“辭相印不拜。”“相”指“丞相”，文天祥曾“除右丞相”。

∷ 御史中丞

秦漢御史台長官為御史大夫，下設兩丞，一為御史丞，一為御史中丞。

因丞居殿中而得名。掌管朝廷重要文書圖籍，處理公卿奏章，內領侍御史十五人，外督部刺史。西漢末年，御史大夫改名大司空，御史中丞成為御史台長官。東漢以後，威權日重，主管御史事務，號稱“台主”。唐宋雖設御史大夫，但常空位，宋代御史大夫則是加官，不管

御史台事務，而以御史中丞代行其職。明代改御史台為都察院，副都御史相當於古代的御史中丞。清代因巡撫兼右副都御史，故沿稱巡撫為中丞。明張溥《五人墓碑記》："是時大中丞撫吳者為魏〔忠賢〕之私人，周公之被逮所由也。"

御史

秦代以前僅為史官，漢代以後多指侍御史，一般稱御史，職權專主糾察。

唐代有侍御史、殿中侍御史和監察御史三種。明、清兩代僅存監察御史，分道行使糾察。明代還有充任出巡者，如巡按御史（明代戲曲中的八府巡按即此）、巡漕御史等。唐代韓愈曾任監察御史，明代馬中錫曾任右都御史。《史記・廉頗藺相如列傳》中的"秦御史前書曰"的"御史"，為戰國時史官。清方苞《獄中雜記》："京中有京兆獄，有五城御史司坊，何故刑部繫囚之多至此。""五城御史"是巡查京城內東西南北中五個地區的官，屬都察院。

太尉

秦設太尉官職，漢代沿置，為全國軍隊首領，與丞相、御史大夫並稱三公。

漢武改稱大司馬，東漢光武帝復稱太尉，與司徒、司空並稱三公。歷代多沿置，但一般為加官，並無實權。至宋徽宗時，定為武官官階的最高一級，其本身並不表示任何職務。一般常用作武官的尊稱，而不問其官職的大小。元代以後廢除。《水滸傳》："我因惡了高太尉，生事陷害，受了一場官司。"

衙內

唐代警衛官稱"衙內"。

五代及宋初，藩鎮的親衛官有牙內都指揮使、牙內都虞候等，多以官府子弟充任，後來即稱官府的子弟為衙內。宋孔平仲《珩璜新論》卷四："或以衙為廨（xiè 🔊 gaai[3]）舍，早晚聲鼓，謂之衙鼓，報牌謂之衙牌，兒子謂之衙內。"《水滸傳》："恰待下拳時，認的是本管高太尉螟蛉之子高衙內。"

大夫

①職官等級名。

古代國君之下有卿、大夫、士三等；大夫又分上、中、下三級。《史記・廉頗藺相如列傳》："相如既歸，趙王以為：賢大夫，使不辱於諸侯，拜相如為上大夫。"殷周時，有大夫、鄉大夫、遂大夫、朝大夫、家大夫等。春秋時，晉有公族大夫。秦漢兩代，有御史大夫、諫議大夫、光祿大夫、太中大夫等，品秩自六百石至比二千石不等，多係中央要職和顧問。隋唐以後以大夫為高級階官稱號。唐、宋兩代，有御史大夫、諫議大夫等。清代高級文職階官稱大夫，武職稱將軍。《史記·屈原列傳》：“上官大夫與之同列，爭寵而心害其能。”

②爵位名。

秦漢時，分爵位為公士、上造等二十級，中大夫居第五級，又有官大夫、公大夫、五大夫等。

士大夫

①古代指受職居官的人。

《周禮·考工記》：“坐而論道謂之公，作而行之謂之士大夫。”鄭玄注：“親受其職，居其官也。”

②作為社會上層人物的通稱。

唐韓愈《師說》：“士大夫之族，曰師曰弟子云者，則羣聚而笑之。”宋蘇軾《石鐘山記》：“士大夫終不肯以小舟夜泊絕壁之下，故莫能知。”明張溥《五人墓碑記》：“至於今，郡之賢士大夫請於當道，即除魏閹廢祠之址以葬之。”

太中大夫

秦代始置，主掌議論。歷代沿置。

隋代以後為散官。《漢書·賈誼傳》：“文帝悅之（指賈誼），超遷，歲中至太中大夫。”

尚書

戰國始置。

“尚”是執掌的意思。秦代是少府的屬官，掌殿內文書，地位很低。西漢成帝時，設尚書員，羣臣章奏都需經過尚書，位雖不高但權力很大，設尚書五人，開始分曹治事。東漢時，正式成為協助皇帝處理政務的官員，從此三公權力大為削弱。魏晉以後，尚書事務越來越繁雜。隋代設置尚書省，分六部；唐代確定六部是：吏、戶、禮、兵、刑、工，以左、右僕射（yè ⑧je⁶）分管六部。宋代以後，行政全歸尚書省。明代徑以六部尚書分管政務，六部尚書等於國務大臣。明徐光啟曾任禮部尚書。《後漢書·張衡傳》：“視事三年，上書乞骸骨，徵拜尚書。”三國蜀諸葛亮《出師表》：“侍中、尚書、長史、參軍，此悉貞良死節之臣。”這裏的“尚書”指陳震。

給事中

秦代始設，西漢沿置，東漢省，魏復置。

為將軍、列侯、九卿，以及黃門郎、謁者等的加官，職責是給事殿中，備顧問應對，討論政事，其性質如清代的"內廷行走"。晉代成為正式官職。隋唐以後為門下省的要職，在侍中及門下侍郎之下，職掌駁正政令的違誤。明代採用宋代給事中六房分治之制，定為吏、戶、禮、兵、刑、工六科，每科設都給事中一人，左、右給事中各一人，給事中若干人，抄發章疏，稽查違誤，權力很大。清代順治、康熙年間只設"六科掌印給事中、給事中"，漢族、滿族各一人。雍正元年（1723年）併入都察院，與御史同為"諫官"，故又稱"給諫"，職權範圍已大為減小。明代馬中錫考中進士後，曾授職刑科給事中。

郎

帝王侍從官的通稱。

郎官的職責原為護衛陪從，隨時建議，備顧問及差遣。戰國時始置，秦漢相沿，有議郎、中郎、侍郎、郎中等。秦漢時最初屬於郎中令（後改為光祿勳），無定員，出身或由任子、貲選，或由文學、技藝。東漢時，以尚書台為政務中樞，分曹任事的人

通稱"尚書郎"，職責範圍與過去的郎官不同。後世的侍郎、郎中、員外郎為各部的要職。清方苞《獄中雜記》："而十四司正、副郎好事者，及書吏、獄官、禁卒，皆利繫者之多，少有連，必多方鈎致。"清初，刑部設十四個司，各司長官稱"郎中"，副長官稱"員外郎"，總稱"郎官"。

侍郎

秦漢時，郎中令的屬官有侍郎，本為宮廷的近侍。

東漢以後，尚書屬官初任稱郎中，滿一年稱尚書郎，滿三年稱侍郎。隋唐以後，中書省、門下省及尚書省所屬各部都以侍郎為長官的副職，職權逐漸升高。明清兩代，遞升至正二品，與尚書同為各部的堂官。唐代的韓愈曾先後出任過刑部、兵部、吏部侍郎。三國蜀諸葛亮《出師表》："侍中、侍郎郭攸之、費禕（yī 粵 ji¹）、董允等，此皆良實，志慮忠純。"《譚嗣同》："八月初一日，上召見袁世凱，特賞侍郎。"

郎中

官名。

始於戰國，秦漢沿置，屬光祿勳，掌管門戶、車騎等。內充侍衛，外從作戰。另外，尚書台設郎中，司

掌詔策文書。晉至南北朝，郎中為尚書曹司的長官。自隋唐至清代，各部皆沿設郎中，分掌各司事務，為尚書、侍郎之下的高級官員。晉李密《陳情表》："詔書特下，拜臣郎中。"

尚書郎

官名。

東漢時，取孝廉中有才幹的人進尚書台，在皇帝左右處理政務。初入尚書台稱守尚書郎中，滿一年稱尚書郎，滿三年稱侍郎。魏晉以後，尚書省各曹有侍郎、郎中等官員，綜理政務，通稱"尚書郎"。《木蘭詩》："可汗問所欲，木蘭不用尚書郎。"

員外郎

官職名。

原指設於正額以外的郎官。晉代以後的員外郎，指員外散騎侍郎（皇帝近侍官），隋文帝開皇時，在尚書省各司置員外郎一人，為各司的次官。唐宋沿置，與郎中同稱郎官，都是中央官吏中的要職。明清各部仍沿此制，以郎中、員外郎、主事為司官的三級。清代其他官署如理藩院、太僕寺、內務府，也設置員外郎。唐代杜甫曾任檢校工部員外郎，柳宗元曾任禮部員外郎，杜牧曾任司勳員外郎。

六部

即尚書六部，自隋唐開始，為朝廷行政機構。

東漢設尚書台，輔佐皇帝處理政事，南北朝時改稱尚書省，分曹治事。隋仿《周禮》六官，尚書省分吏、祠、度支、左戶、都官、五兵六部，唐設禮部（原祠部）、戶部（原為度支部）、工部（原為左戶部）、刑部（原為都官部）、兵部（原為五兵部）。宋制相同。元代六部改歸中書省管轄，明廢中書省而各部獨立，其地位提高，直接對皇帝負責，一直延續至清代。六部長官皆為尚書，次長官稱侍郎。

吏部

尚書省六部之一，為第一部。

西漢尚書省有常侍曹，主管丞相、御史、公卿之事。東漢改為吏部曹，末期又改為選部曹。魏晉以後，稱吏部，設尚書等官。隋、唐兩代，列為六部之首，主管全國官吏的任免、考課、升降、調動等事務。長官為吏部尚書，副長官為吏部侍郎。下設四司，吏部為頭司，另有司封、司勳、考功，司的長官為郎中，副長官為員外郎，其屬官有主事、令史、書令吏等。歷代相沿。唐代韓愈曾任吏部侍郎。《資治通鑒·齊明帝永泰元年》："上賞謝朓(tiǎo

（圖 tiu³）之功，遷尚書吏部郎（即吏部郎中）。"

戶部

尚書省六部之一，為第二部。

《周禮》為地官大司徒之職。秦代為治粟內史，兩漢為大農令、大司農，又有尚民曹，也是戶部之職。三國至隋代，先後為度支、左民、右民、戶曹、民部。唐代永徽初，因避太宗李世民諱，改民部為戶部。掌管全國土地、戶籍、賦稅、財政收支等事務，長官為戶部尚書，副長官為戶部侍郎。下設四司，戶部為頭司，另有度支、金部、倉部三司為子司。四司職官略同於吏部四司。歷代相沿。清代光緒末年，添設民政部，財政部分改設度支部，戶部廢除。

禮部

尚書省六部之一。

北周始有禮部，隋唐時為六部的第三部。歷代沿置。職掌典禮、科舉、學校、祭祀、宴饗等事務。長官為禮部尚書，副長官為禮部侍郎。下設四司，禮部為頭司；祠部、主客、膳部為子司。四司職官略同於吏部四司，明清則以儀制、祠祭、主客、精膳為四司。清末廢。唐代柳宗元曾任禮部員外郎，明代徐光啟曾任禮部尚書。

兵部

尚書省六部之一。

三國魏有五兵（中兵、外兵、騎兵、別兵、都兵）尚書，晉代又設駕部、車部、庫部。唐代綜合設為兵部，為尚書省六部之四。主管中央及地方武官的選用、考查，以及兵籍、軍械、軍令等事務。長官為兵部尚書，副長官為兵部侍郎。下設四司，兵部為頭司，職方、駕部、庫部為子司。四司職官略同於吏部四司。歷代沿設，但職權範圍不同。清末改為陸軍部，後又增設海軍部。唐代韓愈、明代馬中錫皆曾任兵部侍郎。

刑部

尚書省六部之一。

西漢成帝時有尚書三公曹，主管斷獄，東漢改為二千石（dàn 圖 daam³）曹，負責監察京師官署，並主管水火、盜賊、詞訟、罪法，也稱"賊曹"。魏晉以後有都官、比部各曹。南朝宋設都官尚書，隋代改為刑部尚書。隋唐後，刑部便成了尚書省六部的第五部。長官為刑部尚書，副長官為刑部侍郎。下設四司，頭司為刑部，又有都部、比部、司門三子司。四司職官略同於吏部四司。唐、宋、元三代，刑部為最高法律機構，一般不直接處理案件。明清兩代，各省案件均由刑部審核，事務繁重，其規模遠較唐宋時龐大。明設十三司，清代更詳密，設十八司。清末改為法部。唐代韓愈曾任刑部侍郎，白居易曾任刑部尚書。清方苞《獄中雜記》："康熙五十一年三月，余在刑部獄。"

工部

尚書省六部之一。

漢有民曹，魏晉有左民尚書、起部尚書，均為掌工役之官。隋代定工部為尚書省六部的第六部。唐代工部主管全國各項工程、工匠、屯田、水利、交通等事務。長官為工部尚書，副長官為工部侍郎。下設四司，頭司為工部，另有屯田、虞部、水部三子司。四司職官略同於吏部四司。歷代相沿。清代末期改為農工商部。唐代杜甫曾任檢校工部員外郎，世稱杜工部。

秘書省

官署名。

東漢桓帝時，始設秘書監，主管圖書秘籍。晉代設秘書寺，南北朝時改稱秘書省，設監、丞等官。唐代秘書省總領太史、著作二局，曾一度改稱蘭台、麟台。明代併入翰林院。唐代白居易、宋代蘇洵曾任秘書省校（jiào ⑧gaau³）書郎。

著作郎

職官名。

三國魏始設，隸屬中書省，主管編修國史。晉代改屬秘書省，稱為秘書著作郎，號稱大著作郎。唐代設著作司，著作郎為主管，曾一度改為司文郎中。著作郎下有著作佐郎、校書郎、正字等屬官。宋代僅以著作郎匯編"日曆"（每日時事）。西晉陳壽曾任此職。

校書郎

職官名。

東漢以蘭台令史典校秘書，有時也選官員任其事，以郎充任的就稱校書郎；以郎中充任的就稱校書郎中。三國魏始置官，因屬秘書省，故稱秘書校書郎，主管校勘書籍，訂正訛誤。唐代秘書省及弘文館均設校書郎。明以後不設此官。《後漢書·梁慬傳》："校書郎馬融上書訟慬與護羌校尉龐參。"

正字

職官名，南朝齊秘書省有正書，北齊始稱正字。

唐宋沿用。與校書郎同掌校勘書籍。唐代劉晏，八歲時，玄宗封泰山，獻賦行在，授太子正字。

供奉

職官名。

在皇帝左右供職的人。唐代初期有侍御史內供奉、殿中侍御史內供奉等名目。唐玄宗時，有翰林供奉。宋代東、西頭供奉為武職階官，內東、西頭供奉官為內侍（宦官）階官，僅用來表示其品級，無實際職權。清代一般稱南書房行走為內廷供奉。唐代李白曾任翰林供奉。

翰林院

官署名。

唐初置，本為各種文藝技術內廷供奉之處。翰林學士供職之所，在唐為學士院，至宋始稱翰林學士院，元代稱翰林國史院，明代將著作、修史、圖書等事務併歸翰林院，成為外朝官署。清沿明制，翰林院掌編修國史及草擬制誥等，其長官稱掌院學士，其屬官如侍讀學士、侍講學士、侍讀、侍講、修撰、編修、檢討、庶吉士等，統稱為"翰林"。

翰林學士

職官名。

唐玄宗時始以文學侍從官選拔充任，專掌內命（由皇帝直接發出的極端機密的文件，如任免宰相、宣佈討伐令等），因參與機要，號稱"內相"。首席學士稱承旨。北宋始設專職。明代為翰林院長官，主管文翰，並備皇帝顧問。清代廢除翰林學士，以大臣充任翰林院掌院學士，下設翰林院侍讀學士、侍講學士，為翰林院高級官職，與唐、宋兩代翰林學士職掌不同。清末，復設翰林學士，在侍讀學士之上。唐代白居易，宋代歐陽修、司馬光、蘇軾、沈括，明代徐光啟，都曾任此職，明代宋濂曾任翰林學士承旨。

侍讀　侍讀學士
侍講　侍講學士

職官名。

侍讀、侍讀學士是給帝王講學，侍講、侍講學士是講論文史，以備君王顧問。唐代開元三年（715年）始設侍讀學士、侍講學士，初屬集賢殿書院。後來廢，宋代設翰林侍讀學士及翰林侍讀官，宋代國子祭酒邢昺（《爾雅註疏》作疏之人）兼任侍講學士，屬翰林學士院。明清沿置。清代另於內閣設置侍讀學士、侍讀，與翰林官有別。此外，南北朝、唐、宋諸王屬臣，有侍讀、侍講。南朝、宋有侍讀博士。明代改稱伴讀或教授。

·· 博士

職官名。

六國時有博士，秦漢相沿。諸子、詩賦、術數、方技，都設博士，西漢屬太常。漢武帝設五經博士，晉代設國子博士，唐代太學有國子諸博士、算學博士等，都是教授官，與執掌禮儀的太常博士不同。明、清兩代有國子博士、太常博士，而以五經博士為孔孟及儒家諸族的世襲官。西漢賈誼曾被召為博士、褚（chǔ 🔊 cyu²）少孫（曾補寫司馬遷的《史記》）曾任五經博士，南朝宋范曄（yè 🔊 jip⁶）曾任太學博士，唐代韓愈曾任國子博士。明代宋濂《送東陽馬生序》："有司業、博士為之師。"

·· 知制誥

職官名。

知，主管。誥（gào 🔊 gou³），詔令。唐代始設，主管起草詔令，原為中書舍人的職務，後來常以他官代為起草詔令，稱為某官知制誥。實際起草詔令的翰林學士，也常常帶知制誥銜。明代翰林學士、內閣學士也常帶此銜。清代廢除。明代宋濂曾任翰林學士知制誥。

·· 拾遺

職官名。

唐代武則天時始設左、右拾遺，職責是對皇帝進行規諫，並薦舉人才。左拾遺屬門下省，右拾遺屬中書省。北宋改為左右正言，後來隨設隨罷，無定制。唐代杜甫、白居易皆曾任左拾遺。

·· 參知政事

宰相的別稱。

唐代以中書令、侍中、尚書令共議國政，實為宰相。以他官居宰相職位的，有"參議得失、參知政事"等名目。宋代以"同中書門下平章事"為宰相，另設參（cān 🔊 caam¹）知政事，為副宰相。遼、金、元三代相承，明代廢。元代行中書省也設參知政事，為行省的副長官，簡稱"參政"。宋代范仲淹、歐陽修、王安石皆曾任此職。梁啟超《譚嗣同》："參預新政者，猶唐、宋之'參知政事'，實宰相之職也。"

·· 樞密使

職官名。

唐代以宦官充任，掌中樞機密，傳達皇帝詔旨。後宦官開始干預朝政甚至於君主廢立。至昭宗時始改用士人充任。五代、後梁改稱"崇政使",後唐復稱"樞密使"。宋代稱樞密院的長官為樞密使。宋代歐陽修曾任樞密副使。宋文天祥《指南錄後序》:"德祐二年二月二十九日,予除右丞相兼樞密使,都督諸路軍馬。"

集賢院

官署名。

始於唐代的集賢殿書院,以宰相一人為學士,掌管院內事務。宋代設昭文館、史館、集賢院,合稱"三館",掌理秘書圖籍等事。集賢院設大學士,以宰相充任,並設置學士、直學士、修撰、校理等官,無定員。元代沿設,但掌管之事不同。唐代柳宗元曾任集賢院正字。

資政

本為宋代殿名。宋代特設資政殿大學士,用來授予罷政的宰相或其他大臣,授予此職者常以"資政"為稱呼。

宋文天祥《指南錄後序》:"於是辭相印不拜,翌日,以資政殿學士行。"

舍人

①職官名。

《周禮·地官·舍人》:"舍(shè

（粵 se³）人掌平宮中之政,分其財守,以法掌其出入者也。"《漢書·高帝紀》顏師古注:"舍人,親近左右之通稱也。"秦漢有太子舍人,為太子屬官;魏晉以後,有中書通事舍人,掌傳宣詔命;隋唐又置起居舍人,掌修記言之史;置通事舍人,掌朝見引納;明清內閣中書科設中書舍人,掌書寫誥敕。此外,宋有閤門宣贊舍人,元有直省舍人、侍儀舍人。唐代杜牧曾任中書舍人。

②戰國及漢初,王公貴族的侍從賓客、左右親近之人。

《史記·廉頗藺相如列傳》:"藺相如者,趙人也。為趙宦者令繆(miào（粵 miu⁶)賢舍人。"

令史

職官名。

漢代設蘭台(宮內收藏典籍之處)令史、尚書令史,主管文書,職位次於郎。令史都有品秩,可以補升為郎。晉、南北朝沿置。隋、唐兩代以後,令史已沒有品秩,變為三省、六部及御史台的低級事務員。唐、宋兩代京師各有關部門都設有令史。明代廢。西晉陳壽曾任觀閣令史。

侍中

職官名。

秦代始設，為丞相屬官。兩漢沿置。因為侍從皇帝左右，出入宮，應對顧問，地位逐漸提高。如衛青、霍去病、霍光都以侍中晉升，權勢超過宰相。北周改為納言，隋代沿用。唐代復稱侍中，為門下省的屬官。南宋廢除，三國蜀諸葛亮《出師表》：“侍中、侍郎郭攸之、費禕（yī ⑧ji¹）、董允等，此皆良實、志慮忠純。”郭攸之、費禕是侍中。

司

官署名。

唐宋以後，尚書省各部所屬有司。獨立的官署也有稱司的，如宋代的殿前司，明、清兩代的通政使司。在外的，如宋代安撫使司稱帥司，明、清兩代的布政使司、按察使司和藩司、臬（niè ⑧jit⁶）司。清方苞《獄中雜記》：“十四司正副郎好事者……皆利繫者之多，少有連，必多方鈎致。”“十四司”指刑部十四司。

曹

古代分職治事的部門或官署。

西漢設尚書五人，其一為僕射（yè ⑧je⁶），另四人分為四曹；東漢尚書六人，分為五曹。古代郡縣的屬官也稱曹，如功曹、倉曹、戶曹、法曹等。《資治通鑑·赤壁之戰》：“今〔魯〕肅迎操，操當以肅還付鄉黨，品其名位，猶不失下曹從事。”

附表三　唐代中央機構職官簡表

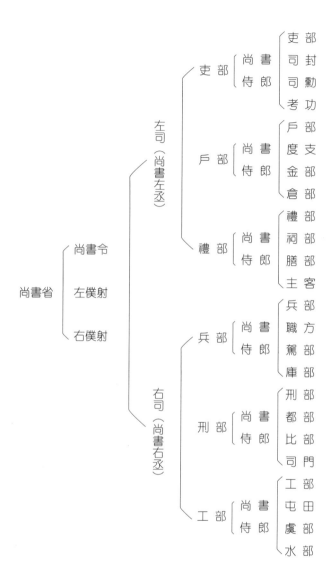

門下省 ┤ 侍　　中 / 門下侍郎 ┤ 給　事 / 録　事 / 主　事 / 左散騎常侍 / 左諫議大夫 / 左補闕 / 左拾遺 / 典　議 / 都門郎 / 符寶郎

中書省 ┤ 中書令 / 中書侍郎 ┤ 中書舍人 / 主　事 / 右散騎常侍 / 右諫議大夫 / 右補闕 / 右拾遺 / 通事舍人

説明：①據《舊唐書・職官志》、《新唐書・百官志》、《唐會要》。

②自南北朝時起，形成了皇朝中央尚書、中書、門下三省分職的制度：中書省取旨、門下省審核，尚書省執行，三省長官同為宰相。唐代，唐太宗曾任尚書令，因此，以後此官不再授人，而以左右僕射為宰相。唐高宗又認為中書令、侍中官位太高，不輕易授人，常用他官加上"參議朝政、參議得失"或"參知政事"之類的名義掌宰相之職。唐高宗以後，執行宰相職務的稱為"同中書門下三品"或"同中書門下平章事"。

（三）地方職官

⸬ 刺史

職官名。

為朝廷所派督察地方之官。刺，檢查不法；史，皇帝所使。漢武帝時，分全國為十三部（州），設置刺史。以六條查問郡縣，官階低於郡守。漢成帝改稱州牧，哀帝時復稱“刺史”。魏晉時，於重要的州設都督兼領刺史，職權益重。隋煬帝、唐玄宗兩度改州為郡，改稱刺史為太守。後又改郡為州，稱刺史，此後太守與刺史互稱，刺史不再是中央的監察官，而成了地方官。宋代設知州，而無刺史職任，刺史之名僅為武臣升遷之階。元明廢除，清僅用為知州的別稱。清顧炎武《日知錄·隋以後刺史》：“漢之刺史猶今之巡按御史，魏晉以下之刺史，猶今之總督，隋以後之刺史，猶今之知府及直隸知州也。”北魏寫《水經注》的酈道元曾任東荊州刺史，白居易曾任杭州、蘇州刺史，柳宗元曾任柳州刺史。

⸬ 州牧

職官名。

牧，本為放牧，引申為管理。州牧，一州的管理者。古代天下分九州，每州設牧，為一州的長官。《尚書·周官》：“唐虞稽古，建官惟百。內有百揆（kuí ⓟ kwai⁵）四嶽，外有州牧侯伯。”疏：“牧，一州之長。”後來指朝廷委派的州郡長官。漢武帝設置刺史，成帝時改為州牧。東漢靈帝時，為鎮壓農民起義，又選列卿尚書為州牧，掌軍政大權，統治一方，位在郡守之上。如漢末劉表曾為荊州牧，袁紹曾為冀州牧。隋、唐兩代，只有雍州設牧，以親王領其名而不居其位，其餘各州設刺史，州牧名存實亡。清代知州也稱州牧，官位很低，與知縣並稱牧令，僅為一種稱謂而已。

⸬ 郡守

職官名。

春秋、戰國時，初為武職，防守邊郡。秦統一六國後，以郡為最高的地方行政區劃，每郡置守，掌治其郡。漢景帝時，改稱太守。《史記·陳涉世家》：“攻陳，陳守令皆不在。”秦代，陳縣是碭（dàng ⓟ dong⁶）郡駐地，所以有郡守、縣令。南朝謝靈運曾任永嘉郡守。

⸬ 太守

職官名。

秦代設郡守，主管一郡事務，漢景帝時，改稱太守，隋初更名為刺史，宋代以後，郡改為府或州，習慣上仍稱知府、知州為太守。明、清兩代，專指知府。晉陶淵明《桃花源記》："及郡下，詣太守，説如此。"《孔雀東南飛》："直説太守家，有此令郎君。"《資治通鑒・赤壁之戰》："備曰：'與蒼梧太守吳巨有舊，欲往投之。'"

府君

漢代至魏晉南北朝時尊稱太守為府君。

《後漢書・華佗傳》："廣陵太守陳登忽患匈（胸）中煩懣（mèn ⑧ mun⁶），面赤不食，佗脈之，曰：'府君胃中有蟲。'"《孔雀東南飛》："還部白府君。"

通判

職官名。

宋初，宋太祖鑒於五代藩鎮割據之弊，在諸州、府除知州、知府外，均設通判，其地位次於州、府長官，名義上共同處理政務，握有與地方長官連署州、府公文的權力，實為監察之官，有"監州"之稱。宋神宗元豐年間改革官制，明確通判為地方副長官，平時輔佐長官外出巡察，有戰事時則專任錢糧之職。明代知府下設通判，清代各府通判職權大為削減，僅掌糧運及農田水利等事務。清代另有州通判，稱州判。蘇軾曾為杭州通判。

節度使

職官名。

唐初，武將統兵出戰稱總管，無戰事時鎮守邊地則稱大都督。唐高宗永徽年間以後，都督帶"使持節"的稱節度使，但非正式職官名。睿（ruì ⑧ jeoi⁶）宗景雲二年（711 年），以涼州都督賀拔延嗣任河西節度使，始有節度使官職名。唐玄宗開元年間立為定制。節度使先是邊境地區設置，玄宗天寶初年（742 年），沿邊有九節度使，總攬所轄地區的軍、民、財政，並兼任所駐州刺史，而轄區內其餘各州刺史都是其下屬，所轄二三州至十幾州不等。安史之亂後，戰事紛起，內地也相繼設節度使，地方武將也常署節度使名號，自置官屬，而且不服從朝廷命令，父死子繼，或傳位給部下，世稱"藩鎮"，形成割據局面。宋代建立政權後，力改唐末五代藩鎮專權之弊，用朝官外出主管軍州事，而以節度使的稱號加給所寵信的宗室本家、外戚、將相大臣，節度使成了空銜。遼、金也設節度使，元廢。

安撫使

職官名。

隋代有安撫大使之名，是行軍主帥

的兼職。唐代前期臨時派遣大臣巡視戰亂地區或受災地區，稱安撫使；中期以後，安撫使被各道節度使、觀察使所取代。宋初，在戰事、災荒之地設安撫使，事畢既罷，有的還由知州（軍）、轉運使、提點刑獄兼任。從宋真宗景德三年（1006年）起，在河北正式設置安撫使，隨後，沿邊地區陸續設置。南宋時也普遍設立安撫使，其中許多是兼知州（軍）的，職掌一路兵權，並得便（biàn ⑧ bin⁶）宜從事，邊遠地區則稱經略安撫使，本官如是二品以上，則稱安撫大使。元代各路安撫使已成為路之長官。明、清兩代，僅在西南少數民族地區設安撫使，為武職土官。

團練使

團練，有別於正規軍的地方武裝。

唐肅宗始置團練使，大者領十州，並設副使，代宗時曾令刺使兼本州團練使，旋即廢止。宋代以團練使為武將寄祿官（階官有名銜而無職事，稱寄祿官，有別於有名銜有職事的職事官），無定員，其官階高於刺史而低於節度使。蘇軾曾被貶為黃州團練副使。

按察使　觀察使　巡訪使　採訪使

職官名。

唐初，仿漢代刺史制度設按察使，派朝官分赴各道察訪州縣官吏功過和民間疾苦。唐睿宗景雲二年（711年），分置十道按察使，成為常設官員。唐玄宗開元二十年（732年），改稱按察採訪處置使，後又改稱採訪處置使，乾元元年（758年），又改為觀察處置使。實際上是各州刺史的上級，權力僅次於節度使。凡有節度使的地方也兼帶觀察處置使銜。宋代不設節度使，以諸路轉運使兼按察，專主巡察，後來另有提點刑獄官，為後世按察使的前身，與唐代按察使的事務不同。金代承安四年（1199年），改提刑使為按察使，主管一路的司法刑獄和官吏考核。元代設置提刑按察使，後改稱肅政廉訪使。明代仍設提刑按察使司，以按察使為一省司法長官，又設按察分司，分道巡察。明代中期以後，各地多設巡撫，按察使成為巡撫的屬官。清代也設按察使，屬於各省總督、巡撫。清代薛福成曾任湖南按察使。

總督　制台　制軍　制憲

職官名。

明代始設。先是戰時用兵，派京官到地方去總督軍務，事罷即畢，並非常設。明憲宗成化年間，專設兩廣總督，後來各地陸續增設，成為明代定制。明代總督在任命前均先受命為兵部尚書、兵部侍郎或都御史、副都御史、僉都御史。清代總督為地方最高長官，統轄一省或幾省的軍事和民政。總督例帶兵部尚書、都察院右都御史等職銜。此外有專管河道和漕運事務的總督，稱河道總督、漕運總督，也是明代始置，清代沿設。明、清兩代，總督別稱制軍、制台，尊稱制憲。明代洪承疇曾官總督。清代阮元曾官湖廣、兩廣、雲貴總督；張之洞曾官兩廣總督、湖廣總督。林則徐曾官東河河道總督、湖廣總督、兩廣總督、雲貴總督。

巡撫　部院　撫台　撫軍

職官名。

明代始設，洪武二十四年（1391 年）派遣皇太子巡撫陝西，但這是臨時職官，並非正式的專職官。洪熙元年（1425 年）後，始在關中、江南等地設置巡撫專職，和總督同是地方的最高長官，共同統轄一省的軍事、民政、吏治、刑獄等事。清代巡撫例兼都察院右副都御史和兵部侍郎銜，所以又別稱部院。明清巡撫與總督同為封疆大吏，只是巡撫品級稍低，仍屬平行。又別稱撫台、撫軍。清蒲松齡《聊齋志異·促織》："乃賞成（里正成名），獻諸撫軍。撫軍大悅，以金籠進上，細疏其能……上大嘉悅，詔賜撫臣名馬衣緞。"

布政使　布政　藩司　藩台

職官名。

明代洪武九年（1376 年）改行中書省為承宣布政使司。宣德後，全國府、州、縣分統於兩京和十三布政使司，每司設左、右布政使各一人，為一省最高行政長官。後因軍事需要，增設總督、巡撫等官，權位在布政使之上。清代定布政使為總督、巡撫的下屬，專管一省的財賦和人事。康熙六年（1667 年）後，每省設布政使一員，江蘇則設二員，分駐江寧（南京）、蘇州。簡稱"布政"，俗稱"藩司、藩台"。

•• 經略使

職官名。

唐代貞觀二年（628 年），在邊遠的州設置經略使，為邊防軍事長官，後來多由節度使兼任。宋代於沿邊各路設置，常兼安撫使，稱為"經略安撫使"，簡稱"經略"，掌管一路軍事及行政。明、清兩代，有重要軍事行動時特設經略，職權高於總督。清代中期以後不再設置。《水滸傳》："托着小種（chóng 🔊zung²）經略相公門下做個肉舖戶。""小種經略"指北宋名將種師道的弟弟種師中。兄弟二人，同時鎮守西北，當時人稱兄為老種經略，稱弟為小種經略。

•• 道員　道台

職官名。

明代省級最高機構有都指揮使司、布政使司、按察使司。布政使司、按察使司的副手與長官同在省城，後將一省劃為數個小監察區，稱為"道"，由布政使佐官參政、參議分理各道錢穀，稱為"分守道"；按察使佐官副使、僉事分理各道刑名，稱為"分巡道"。這是以地盤劃分的。另外有以職事分的，如督糧道、提學道。這是道員稱謂之始。明代道員是差使，本身無品級，其品級視所帶銜而定。清乾隆十八年（1753

年），裁撤省府的參政、參議、副使、僉事等，專設分守道、分巡道，一律定為正四品官，多兼兵備銜，管轄府、州，成為省以下、府州以上的高級行政長官。此外又有鹽法道、治河道等多種。道員別稱"道台"。清代大學者王念孫曾為永定河道道員。魯迅《故鄉》："啊呀呀！放了道台了，還說不闊哩。"

•• 長史

職官名。

秦時為丞相屬官，李斯入秦曾任此職，職責不詳。西漢時，丞相、太尉、御史大夫的屬官有長（zhǎng 🔊zoeng²）史；東漢時，太尉、司徒、司空三公府也設長史，職責頗重，號稱"三公輔佐"；三國、晉、南北朝沿設不改。兩漢邊郡太守的屬官有長史，輔佐太守，主管一郡的兵馬，統兵作戰的長史稱將兵長史。兩漢將軍的屬官也設有長史，總理幕府。南朝時，帶將軍稱號的刺史，也設有長史，多兼任首郡的太守，北朝沿襲，制度略同。唐、宋兩代，州郡也設長史，職責甚重，大都督府的長史往往充任節度使。南朝時，王府開始設置長史，而諸王又多年幼，因此，長史主管州、府事務。歷代王府沿設長史，總管府內事務。三國蜀諸葛亮《出師表》："侍中、尚書、長史、參軍，此悉貞良死節之臣。""長史"，這裏指張裔。《赤壁之戰》："子瑜者，亮兄瑾也，避亂江東，為孫權長史。"

主簿

職官名。漢代以後，中央機關及地方郡、縣官署都設主簿，負責文書簿籍，主管印鑒，為掾吏之首。

主簿大致可分為公府、寺監、州縣、雜主簿等四類。唐代王之渙曾任冀州衡水縣主簿，北宋蘇洵曾任霸州文安縣主簿。《孔雀東南飛》："遣丞為媒人，主簿通語言。"這裏的"主簿"是太守的屬官。

令　縣令　知縣

職官名。

秦、漢兩代，縣官轄區，有民萬戶以上的叫"令"，民萬戶以下的叫"長"。後來因此有縣令、大令、縣長之稱。《史記·陳涉世家》："陳守、令皆不在。"陳是郡府、縣府的所在地，所以有郡守、令。《史記·西門豹治鄴》："魏文侯時，西門豹為鄴令。"《孔雀東南飛》："還家十餘日，縣令遣媒來。"唐代稱佐官代理縣令為知（主持）縣事，宋代往往派遣中央官員知某縣事，實際即管理一縣的行政，也有戍兵駐縣的，兼管兵事，簡稱"知縣"。

明代正式成為一縣長官的名稱，清代相沿不改。宋代王安石曾任鄞縣知縣。

知府

職官名。

宋代始設知（主持）某府事，簡稱"知府"，由朝臣充任。明代始以知府為正式官名，管轄州縣。宋代歐陽修曾任此職。

知州

職官名，宋代始設"權知某軍州事"，簡稱"知州"，原為暫時主持本軍本州事務，為朝臣充任。

明、清兩代，知州便為州的長官。直隸州（上級是省）知州地位略低於知府，散州（上級是府）知州，地位與知縣略同。宋代范仲淹曾任鄧、青、杭等州知州，蘇東坡曾任密、徐、湖、杭、揚、定等州知州。

丞　縣丞

官職名。古代多用作輔佐官的稱號。

漢代中央各官署如衛尉、太僕寺本身有丞，所屬各署都有令有丞。唐、宋兩代尚書省僕射（yè 🔊 je⁶）之下有左右丞。清代末期，內閣及各部長官之下設置左右丞。清代公牘中簡稱各府同知為丞，通判為倅（cuì

（粵 ceoi³，副）。南宋陸游曾任尚書省左丞。戰國時始設縣丞，秦、漢兩代相沿，為縣令的輔佐之官，主管文書、倉、獄。歷代所置略同。《孔雀東南飛》："媒人去數日，尋遣丞請還。"此丞指縣丞。

縣尉

職官名。

秦代始設，兩漢相沿，大縣二人，小縣一人，主管一縣的軍事，歷代所設略同。唐代縣尉通常為進士出身的初任之官，唐代王之渙、白居易曾任此職。《史記·陳涉世家》："將尉醉，廣故數言欲亡，忿恚尉，令辱之，以激怒其眾，尉果笞（chī 粵 ci¹）廣。"（忿恚尉：使尉惱怒）

別駕

職官名。

漢代始設州別駕，也稱"別駕從事"，為刺史佐吏。因隨刺史出巡所部，另乘傳（zhuàn 粵 zyun³）車，故謂之別駕。魏晉以後，諸州置別駕，掌辦州之眾務，其權甚重。隋唐時，一度改稱長（zhǎng 粵 zoeng²）史，唐中期後，別駕與長史並設，其權漸降。宋朝時，別駕為散官（只有官銜沒有職事），蘇軾於宋哲宗紹聖元年（1094 年）再貶瓊州別駕，昌化軍安置，不得簽書

公事。宋朝諸州所設的通判職似別駕，後世因此沿稱通判為別駕。

提刑

職官名。

宋代始設，是府屬下設機構，全稱"提點刑獄公事"，簡稱"提刑"。官署稱提刑司，主管各州的司法、刑獄和監察，兼管農桑，號稱憲司。京畿地區稱提點開封府界諸縣、鎮公事，主管縣、鎮刑獄以及治安、場務、河渠；南宋稱提點京畿刑獄。明、清兩代在各省設提刑按察使，主管一省的司法。南宋辛棄疾曾任河西、兩浙西路、福建提刑。

提轄

職官名。

宋代州郡多設武職提轄兵甲，簡稱"提轄"。有時由守臣兼任，主管統轄軍隊，訓練校（jiào 粵 gaau³）閱，督捕盜賊。南宋有四類提轄官。《水滸傳》："提轄坐了主位，李忠對席，史進下首坐了。"

都頭

職官名。

始設於唐代中期，用以稱呼諸軍總帥，後以軍之一部為一都，其部帥隨之也稱為都頭。宋代都的編制縮

小，其長官都頭、副都頭降為指揮使以下的下級軍官。此外，州、縣捕快頭目也稱作都頭，如《水滸傳》中的武松曾是陽谷縣都頭。

刑名師爺

清代官署中職掌民事及刑事訴訟的幕僚。

沒有任期，是代代相傳的職業，是地方衙門的班底，熟悉公文程式與律條案例。

錢穀師爺

清代官署中職掌錢糧、稅收、會計的幕僚。

沒有任期，是代代相傳的職業，也叫"錢糧師爺"。

下吏

①低級官吏、員屬。

漢賈誼《過秦論》："百越之君，俯首繫頸，委命下吏。"

②交付司法官審訊、懲治。

下，動詞。《史記·老子韓非列傳》："秦王以為然，下吏治〔韓〕非。"《史記·李將軍列傳》："〔李〕廣行取胡兒弓，射殺追騎，以故得脫，於是至漢，漢下廣吏。"（李廣因被俘後逃歸，被審判）

書吏

古代承辦文書的吏員，也稱"書辦"。

東漢已設。清代，內閣以及在京各官署都有書吏。各省總督、巡撫、布政使、學政皆設書吏，各倉、各關監督的胥吏，也稱"書吏"。書吏往往父子兄弟相傳，雖然職位卑微，但常與長官狼狽為奸。清方苞《獄中雜記》："十四司正副郎好事者，及書吏、獄官、禁卒，皆利繫者之多，少有連，必多方鈎致。"

亭長

職官名。

戰國時，各國之間邊境線上，皆建亭，設亭長、防禦鄰國。秦漢時，在鄉村每十里設一亭，置亭長，掌治安，捕盜賊，理民事，兼管停留旅客。多以服兵役期滿的人充任。此外，設於城內和城廂的稱"都亭"，設於城門的稱"門亭"，亦設亭長，職責同鄉亭長。《史記·高祖本紀》："〔劉邦〕為泗水亭長。"

三老

職官名。

掌管教化的鄉官。戰國魏有三老之官，秦代設鄉三老，漢代縣、郡也設三老，輔助郡守、縣令等推行政令。《漢書·百官公卿表》："十亭一鄉，鄉有三老。”南北朝沿置。《史記·西門豹治鄴》：“鄴三老、廷掾歲賦斂百姓。”此“三老”指縣三老。《史記·陳涉世家》：“〔陳涉〕乃入據陳。數日，號令召三老、豪傑與皆來會計事。”此“三老”指郡三老與縣三老，因為秦時陳縣隸碭（dàng 🔊 dong⁶）郡，是郡府、縣府所在地。

•• 里正

鄉官名。

春秋時即有此鄉官，負責掌管戶口、賦役之事。《公羊傳·宣公十五年》何休注：“一里八十戶……其有辯護伉（kàng 🔊 kong³）健者，為里正。”（辯護伉健者：能說清事理又健壯者）後世鄉村都設里正，但制度各有不同。明代改里正為里長。唐杜甫《兵車行》：“去時里正為裹頭，歸來頭白還戍邊。”清蒲松齡《聊齋志異·促織》：“令以責之里正。”

附表四　秦代地方機構職官簡表

附註：里轄百家，十里一亭，十亭一鄉。

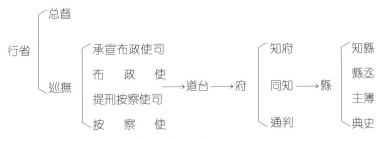

附表五　清代地方機構職官簡表

附註：縣下是鄉、里、保、甲四級單位。

（四）品階勳爵

•• 品

古代把職官分為若干等級，通稱為
“品”。同今之“級”。

漢代以祿石（dàn 🔊 daam³）多寡作
為官位高低的標誌，例如九卿是中
二千石，刺史、太守是二千石，縣
令是千石至六百石，祿石不同，月
俸收入不同。曹魏時，職官分為九
品，一品最高，九品最低。隋唐時，
九品又分正從，自正四品起，每品
又分上下二階，共三十級。明清加
以簡化，九品只各分正從，共十八
級。隋唐時，九品以內的職官稱為
“流內”，九品以外的職官稱為“流
外”。流外官經考選後可遞升流內，
稱為“入流”，明清稱不列入九品之
內的官為“未入流”，不分品級。
梁啟超《譚嗣同》：“至七月，乃扶
病入覲，奏對稱旨，起擢四品軍機
章京。”

•• 階

唐代把隋代散官官號加以整理和補
充，並重新規定品級，作為標誌官
員身份級別的稱號，稱為“階”，通
稱為“階官”。

隋代把有職務的官稱為“職事官”，
沒有職務的官稱為“散官”（又稱
“寄祿官”）。唐代始用“階”標誌官
員身份級別。如文官階是：從一品
稱開府儀同三司，正二品稱持進，
從二品稱光祿大夫。六品以下的文
官皆稱郎，如正六品上稱朝議郎，
正六品下稱承議郎。唐代又採取前
代各種將軍和校尉的官號作為武官
階。武官九品，有正有從。三品又
分二正上、一正下、二從上、一從
下；四品以下又分一正上、二正下、
一從上、二從下，除正一品不設
外，凡四十五階。五品以上官階為
大將軍、將軍、中郎將、將等，六
品以下官階為校尉等。如：正三品
上——冠軍大將軍，正三品上——

懷化大將軍，正三品下——懷化將軍，從三品上——雲麾將軍，從三品上——歸德大將軍，從三品下——歸德將軍。

行　守　試

唐宋官制之一。以區別某個官員的階官品級與職事官品級之差異。

唐宋時，一個人在某一時期的階官品級和當時所任的職事官的品級不一定相同。階官高於職事官，則在職事官上加"行"字，階官低於職事官，則在職事官上加"守"字，階官比職事官低二品，則在職事官上加"試"字。《資治通鑒·後漢高祖乾祐元年》："丙寅，以〔侯〕益兼中書令，行開封尹。"明王鏊《震澤長語·官制》："宋朝列銜，凡階高官卑則稱行。"

開府儀同三司

設置的府邸和進出儀式都跟三司一樣。開府，指三公，大將軍、將軍等高級官員成立府署，選擇僚屬。前為署衙（辦公處），後為住宅。儀，指署衙門外兩側的儀仗，如石獅、豎立的兵器、旗幟等，也指出行時的儀仗。三司，即三公，東漢指太尉（大司馬）、司空、司徒。儀同三司，意謂本為散官，無職守，但儀制同於三司。

東漢殤帝延平元年（106 年），鄧騭（zhì ⓰ zat¹）為車騎將軍儀同三司，儀同三司之名自此始。魏晉以後，將軍之開府置官屬者稱"開府儀同三司"。北周改開府儀同三司為開府儀同大將軍。隋文帝時為散官，唐、宋、元因之，明廢。唐代宰相姚崇以開府儀同三司罷知政事。

勳

古代官員封號。

唐代採取前代某些散官官號略加補充作為酬賞軍功的勳號，有此稱號者為勳官。有上柱國、柱國、上護軍、護軍、輕車都尉、驍騎尉等，共十二級。後代沿襲唐制，只是品級略有不同。明代分文勳、武勳，武官勳號和前代基本相同，文官勳號除"柱國"外，還有正治卿、資治尹之類。清代勳、爵合二而一。如中國書店影印宋本《集韻》前署：翰林學士兼侍讀學士、朝請大夫、尚書左司郎中、知制誥、判秘閣兼判太常禮院、羣牧使、柱國、濟陽郡開國侯食邑一千二百戶、賜紫金魚袋，臣丁度等奉敕修定。其中有"柱國"，是勳級。《木蘭詩》："策勳十二轉，賞賜百千強。可汗問所欲，木蘭不用尚書郎。"

·· 爵

古代貴族封號。

周代封爵（jué ⓐ zoek³）有公、侯、伯、子、男五等，如魯公、晉侯、鄭伯、楚子。漢代封爵實際上只有王、侯二等。皇子封王，相當於先秦的諸侯，所以通稱"諸侯王"，如淮南王劉安，封國很大。漢初，異姓也封王，如韓信初封齊王，後改封楚王，又降為淮陰侯。後來"非劉氏不王"，異姓有功者最高封為侯，通稱"列侯"。漢武帝以後，諸侯王得在王國境內分封庶子為侯，稱為"王子侯"。漢代列侯食邑一般是縣，有的是鄉、亭，視所食邑多寡而定，所以後來有鄉侯、亭侯之稱。《後漢書·趙孝王良傳》："建武三十年，封栩（劉良孫）二子為鄉侯，建初二年，復封栩十子為亭侯。"三國以後，歷代封爵制度不盡相同，但同姓封王基本一致，異姓一般只封公、侯、伯、子、男，異姓封王極少。晉以後，爵號前加"開國"示尊貴。如宋代編《集韻》的丁度官稱、封號裏就有"濟陽郡開國侯"的封號，唐代顏真卿曾被封為丹陽縣子，唐姚崇封梁縣侯，實封二百戶。冠以"開國"者稱為開國爵，不加"開國"的稱為散爵。封地雖然有郡有縣，後來都成了虛名，宋代所謂食邑若干戶，食實封若干戶，並不表示實際的賦稅收入。

·· 二十等爵

戰國秦孝公時，商鞅變法，根據以功賜爵的原則，定了十八級爵，在此基礎上，形成了秦國的二十等爵。

戰國時期，秦的五大夫以上就有食邑，官大夫以下可以免除繇役，漢文帝以後，五大夫以上才可以免役。

等級	爵號	身　份
二十	徹侯	（相當於諸侯）
十九	關內侯	
十八	大庶長	軍將 （相當於卿）
十七	駟車庶長	
十六	大上造	
十五	少上造	
十四	右更	
十三	中更	
十二	左更	
十一	右庶長	
十	左庶長	
九	五大夫	軍吏 （相當於大夫）
八	公乘	
七	公大夫	
六	官大夫	
五	大夫	
四	不更	士卒
三	簪裊	
二	上造	
一	公士	

附表六　兩漢官秩簡表①

朝代 月俸 品秩③	西漢	東漢	東漢建平制④	
	米（斛）	米（斛）	米（斛）	錢
萬石	三百五十	三百五十		
中②二千石	一百八十	一百八十	七十二	九千
二千石	一百二十	一百二十	三十六	六千五百
比二千石	一百	一百	三十四	五千
千石	九十	八十	三十	四千
比千石	八十	無此秩		
六百石	七十	七十	二十一	三千五百
比六百石	六十	五十		
四百石	五十	四十五	十五	二千五百
比四百石	四十五	四十		
三百石	四十	四十	十二	二千
比三百石	三十七	三十七		
二百石	三十	三十	九	一千
比二百石		二十七		
百石	十六	十六	四斛八斗	八百
斗食	十一	十一		
佐史	八	八		

說明：① 轉錄自楊殿奎等《古代文化常識》。
② “中”是滿的意思，“比”是比照的意思。
③ “萬石”至“比二千石”為銀印青綬（shòu 粵 sau⁶，繫印紐的絲帶），“千石”至“比六百石”為銅印黑綬，“四百石”至“比二百石”為銅印黃綬。
④ 東漢建平制受俸皆半穀半錢。

10 教育科舉

學校
書館
學堂
國學
鄉學
義塾　塾學
私塾　私學
義學
庠序　序
束脩
稷下學宮
童生
童生試
縣試
府試
院試
秀才　生員
廩生
增生
附生
太學
監生　國子監

貢生
拔貢
優貢
副貢
恩貢
納貢
學政
祭酒
五經博士
教授
助教
歲考　歲試
科考　科試
書院
白鹿洞書院
嶽麓書院
東林書院
學海堂
詁經精舍
鄉試
大比
秋闈　秋試
會試　春闈　春試
禮部試

禮闈
殿試　廷試
三鼎甲
傳臚
朝考
博學鴻詞科
貢院
號房　號舍
北闈　南闈
經義
制義　制藝
八股文
時文　時藝
帖經
帖括
試帖詩
策問
彌封
墨卷　朱卷
及第
狀元
榜眼
探花
唱名

（一）教育

•• 學校

西周時，京城由國家設立的學校稱"學"，即國學；地方學校最高級別的稱"校"，設於鄉，稱"鄉校"。

《左傳》名篇有《子產不毀鄉校》。至漢代，郡設立的學校稱"學"，縣、道、邑或侯國設立的學校稱"校"，凡學與校畢業的學生，都有升入京城太學的資格。

•• 書館

漢代啟蒙學校。

據王國維《觀堂集林·漢魏博士考》："漢時教初學之所名曰書館。其師名曰書師，其書用《倉頡 (jié 粵 kit³)》、《凡將》、《急就》、《元尚》諸篇，其旨在使學童識字、習字。"

學堂

西漢的郡縣學校。

漢武帝時，蜀郡守文翁，為提倡教化，派遣郡縣小吏張叔等十餘人，去京城太學學習，習博士業，或學律令，數年後，學成歸蜀，先在成都建學宮，教授屬縣子弟，稱文翁學堂。文翁出行巡視各縣，帶領學宮高材生同行，以推進各縣興辦學堂，從此，蜀郡教化大盛。武帝正式承認郡縣的學宮（堂）制度，並大為推廣。清末通稱學校為學堂。

國學

西周設於王城及諸侯國國都的大學。

源於三代，夏曰校，殷曰序，周曰庠（xiáng ⑭ coeng⁴）。國學根據學生入學的年齡和程度的高下，分為大學與小學兩級，教育內容為禮、樂、射、御、書、數，合稱"六藝"。小學以書、數為主，大學以禮、樂、射、御為主。大學又有"太學"、"東序"、"成均"、"上庠"、"瞽宗"五院。為天子所設者曰"辟雍"，為諸侯所設者曰"頖（pàn ⑭ pun³）宮"。後世國學為京師官學的通稱，尤指太學和國子學。

鄉學

古代的地方學校，源於西周。

《禮記・學記》："古之教者，家有塾，黨有庠，術有序，國有學。"鄭玄注："術當為遂，聲之誤也。"周制，都城百里之內的地區為鄉，百里之外曰遂。故塾、庠、序均為周代鄉學之稱。

塾

西周設置於地方的初級學校。

《禮記・學記》載："古之教者，家有塾。"鄭玄注："古云仕焉而已者，歸教於閭里，朝夕坐於門，門側之堂謂之塾。"孔穎達疏："《周禮》，百里之內，二十五家為閭，共同一巷。巷首有門，門邊有塾。謂民在家之時，朝夕出入，恆受教於塾。"

義學　義塾

中國古代一種免費私塾。

經費主要來源於祠堂、廟宇地租，或由私人捐款資助。清朝後期，山東武訓以乞討置田產，興義學於堂邑、館陶、臨清，最有名。

私塾

舊時私學的一種。

有塾師自設的學館，有財主的家塾，也有以祠堂、廟宇的地租收入或私人捐款興辦的義塾。每個私塾一般只有一個塾師，採用個別教學，教材及學習年限不定。私塾在清代比較盛行。清蒲松齡《聊齋志異·促織》中成名"操童子業"，即塾師。

私學

中國歷代私人辦的學校。

西周時，學在官府，春秋時官學衰廢，私學勃然興起。孔子是私學的開創者。戰國時，私學替代了官學，各學派興辦學館，興學論戰，尤以儒墨兩派學館規模為大。私學是中國封建社會學校制度的重要組成部分。

庠序

中國古代的地方學校。

《禮記·學記》："黨有庠，術有序。"鄭玄注："術當為遂，聲之誤也。"孔穎達疏："黨，謂《周禮》五百家也；庠，學名也，於黨中以學，教閭中所升者也。"周制，都城百里之內的地區為鄉，百里之外曰遂。商代稱學校為序，周稱為庠；後人通稱鄉學為庠序。《孟子·梁惠王上》："謹庠序之教。"

稷下學宮

戰國時，齊國的高等學府。因設於都城臨淄稷下而得名。

齊桓公時設立，至齊湣(mǐn ⓟ man⁵)王時，發展最為昌盛，儒、法、墨、道、陰陽等各學派都匯集於此，興學論戰、評論時政、傳授生徒。當時的一些大師如荀子、孟子等都來到這裏講學。學宮裏有堂有室，有寢有庖，弟子至"數千百人"，規模宏大，成為戰國時期百家爭鳴的重要場所。

束脩

即十束乾肉。古代學生初次拜師時，為表示尊師，首先奉贈束脩(xiū ⓟ sau¹)。

孔子時代，已有此禮。《論語·述而》："子曰：'自行束脩以上，吾未嘗無誨焉。'"唐代學校仍有束脩之禮，並由國家明文規定，不過禮物的輕重，隨學校的性質而有差別。教師在接受此項禮物時，也要奉行一定的禮節。

童生

明清科舉制度，凡應考生員(秀才)之試者，無論年齡大小均稱"童生"，或稱"儒童、文童"。

其中有青年學子，也有已過青春之

人。俗語有"二十少（shào ⓹siu³）進士，五十老童生"。

童生試

明、清兩代，取得生員（秀才）資格的入學考試。

簡稱"童試"，亦稱"小考、小試"。童生試要經過縣試、府試（或直隸州、廳試）、院試三個階段。三年考兩次，丑、辰、未、戌年叫"歲考"，寅、巳、申、亥年叫"科考"。

縣試

明清童生試第一階段考試。

應試童生到縣禮房報名，填寫姓名、籍貫、年齡、三代履歷，並以同考五人互結，復請廩生作保。本縣縣官主持考試，試期多在二月。分四場或五場進行。各場分別考八股文、試帖詩、經論、律賦等。終場後，出長案，依成績排列名次，成績優秀的錄取，成績差的則不錄取，即名落孫山。錄取者名單送縣儒學署備案，取得參加府試的資格。

府試

明清童生試第二階段考試。

經縣試錄取的童生參加管轄該縣的府（或直隸州、廳）的考試，試期多在四月，報名手續及考試內容與縣試略同。考試錄取後，取得參加院試的資格。

院試

明清童生試最高階段考試。

清代由各省學政主持，因為學政本稱"提督學院"，所以叫作"院試"，經府試錄取的童生可以參加院試。學政於其駐地省會考試就近各府的應試童生，其餘各府，則以次分期案臨考試。院試分正試、複試兩場進行。揭曉名為"出案"，被錄取者即為生員（秀才），送入府、縣學稱作"進學"，也叫"入泮（pàn ⓹pun³）"，受教官的月課（檢查考核）與考校。

生員

唐代國學及州學、縣學規定學生員額，故稱"生員"。

明清時，在府、州、縣學讀書的學生稱"生員"，習慣上稱"秀才"，也叫"諸生"。

秀才

漢代以來薦舉人才的科目之一。

唐初，設秀才科，後漸漸廢去，僅作為一般儒生的稱呼。宋代凡應舉者都稱秀才。明、清兩代專用來稱府、州、縣學的生員為秀才。

廩生

科舉制度中生員名目之一。

明洪武二年（1369 年）令府、州、縣設學校，名額為：府學生員四十人，州學生員三十人，縣學生員二十人，每人給廩米六斗，以補助其生活。額內者為廩膳生員，即廩生。清沿明制，但須經歲、科兩考，名列一等者才能得廩生資格，成為資歷較深的生員。其名額和待遇，視府、州、縣大小而異。廩生可升入國子監（jiàn 🔊 gaam³）習業，稱"歲貢"。童生應試入學，須托廩生具保，無身家不清或冒名頂替等情況，稱"廩保"。

增生

科舉制度中生員名目之一。

明代按府、州、縣規定生員名額，每月給廩膳。於正額之外，再入學者為增廣生員，即增生。清制，生員歲、科兩試在一等前列者，方能補為增生或廩生，名額皆有一定。廩生有廩米，有具保童生入學的資格，而增生無，所以增生的地位次於廩生。

附生

科舉制度中生員名目之一。

明、清兩代，府、州、縣學有生員、廩生、增生，都有一定名額。明英宗正統元年（1436 年），又額外增收學生，附於諸生之末，是生員中資歷最低者，稱"附學生員"，簡稱"附生"。

太學

古代京城官辦的最高學府。

西周已有太學之名。《大戴禮記·保傅》："帝入太學，承師問道。"漢武帝元朔五年（前 124 年）始置太學，設五經博士，弟子五十人，研習五經（《周易》、《尚書》、《詩經》、《三禮》、《春秋三傳》）。東漢太學大為發展，順帝時太學有二百四十座房，一千八百五十室。質帝時，太學生達三萬人。王莽新朝時，漢光武帝劉秀、東漢名臣鄧禹、隱士嚴子陵是太學的同學。隋煬帝改國子寺為國子監，唐代在國子監設國子、太學、廣文、四門、律、書、算七學。宋代也兼設國子、太學。明代以後，不設太學，只設國子監，在太學讀書的學生稱"太學生"。唐韓愈《進學解》："國子先生晨入太學。"明宋濂《送東陽馬生序》："東陽馬生君則在太學已二年，流輩甚稱其賢。"

·· 國子監

中國古代的最高學府。

晉武帝咸寧二年（276 年）始設。《周禮·師氏》："以三德教國子"，晉武帝據此而立國子學，以教育五品以上官員子弟。咸寧四年（278 年），置國子祭酒、博士各一人，助教十五人，以教生徒。從此國子學與太學並存。南北朝時，或設國子學，或設太學，或兩者同設。北齊改名國子寺，隋改名國子監。唐代國子監設祭酒一人，司業二人，又是教師，又是管理者，總管國子、太學、廣文、四門、律、書、算七學。掌教者稱博士及助教。宋元後，漸予合併，僅存國子一學。明洪武十五年（1382 年）於南京雞鳴山下設國子監，成祖永樂元年（1403 年）在北京又設國子監，明代遂有京師國子監與南京國子監之別。明清時期，國子監還兼有教育管理機構的職能。光緒三十一年（1905 年）設學部，國子監廢止。唐代韓愈曾任國子博士、國子祭酒。

·· 監生

國子監的生員。

宋代除國子監及其下屬各學生員稱監（jiàn ⑧ gaam³）生外，司天監（jiàn ⑧ gaam³）也有監生。明代監生分為四類：舉監、貢監、蔭監、例監。舉監是指參加京師會試的落選舉人，復由翰林院擇優送入國子監學習者。貢監是以人才貢獻入監學習之意。明洪武初規定，凡天下府、州、縣各學，每年貢舉一名到國子監學習。後來名額略有變更，但因貢舉生員的標準徒具虛名，致使僅以食廩膳年久者為先，往往是一些年長而無學識的人入監讀書，所以監生成績差劣。至孝宗時，又於各府、州、縣常貢之外，每三、五年再行選貢一名，通過考試把學行兼優、年輕有為者選貢入國子監讀書。蔭監是指三品以上官員子弟和勳戚子弟，不用通過考試入國子監讀書的監生。例監是指因監生缺額，或因國家有事，財用不足，平民納粟於官府後，特許其子弟入監讀書者，故又稱"民生"。清代，國子監的學生分監生和貢生。監生有四類：恩監、蔭監、優監、例監。貢生有六類：歲貢、恩貢、拔貢、優貢、副貢、例貢。乾隆以前，對監生加以嚴格考試，後來僅存虛名，一些未入府、州、縣學而欲應鄉試考取舉人，或未得科舉而欲入仕做官者，都可以先行捐納若干取得監生資格，但不一定在監讀書。

·· 貢生

科舉制度中，府、州、縣學的生員，凡經考選升入京城國子監習業的稱為"貢生"，是監生的一類。

明、清兩代貢生有不同的名目。明

代有歲貢、選貢、恩貢、納貢，清代有恩貢、拔貢、副貢、歲貢、優貢、例貢。

拔貢

清初，每六年選拔府、州、縣學的生員入國子監讀書，稱"拔貢"。

乾隆七年（1742 年）定制：每十二年（逢酉年）由學政於府、州、縣學廩生中選拔詩文品行優秀者，與總督、巡撫匯考核定，貢入京師，稱為"拔貢生"。在京先參加會考，優者再行朝考，與舉人考進士相類。成績在一二等者，引見錄用為官，三等入國子監習業。更下者罷歸，謂之廢貢。

優貢

科舉制度中貢入國子監的生員的一種。

清制，各省學政三年任滿，根據府、州、縣學教官選定的在學生員中品行詩文俱優者上報的名額，會同總督、巡撫進行"三院會試"，按一定額數錄取優秀者入國子監學習，此類貢生稱"優貢"。但學政考取後，到京還要經過廷試，合格了方予認可。

副貢

科舉制度中貢入國子監的生員的一種。

副榜錄取的貢生。明代嘉靖年間，鄉試始行副榜，即在正榜（舉人榜）外，另出副榜，沒考上舉人，成績還不錯的，選取若干名，列在副榜，允許做貢生，稱為"副貢"。不能和舉人同赴會試，但下科仍然可以參加鄉試。清沿明制，也有鄉試列於錄取名額以外的備取副榜，可以直接進入國子監習業，叫作"副貢"。

恩貢

科舉制度中貢入國子監的生員的一種。

明清規定，凡遇皇帝登極、生太子或皇室其他慶典，皇帝頒行"恩詔"之年，除歲貢之外，加選一次，稱為"恩貢"。清代允許"先賢"後人入國子監的，也稱"恩貢"。

納貢

科舉制度中貢入國子監的生員的一種。

明、清兩代，府、州、縣學的生員，由捐納白銀若干而取得貢生資格，可以進國子監習業的貢生稱"納貢"。

學政

管理學校教育的職官。

《周禮・春官》中有"大司樂掌成均之法，以治建國之學政"。清代設"提督學政"，簡稱"學政"，也稱"督學使者"。由朝廷派往各省，至所屬各府、廳，主持童生考試或考試生員。學政須由侍郎、京堂、翰林、科道以及部屬等官中的進士出身者選充，三年一任，不問本人官階大小，任期內得與總督、巡撫一同主考。

祭酒

古代主持太學或國子監的長官。

古代祭祀或宴會時，由年高望重一人舉酒祭神，所以祭酒原是一種榮譽之稱，後來指學宮的主持人。戰國時，荀子在齊國臨淄稷下學宮"三為祭酒"，被尊為卿。漢武帝於太學設五經博士，長官稱僕射（yè 🔊 je⁶）。東漢光武帝時，立五經十四博士，由掌選博士之官的太常選出其中有威望者一人為祭酒，作為總管教務的長官，祭酒從此成為學官名。西晉改稱"國子祭酒"，主管國子學或太學。隋以後稱"國子監祭酒"。一直延續至清末。唐代韓愈曾為國子祭酒。

五經博士

漢武帝在太學設五經博士，教授弟子。

漢初，《易》、《書》、《詩》、《禮》、《春秋》每經只有一家，每經設一博士教授，故稱"五經博士"。其後，研究五經的學者漸增至十四家，皆在太學授課，所以也稱"五經十四博士"。

教授

學官名。職事近於漢唐所置博士。

宋代，宗學（皇族子弟學校）、律學、醫學、武學以及各路（地方行政區域）、州、縣學均設置教授，教學生四書五經，並掌管學生考核考試諸事，位居提督學事司之下。元、明、清各代也都設置教授。

助教

學官名。

西晉咸寧二年（276 年）立國子學，始設助教，協助國子祭酒和國子博士講授儒家經學。以後除個別朝代外，國學中都設經學助教，分別是國子助教、太學助教、四門助教、廣文館助教等。州（郡）、縣學亦有助教一職。北魏增設醫學助教，隋增算學助教，唐增律學助教，以協助博士傳授專門技術知識。宋代廢止。明清僅在國子監設助教。

歲考　歲試

明、清兩代，省裏的學政（又稱督學使者）對所屬府、州、縣學在學的生員的考試。

歲考是三年兩次，由各省學政巡回分批次地對所屬府、州、縣生員進行考試，廩生、增生、附生都必須參加考試，依其成績分為六等，一、二、三等有獎，四等以下受罰甚至除名。道光以後稍微放寬，僅列一、二、三等，列四等的很少。

科考　科試

中國封建社會時期選拔人才的考試制度。

清代每屆鄉試前一年，各省學政巡回分批次地對所屬府、州、縣生員進行考試，凡科考一、二等和三等前十名准予參加鄉試。

書院

古代官方藏書、校書或私人讀書治學之所。

書院之名始於唐代。唐玄宗開元六年（718 年）以乾元院為麗正修書院（亦稱麗正書院），開元十三年（725 年）又改稱集賢殿書院。這種官方設立的書院不同於聚徒講學的書院，其主要任務是收藏、校勘古今書籍，幫助皇帝了解經典史籍，並薦舉賢才和向朝廷提建議，供皇帝選用和參考。以讀書講學為內容的書院，有時間可考的，是唐貞觀九年（635 年）在遂寧創辦的張九宗書院。唐貞元中，李渤隱居讀書於廬山白鹿洞，至南唐時，即其遺址建立學館，以授生徒，稱"廬山國學"，後改稱"白鹿洞書院"。唐末至五代，戰亂連年，學校廢毀，學者多擇名山勝地構建書院，作為研究學術和聚徒講學的場所。宋初著名書院有白鹿洞、石鼓、應天府、嶽麓等四大書院。南宋書院大興，幾遍全國。原為民辦，後經朝廷賜額、賜田、獎書、委官，遂成半民半官性質地方教育機構。掌教者稱山長、山主或洞主。元、明、清三代書院亦盛。

白鹿洞書院

建於江西廬山五老峰東南，原是唐代李渤（785—805 年）隱居讀書的地方。

李渤養白鹿自娛，人稱白鹿先生。寶曆中（825—827 年）任江州刺史，在此建台榭，名之為"白鹿洞"。南唐時，白鹿洞置田建立學館，命國子監李善道為洞主，教授生徒，稱"廬山國學"。宋太宗時改名為"白鹿洞書院"，常有生徒數千百人，詔賜國子刊印的監本九經供生徒習業，為當時四大書院之一。南宋孝宗淳熙元年（1174年），朱熹為南康太守，加以重修，訂立教規，並曾講學其中。白鹿洞書院為南宋書院的典範，並影響後世書院的發展。

嶽麓書院

在湖南長沙嶽麓山抱黃洞（今湖南善化西）下。

宋太祖開寶九年（976年）潭州太守朱洞創建。建講堂五間，齋舍五十二間，接待四方學者。真宗咸平二年（999年），郡守李允則重修，擴大規模，有生徒六十餘人，並請國子監頒賜經書。大中祥符年間，山長周式又加擴建，真宗召見周式，命為國子監主簿，使歸教授，並賜"嶽麓書院"匾額。為當時四大書院之一。南宋孝宗時，朱熹為潭州守，仿白鹿洞書院例設立學規，內容更為完善，四方學者聞風而至。清末，王先謙曾任嶽麓書院山長。

東林書院

院址在江蘇無錫。

原是北宋楊時講學的場所，元代廢為僧舍。明萬曆三十二年（1604年）被革職的吏部郎中顧憲成，與弟顧允成在楊時講學舊址重建書院，榜

其門額曰"東林書院"，與同好高攀龍共主其事。書院以朱熹制定的"白鹿洞學規"作為院規，又訂立"東林會約"，主旨是要求師生繼承楊時精神，上承周敦頤、程顥、程頤，下接朱熹理學大師學術觀念，反對明代王守仁創立的"心學"。據《明史‧顧憲成傳》，當初純事講學，後來，顧憲成等在講學之餘，"諷議朝政，裁量人物"，抨擊魏忠賢等閹黨。一時"士大夫抱道忤時者，率退處林野，聞風響附"，一部分在職官吏也"遙相應合"，被稱為東林黨。天啟五年（1625年），黨禍大作，許多東林黨人被迫害致死，書院被毀。崇禎年間，又稍修復。

學海堂

清代著名書院。院址在廣州城北越秀山。

道光五年（1825年），阮元任兩廣總督時創辦，並曾在此講學。院內不設山長、院長，設學長八人，分別授課。學生則從《十三經註疏》及《史記》、《漢書》、《後漢書》、《三國志》、《昭明文選》、《昌黎集》、《朱子大全》諸書中任選一門，做學習筆記，交學長評閱指點。後來，學海堂師生中，文史名家輩出。學海堂刻印《學海堂集》、《學海堂經解》（後改稱《皇清經解》）。《皇清經解》由阮元主編，蒐集清初至嘉慶年間

的經學著作七十四家，共一百八十餘種，一千四百餘卷，匯集清代學者在文史語言方面考訂訓釋成果，對後世及現代文史語言研究貢獻很大。

∙∙ 詁經精舍

清代書院。院址在杭州西湖孤山。

嘉慶年間，阮元任浙江巡撫時所建，教學內容為經史疑義及小學（文字、音韻、訓詁）、天文、地理、算法等。阮元《西湖詁經精舍記》："及撫浙，遂以昔日修書之屋五十間，選兩浙諸生學古者，讀書其中，題曰詁經精舍。精舍者，漢學生徒所居之名；詁經者，不忘舊業，且勗（xù ⬛ juk¹）新知也。"（勗：助）來此求學的學子都是放棄了舉子業，專攻學問的人。阮元、王昶（chǎng ⬛ cong²）、孫星衍、俞樾（yuè ⬛ jyut⁶）等國學大師先後在此講學，章太炎曾入詁經精舍從俞樾受業。詁經精舍學子合編《經籍籑詁》一百六卷，又選刊學生文章編成《詁經精舍集》。同治十二年（1873年），沈仲復在上海創辦詁經精舍，請俞樾主講，不尚詩文，專講經史。

（二）科舉

∙∙ 鄉試　秋試
秋闈　大比

明、清兩代從生員中選取舉人的考試，每三年在京城和各省城的貢院舉行。

每逢子、卯、午、酉年（古代以甲子紀年）考試為正科，遇慶典加科為恩科。應試資格為：府、州、縣學的生員獲得科試及格者，國子監的監生及各類貢生，讀書而未做官者，以及做官而未入流者（九品十八級以外的官吏），由有關的官府選送應試。考試分三場，每場三日，考生都要吃住在裏面。考後正式發榜，叫正榜，正榜所錄取的是本科中式舉人，第一名稱解（jiè ⬛ gaai³）元，明代唐伯虎就是解元。另有副榜，錄取副榜舉人若干名，為副貢生，每正榜五名取副榜一名，以後可不參加歲試、科試而直接參加鄉試。《儒林外史·范進中舉》："因是鄉試年，做了幾個文會。"凡考中的舉人，必謁見判卷並推薦的房師及主考的座師，拜主考為座主，自稱門生。據宋錢易《南部新書》戊集載，唐代崔澹（xiè ⬛ haai⁶）參加科舉考試，被考官崔沆（hàng ⬛ hong⁴）錄取，落第秀才嘲諷說："座主門生，沆瀣一氣。"鄉試又稱"大比"，因在農曆八月舉行，所以又稱"秋試、秋闈（wéi ⬛ wai⁴）"。

會試　春試　春闈
禮部試　禮闈

明、清兩代,每三年一次在京城舉行的考試。

鄉試後第二年二、三月在禮部舉行,各省的舉人皆可參加考試。《明史·選舉志》:"鄉試……次年,以舉人試之京師,曰會試。"在丑、辰、未、戌年舉行。由皇帝特派正副總裁主考官主持。另有同考官和各類工作人員。考試分三場為正科。如果鄉試有恩科,次年也有會試,稱會試恩科。"會試以二月",因此也稱"春試、春闈"。唐代的進士考試本由吏部的考功員外郎主持,後來由尚書省的禮部侍郎主持,通稱"省試"。歷代相沿,科舉即為禮部的專職,因此,也稱會試為"禮部試、禮闈"。會試考中者稱貢士,也稱"中式進士",其名額以三百人為常,中式者參加下月的殿試。第一名稱會員。會試後一般要舉行複試。

殿試　廷試
三鼎甲　傳臚

殿試亦稱"廷試"。皇帝對會試錄取的貢士在殿廷上親自策問的考試。

《明史·選舉志》:"會試……中式者,天子親策於廷,曰廷試,亦曰殿試。"殿試在三月初一。漢代皇帝親自策問各地的賢良文學之士,為殿試之始。武則天時,曾測試貢士於洛城殿。宋太祖開寶五年(972年),禮部試進士諸科三十八人,太祖召對講武殿,錄取進士二十二人,賜與及第。此後,省試之後進行殿試,遂為常制。宋太平興國八年(983年)開始,把進士分為五甲。元順帝時,把進士分為三甲,一甲只限三人。明、清兩代,鄉試之後,齊集京師會試,會試考中的貢士再行殿試,以定甲第。一甲三名,賜進士及第,第一名稱狀元,第二、三名稱榜眼和探花,為三鼎甲。二甲若干名,賜進士出身,第一名稱傳臚(lú ⑧ lou⁴)。三甲若干名,賜同進士出身。

朝考

清代殿試錄取的新科進士,二、三甲須再次進行殿試,由皇帝特派大臣閱卷,稱為"朝考"。

《清史稿·選舉志》:"〔雍正五年〕殿試後,集諸進士保和殿考試","是為朝考之始"。按詩文四六駢體各體出題,視其所能,或一篇,或二、三篇,或各例皆作,悉聽其便。結合殿試名次,由皇帝分別決定應授何種官職,最優者用為翰林院庶吉士,其餘分別用為主事、中書、知縣等職。庶吉士在翰林院內特設的教習館(也稱庶常館)習業三年,期滿後舉行"散館"考試，成績優秀的分別授予翰林院編修、翰林院檢討，其餘分發各部任主事，或分發各省任知縣。

博學鴻（宏）詞科

科舉名目的一種，始於唐開元年間，直至宋末。

唐代鄭昉、陶翰以博學宏詞及第。清康熙、乾隆重設，因避乾隆弘曆名諱而改為博學鴻詞科，此科不常設，除生員、監生可參加考試，特別徵選明末遺老名家碩儒參加考試。傅山，陽曲（山西太原）人，明諸生，明亡，隱居不仕，康熙十七年（1678年），徵其參加博學鴻詞試，屢辭不獲，抵都門，復以老病辭。長洲（今蘇州）尤侗，以鄉貢除永平推官，坐事貶官。康熙中召試博學鴻詞，授翰林院檢討。博學鴻詞，或稱"賢良方正"，或稱"直言極諫"。

貢院

科舉時代舉行鄉試、會試的場所。

唐玄宗開元二十四年（736年），進士考試改由吏部主持，"始置貢院"。清代貢院通常建於城內東南方。北京的貢院在建國門內，現為中國社會科學院等所在地，號舍在北邊。南京的貢院在秦淮河東岸夫子廟旁。貢院內分三進，一進，頭門、儀門、龍門，後面便是明遠樓，東西兩側便是參試者考試、休息的號舍。二進，中間是至公堂、戒慎堂，東西兩側有許多房舍，供管理人員辦公、食宿。二進後面有門通三進，此門在二進稱外簾門，在三進稱內簾門，故而在二進辦事者稱外簾官，在三進的主考官及眾多的閱卷考官稱內簾官。

號房　號舍

古代州、郡的學舍、貢院考試的單間屋。也稱"號子"。

《明史·選舉志二》："試士之所，謂之貢院；諸生席舍，謂之號舍。"即應試者答卷和食宿之所，人各一間，每間有編號。號舍一排一排的，每排若干間，最後一間是廁所，排與排之間相距三四尺，為通道，供監考巡視用。鄉試、會試皆三場，每場三天，三天裏，考官、各類管事人員、考生都吃住在裏面。

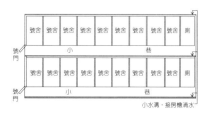

號門號舍簡圖

北闈　南闈

明代禮部會試考場，稱"禮闈"。

《明史‧選舉制》："初制，禮闈取士，不分南北。"洪熙元年（1425年），南人、北人分別取中，名額各有規定，稱為"南闈（wéi ⑨wai⁴）、北闈"。宣德、正統年間，又分南、北、中闈。又北京的順天鄉試貢院，也稱"北闈"；南京的應天鄉試貢院也稱"南闈"。清代順天、江南鄉試，也稱"北闈、南闈"。

經義

科舉考試所用文體之一。

自宋代始，以儒家經書文句為題，使考生論其意義，故稱"經義"。明清時，論述經義必須依照朱熹的《四書集注》，並有一定行文格式，形成八股文體。《明史‧選舉志》："經義一道，三百字以上。"

制義　制藝　時藝　時文

明、清兩代科舉考試所規定的文體名，即八股文。

《明史‧選舉志》："其文略仿宋經義，代古人語氣為之，體用排偶，謂之八股，通謂之制義。"又寫作"制藝"，也稱"時藝、時文"。《聊齋志異‧嬌娜》："類皆古文詞，並無時藝。"

八股文

即制義，也稱"四書文、八比文"。

明清科舉考試制度所規定的文體。始於明代，盛行於清代。此種文體有一套死板固定的格式。規定由破題、承題、起講、入手、起股、中股、後股、束股八個部分組成，每一部分的句數、句型也都有一定的規定。"破題"共兩句，說破題目的意義。"承題"三句或四句，承接破題的意義而加以說明。"起講"概說全文，是議論的開始，略似現今的新聞導語。"入手"是"起講"與後文的銜接處。"起股、中股、後股、束股"才是正式的議論，而"中股"是全篇的重心。在這四股中，每股又有兩相排比對偶的文字，每股少則四句，多至二十句，合共八股，所以稱為"八股文"或"八比文"。八股文又分"正格、變格"。正格即排比對偶為八股者，變格即排比對偶不是八股，而是六股或十六股、十八股者。每篇字數在三百字至七百字之間。八股文的題目，都在《四書》、《五經》之中，故也叫"四書文"。八股文的內容，只許"代聖人立言"，不許考生自由發揮，不許超出《四書》、《五經》的範圍。對經文的解釋，也必須遵照官方規定的朱熹的《四書集注》等書。

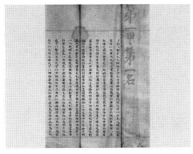

八股文試卷（局部）

帖經

唐代考試制度，明經科以"帖經"試士。

《通典‧選舉三》："帖（tiě 🔊 tip³）經者，以所習經，掩其兩端，中間唯開一行，裁紙為帖。凡帖三字，隨時增損，可否不一，或得四、得五、得六者為通。"《舊唐書‧文宗紀下》："其進士舉，宜先試帖經，並略問大義，取經義精通者放及第。"即把應試者應考的經書打開，兩側的文字都蓋上，只留一行，再用紙條（帖）蓋上其中的三個字，或四、五、六個字，讓應試者根據這一行的上下文，把蓋上的幾個字讀出來或寫出來，並說明連同上文的大意。精通者及第。

帖括

唐代明經科以帖經取士。後因應試人多，熟題不易區別優劣，考官便常常選偏僻的章句為題。這樣的章句應試者平時不熟，不易回答上來，便總括偏僻隱幽的經文，編成歌訣，熟讀記憶，以應付考試，這冊歌訣就叫"帖（tiě 🔊 tip³）括"。

實際上相當於資料索引。《新唐書‧選舉志下》："明經者但記帖括。"明、清兩代，八股文也稱"帖括"。

試帖詩

應試的詩稱試帖詩，以古人詩句或成語為題，冠以"賦得"二字。也稱"賦得體"，實即排律。

唐代開耀元年（681 年），考試除策問外，加試一詩一賦。試帖詩的體裁既非律，又非絕，或五言，或七言，或十二句六韻，或十六句八韻。開頭兩句見題，中間八句或十二句各相對，最後兩句作結。如唐張嗣初，貞元八年（792 年）進士，試帖詩題為《賦得白雲起封中》："英英白雲起，呈瑞出封中。表聖寧因地，逢時豈待風。浮光彌皎潔，流影更沖融。自叶（xié 🔊 haai⁴）堯年美，誰云漢日同。金泥光乍掩，玉檢氣潛通。欲與非煙並，亭亭不散空。"再如白居易的《賦得古原草送別》也是試帖詩。自從宋代熙寧年間後直至明代，科場中不試詩賦。清代科舉考試仍有"試帖詩"，排律格式限制更嚴。

·· 策問

唐代科舉考試的一種文體。較帖經等程度深而重要，各科的及格與否，全由最後策問的優劣而定。

秀才科須試方略策五道，明經科須試答時務策三道，進士科須試時務策五道，開元禮科、三傳（zhuàn🔊 zyun6，指《春秋左氏傳》、《春秋公羊傳》、《春秋穀梁傳》）科及史科須試策三道。策問的文體，唐初大體多重駢體文，後亦漸用散文。一般士子在應試前，往往把過去的策問卷編綴而熟讀之，對古籍經典反而不甚重視。《古文觀止》中蘇軾的《刑賞忠厚之至論》就是一篇策問。

·· 墨卷　朱（硃）卷

科舉制度中試卷名目。明、清兩代鄉試、會試場內試卷，應試者一律用墨筆繕寫，故稱"墨卷"。謄錄試卷者用朱筆謄寫，故稱"朱（硃）卷"。

《明史·選舉志》："考試者用墨，謂之墨卷。謄錄者用朱，謂之硃卷。"《清史稿·選舉志》："士子用墨，曰墨卷，謄錄用朱，曰硃卷。主考墨筆，同考藍筆。"為了防備考官認

識試卷筆跡，徇私舞弊，將墨卷彌封糊名，付謄錄人用朱筆謄寫，然後送考官批閱，硃卷上只寫編號，不寫姓名。

·· 彌封

科舉考試，為防止參試者同考官作弊，考生試卷寫姓名處，由彌封官反轉折疊，用紙釘固糊名，上蓋印章，稱"彌封"。

此制始於唐代武則天時，"武后以吏部選人多不實，乃令試日自糊其名，暗考以定其等第"。宋真宗景德年間，彌封之法成為定制。一直沿用至清末。鄉試、會試的試卷皆用彌封法，用《千字文》編"紅號"，另有謄錄人員將考試的墨卷用朱筆謄寫，號字與墨卷相同，稱硃卷，送考官評閱，取中的硃卷按號字調取墨卷，拆卷唱名寫榜。

·· 及第

指科舉考試中選。

宋高承《事物紀原·學校貢舉》："漢之取士，其射策中者謂之高第，隋唐以來，進士諸科遂有'及第'之目。"明清進士參加殿試，一甲三名，都賜進士及第；名列二甲者賜進士出身，名列三甲者賜同進士出身，都不叫及第。

狀元

科舉考試名列第一者稱"狀元"。

唐制，各地赴京舉人參加禮部考試都須投狀，寫明姓名、年歲、出生地（地位）、學歷或經歷，因而進士科及第的第一名稱狀元或狀頭。宋太祖開寶六年（973 年）以前，常稱榜首，開寶八年（975 年）定禮部複試之制，才以殿試頭名稱狀元。明清殿試分三甲取士，一甲三名，第一名為狀元，第二名為榜眼，第三名為探花。

榜眼

科舉制度中殿試一甲第二名。

始於北宋初年，當時，殿試第二、三名都稱榜眼，意為榜中之雙眼。南宋以後，專指殿試一甲第二名。

探花

科舉制度中殿試一甲第三名。

唐時，新科進士在曲江杏園舉行"探花宴"，以進士中少年俊秀者兩三人為探花使，又稱探花郎，遍游名園，折取名花，妝點此宴。南宋以後，專指殿試一甲的第三名。

唱名

殿試後，宣讀皇帝詔命，宣讀中選進士名單，即唱名。

其制始於宋代，宣唱名次之日，參加考試的貢士，匯集於集英殿前，皇帝至殿宣唱，由閤門傳接重唱，轉傳至階下，由衛士六七人齊聲傳名而高呼。明、清兩代，二甲第一名稱"傳臚"。

樂

（一）音律

•• 五音　五聲　七聲

五音又叫"五聲"，古代指宮、商、角、徵（zhǐ ⏺ zi²）、羽五個音階，相當於現代簡譜中的１、２、３、５、６。

五聲中各相鄰的兩聲間音程（即兩聲間高度的距離），除角（3）與徵（5）、羽（6）和高八度的宮（i）之間音高為小三度（音樂術語）外，都是大二度（音樂術語）。後來，將徵（5）、宮（1）各降半音，便出現了變徵（4）、變宮（7），古樂從五聲發展成七聲音階：宮（1）、商（2）、角（3）、變徵（#4）、徵（5）、羽（6）、變宮（7）。我們聽音樂時，也總能感覺到變徵（4）、變宮（7）是半音。《史記・刺客列傳》："至易水之上，既祖，取道。高漸離擊筑，荊軻和而歌，為變徵之聲，士皆垂淚涕泣。"（既祖：宴別）

古人常把五聲與五行、五方、四季相配（見第8頁【五行】條"五行相配表"）。因此，在古書中常可見到寫某季節時，連帶寫到和這個季節相關的音階和方位。如宋歐陽修《秋聲賦》："商聲，主西方之音……商，傷也，物既老而悲傷。"就把秋季、商聲和西方配合在一起了。

•• 六律　十二律
　律呂

我國古代定音方法，簡稱"律呂"。

古稱六律，實則十二律，即古樂的十二個調。律，本指用來定音的竹管，用十二個粗細一致長度不同的律管，可吹出高度不同的標準音，以確定樂音的高低，因此，這十二個標準音也就叫作十二律。這是將一個八度分為十二個不完全相等的半音的一種方法。各律有固定的音高和特定的名稱。大致相當於現代音樂中的十二個調。由低到高依次排列為：

1 黃鐘 C　2 大呂 ♯C　3 太簇 D
4 夾鐘 ♯D　5 姑洗 (xiǎn 🔊 sin²) E
6 中呂 F　7 蕤 (ruí 🔊 jeoi⁴) 賓 ♯F
8 林鐘 G　9 夷則 ♯G　10 南呂 A
11 無射 (yì 🔊 jik⁶) ♯A　12 應鐘 B

十二律又分為陰陽兩類，奇 (jī 🔊 gei¹) 數稱"六律"，為陽律；偶數稱"六呂"，為陰律，合稱"律呂"。黃鐘、大呂連用，形容音樂或文辭莊嚴、正大、和諧、高妙。《列子·楊朱》："黃鐘大呂不可從煩奏之舞，其音疏也。"

上古時代，人們又把樂律和曆法聯繫起來，把十二律和十二個月相配。見《禮記·月令》。

正月太簇	二月夾鐘	三月姑洗	四月中呂
五月蕤賓	六月林鐘	七月夷則	八月南呂
九月無射	十月應鐘	十一月黃鐘	十二月大呂

宋歐陽修《秋聲賦》："夷則為七月之律……夷，戮也，物過盛而當殺。"三國魏曹丕《與吳質書》："方今蕤賓紀時，景風扇物。"指仲夏五月。《史記·樂書》也將十二律與十二月相配。黃鐘（十一月），第一律，聲調最洪大響亮。"黃鐘者，陽氣踵黃泉而出也。"大呂（十二月），第二律。"大呂：呂，旅也，言陰大，旅助黃鐘宣氣而牙物也。"（牙：萌芽，生長）太簇（正月），第三律。也作"大 (tài 🔊 taai³) 簇、泰簇"。"泰簇者，言萬物簇生也，故曰泰簇。"夾鐘（二月），第四律。"夾鐘者，言陰陽相夾廁也。"姑洗（三月），第五律。"姑洗者，言萬物洗生。"中呂（四月），第六律。也作"仲呂、小呂"。"中呂者，言萬物盡旅而西行也。"蕤賓（五月），第七律。"蕤賓者，言陰氣幼少，故曰蕤；痿陽不用事，故曰賓。"林鐘（六月），第八律。也作"函鐘"。"林鐘者，言萬物就死，氣休休然。"夷則（七

月），第九律。"夷則，言陰氣之賊萬物也。"南呂（八月）第十律。"南呂者，言陽氣之旅入藏也。"無射（九月），第十一律。"無射者，陰氣盛，用事，陽氣無餘也，故曰無射。"應鐘（十月），第十二律。"應鐘，言陰氣應無射，該臧（藏）萬物雜陽閡種也。"【閡（hài 粵 ngoi6）：藏】

旋宮

古代以七音配十二律，每律都可用作宮音，稱"旋相為宮"或"還相為宮"，簡稱"旋宮"。

《禮記·禮運》："五聲、六律、十二管旋相為宮。"就是指十二律輪換用作宮音，以構成不同音高的五聲音階或七聲音階，意即用十二律中任何一律做宮音，可翻出十二個調來，即轉調（包括調高與調式的變換）。以各律為宮所建立的音階稱作"均"，如以黃鐘為宮的音階稱"黃鐘均"，以大呂為宮的音階稱"大呂均"。

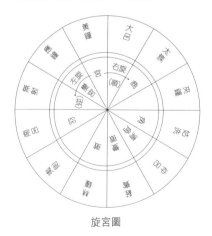

旋宮圖

律管　三分損益法

律管是用來定音的竹管，用十二個長度不同的律管吹出十二個不同的標準音，來確定樂音的高低。

律管的長度是固定的，長管發音低，短管發音高。蔡邕（yōng 粵 jung1）《月令章句》："黃鐘之管長九寸，孔徑三分，圍九分。其餘皆稍短，唯大小無增減。"以黃鐘為準，黃鐘管長九寸，減三分之一，是林鐘管長；林鐘管長增三分之一，是太簇管長；太簇管長減三分之一，是南呂管長；南呂管長增三分之一，是姑洗管長；姑洗管長減三分之一，是應鐘管長；應鐘管長增三分之一，是蕤賓管長；蕤賓管長減三分之一，是大呂管長；大呂管長減三分之一，是夷則管長；夷則管增三分之一，是夾鐘管長；夾鐘管長減三分之一，是無射管長；無射管長增三分之一，是中呂管長。這就是十二律相生的三分損益法。十二個律管長度有一定比例，十二個標準音也就有了一定比例。五音相生法最早見於《管子·地員》篇，和現代所謂的五度相生律是一樣的，即利用第三泛音（高十二度）對第二泛音（高八度）間距離的頻率推算法。

十二律管長度數值表

律名	管長	
	寸	厘米
黃鐘	9	20.78
大呂	8.43	19.46
太簇	8	18.47
夾鐘	7.49	17.29
姑洗	7.11	16.42
中呂	6.66	15.38
蕤賓	6.23	14.59
林鐘	6	13.85
夷則	5.62	12.98
南呂	5.33	12.31
無射	4.99	11.52
應鐘	4.74	10.94

•• 樂調

在宮、商、角、徵（zhǐ ⓐzi²）、羽五個音級中，古人通常以宮作為音階的第一級音，商、角、徵、羽也可以作第一級音。

如以角作第一級音，五聲音階則為：角（3）、徵（5）、羽（6）、宮（i）、商（ż）。音階的第一級音不同，調式就不同。以宮為音階起點的就是宮調式，以商為音階起點的就是商調式，同樣還可有角調式、徵調式、羽調式。宮調式裏，宮就是樂曲旋律中最重要的居於核心地位的主音。其他調式同此。這樣，

五聲音階就可以有五種主音不同的調式，同樣，七聲音階就可以有七種主音不同的調式。如《史記・刺客列傳》："高漸離擊筑（zhú ⓐzuk¹），荊軻和而歌，為變徵之聲，士皆垂淚涕泣。又前而為歌曰：'風蕭蕭兮易水寒，壯士一去兮不復還。'復為羽聲慷慨，士皆瞋目，髮盡上指冠。"這裏說的變徵之聲是變徵調式，羽聲是羽調式。不同的調式有不同的音色，產生不同的音樂效果。

宮、商、角、徵、羽只有相對的音高，沒有絕對的音高。它們的音高要由律來確定。如把黃鐘定為宮音，叫"黃鐘宮"，把大呂定為宮音，就叫"大呂宮"。宮音確定，其他各音用哪個律就確定了。見下表：

五聲十二律＼宮調	黃鐘宮	大呂宮
黃 鐘	宮	
大 呂		宮
太 簇	商	
夾 鐘		商
姑 洗	角	
中 呂		角
蕤 賓		
林 鐘	徵	
夷 則		徵
南 呂	羽	
無 射		羽
應 鐘		

理論上，十二律都可以確定宮的音高，這樣就可能有十二種不同音高

的宮調式，商、角、徵、羽各調式同此，即各有十二種不同的調式。五聲音階的五種調式，用十二律定音，可各得十二調，共六十調。同樣，七聲音階七種調式用十二律定音，可得八十四調。但這只是理論上的組合，實際古人並不全用。古人把以宮為主音的調式稱之為“宮”，以其他各聲為主音的調式統稱為“調”。隋唐燕樂只有二十八宮調，南宋詞曲音樂只用七宮十二調，元代北曲只用六宮十一調，明清以來南曲只用五宮八調。常用的是五宮四調，通稱為“九宮”。

·· 工尺譜

我國傳統記譜法的一種。

約產生於隋唐時，由一種管樂器的指法記號演變而成。常見的是用上(1)、尺 (chě 粵 ce²) (2)、工 (3)、凡 (4)、六 (5)、五 (6)、乙 (7) 七個音階。高八度的各音加“亻”旁做標記，即仕、伬、仜、仈、伬、伍、亿。低八度各音，上、尺、工末筆帶撇，即 上、尺、工。六、五、乙改成合、四、一。節奏則用板眼記號、×·○∟△等表示。

·· 樂府

樂府本來指的是漢武帝時正式建立的中央政府音樂官署。樂就是音樂，府就是官府。與文學中詩詞曲的樂府不是一回事。

“樂府”之名，在漢初即有了。《史記·樂書》：“考惠〔帝〕、孝文〔帝〕、孝景〔帝〕，無所增更，於樂府習常隸舊而已。”漢代樂府的任務，一是編製樂譜，為詩歌配樂演唱。二是大量培養、訓練演奏俗樂、民歌的樂工，有製造各類樂器的工匠，由樂府的官員協律都尉、令、音監、游徼等管理，最多達八百人。三是建立採風制度，派專人到全國各地廣泛採集民歌民謠，略加潤色，配樂演唱，不乏“規風俗，知〔民情〕厚薄”的意向。後世歷代王朝，仍設立類似樂府的音樂機構，其性質和職掌也大致相同。

·· 教坊

古代管理宮廷音樂的官署。專管雅樂以外的音樂、舞蹈、百戲的教習、排練、演出等事。

唐高祖武德年間在皇宮內苑置內教坊，其官隸屬太常；武則天改稱“雲韶府”，神龍年間恢復舊稱，玄宗開元二年（714 年），設內教坊於蓬萊宮側，長安、洛陽各設左右教坊二所，以中官為教坊使，從此不再隸屬太常。長安的左教坊多善舞蹈，右教坊多善唱歌。宮中的內教坊，其樂工有男有女，女樂工按色藝分檔。教坊中訓練嚴格，有專門教師教授，學員每人至少要學會難曲五十首，並能參加演出者才能畢業。學習最難的大部伎要學三年，次部伎要學二年，小部伎也要學一年。對教師的考核也很嚴格。教坊中名家薈萃。如：許永新（女，歌）、李龜年（琴、歌）、張野狐、段善本（僧人，琵琶）、康崑崙（琵琶）等。教坊這一機構一直延續到明代，但自南宋以後，常常名存實亡。清雍正年間正式廢除。南唐李煜《破陣子》詞：“最是倉皇辭廟日，教坊猶奏別離歌，垂淚對宮娥。”

•• 梨園

也作“棃園。”唐開元時內教坊的一部分。色藝最好的歌舞樂伎居於宮中的宜春苑，梨園即宜春北苑，唐玄宗常常來此教練歌舞。

《新唐書·禮樂志十二》：“玄宗既知音律，又酷愛法曲，選坐部伎子弟三百教於梨園，聲有誤者，帝必覺而正之，號‘皇帝梨園弟子’。宮女數百，亦為梨園弟子，居宜春北苑。”唐杜甫《觀公孫大娘弟子舞劍器行》詩序：“自高頭宜春、梨園二伎坊內人，洎（jì 🔊 gei³）外供奉，曉是舞者，聖文神武皇帝初，

公孫一人而已。”唐白居易《長恨歌》：“梨園弟子白髮新，椒房阿監青娥老。”

•• 雅樂

古代帝王祭祀天地、祖先或朝會、宴饗等重大典禮時所用的樂舞，相對於俗樂而言，古代視為“正樂”。

雅樂源於周代的禮樂制度，當時郊社（祭祀天地）、宗廟（祭祀祖先）、宮廷朝會宴饗、鄉射（官府宴饗士庶代表）以及軍事上盛典所用的樂舞，都被儒家學者看成是最完美的，因而稱為“雅樂”。《詩經》中的大雅、小雅、周頌、商頌等，都是當時的雅樂曲目。秦漢以後的雅樂，除襲用周代雅樂（如《韶》、《武》）之外，或另有創作，或自民間俗樂加以改造。隋唐的雅樂與俗樂的區分更加嚴格，雅樂的僵化程度也日益嚴重。

•• 鄭聲

本指春秋戰國時鄭國的音樂。

因與孔子提倡的雅樂不同，故孔子斥之為淫，後亦用作淫靡之樂的代稱。《禮記·樂記》：“鄭衛之音，亂世之音也。”本指鄭、衛地方之民間樂曲。《詩經》中《鄭風》、《衛風》為“刺淫”之作，遂以鄭衛之音與之附會，因有“鄭聲淫”之說。清劉寶楠《論語正義》：“鄭國之俗，

有溱（zhēn 🔊 ceon⁴）、洧（wěi 🔊 fui²）之水，男女聚會，謳歌相感，故云鄭聲淫。”明楊慎《升庵經説・淫聲》：“鄭聲淫者，鄭國作樂之聲過於淫，非謂鄭詩皆淫也。”

⁝⁝ 陽春白雪 下里巴人

傳説中的古代楚國歌曲名。後即以“陽春白雪”比喻高深典雅的文藝作品，以“下里巴人”比喻通俗的文藝作品。

《文選・宋玉〈對楚王問〉》：“客有歌於郢（yǐng 🔊 jing⁵）中者，其始曰《下里》、《巴人》，國中屬（zhǔ 🔊 zuk¹）而和者數千人；其為《陽阿》、《薤露》，國中屬而和者數百人；其為《陽春》、《白雪》，國中屬而和者不過數十人……是其曲彌高，其和彌寡。”又，春秋時晉國師曠或齊國劉涓子所作的琴曲也名《陽春白雪》。

⁝⁝ 相和歌

漢魏時期，人們曾普遍採用主唱者唱一段（今稱領唱），伴唱者或伴奏者和一段的歌唱方式，按這種方式演唱的歌就是相和歌。

相和歌有三種主要類型。一類是人聲伴唱。領唱者唱一段或一句，眾人齊唱相和。漢司馬相如《上林賦》：“千人唱萬人和。”就是以歌和歌。《陽春》、《白雪》、《下里》、《巴人》、項羽的《垓（gāi 🔊 goi¹）下歌》、劉邦的《大風歌》都是以歌和歌的相和歌。第二類是歌聲同打奏樂器相伴和。《史記・刺客列傳》：“荊軻嗜酒，日與狗屠及高漸離飲於燕（yān 🔊 jin¹）市，酒酣以往，高漸離擊筑，荊軻和而歌於市中。”這是以筑聲領奏，歌聲相和的一種方式。《淮南子・精神訓》：“今夫窮僻之鄉，扣甕拊（fǔ 🔊 fu²）瓴（líng 🔊 ling⁴），相和而歌，自以為樂。”（瓴：瓦罐）這是以歌聲為主，以擊器聲為輔的一種方式。第三種類型就是用絲竹伴隨唱者的歌聲。是相和歌的典型方式，由此，相和歌逐漸轉變成現今普遍採用的伴奏歌唱的樂歌方式。開始，歌與樂密切配合，旋律節拍是同步的，後來，歌調與伴和的樂調不必同一旋律，一首歌可用不同的樂調來伴和，一首樂調也可伴和不同的歌。現今保存下來的相和歌辭較多。

⁝⁝ 高山流水

①比喻得遇知音或知音難求。

《列子・湯問》：“伯牙善鼓琴，鍾子期善聽。伯牙鼓琴，志在高山，鍾子期曰：‘善哉！峨峨兮若泰山！’志在流水，曰：‘善哉！洋洋兮若江河！’”後以“高山流水”為知音相賞和知音難遇的典故。

②琴曲名。

曲譜內容即據《列子‧湯問》中伯牙與鍾子期的故事譜寫。原為一曲，唐時始分為二曲，至宋時，又分《高山》為四段，《流水》為八段。現存傳譜初見於《神奇秘譜》。

胡笳十八拍

是古代的琴曲名和琴歌。

十八拍即十八段。《胡笳十八拍》中有兩句詩："胡笳本自胡中出，緣琴翻出音律同。"可見琴曲、琴歌與胡笳吹奏的曲調是相同的。《胡笳十八拍》的琴曲是古琴獨奏曲，保存在清代康熙年間刻印的《五知齋琴譜》中。十段樂曲，音調哀婉淒楚，調式變化豐富，發展層次鮮明，表現了蔡文姬思念故土，又懷念幼子的悲痛情懷，真切感人，催人淚下。《胡笳十八拍》詞作者蔡文姬，博學多才，精通音律。初嫁衛仲道，喪夫後，回父母家居住，在董卓之亂中，被董卓部將所虜，後又流落匈奴，成了左賢王的妻子，留居匈奴十二年，生有二子。曹操平定了中原，於建安十二年（207 年）用金璧將蔡文姬贖回。左賢王雖允諾蔡文姬回國，但不許帶走二子。蔡文姬回到故土，但她那種思念二子的絞腸之痛，全傾瀉於《胡笳十八拍》歌詞中。這首琴歌保存在明代孫丕顯編刻的《燕閒四適》中，現代古琴學家王迪翻譯成五線譜，配上歌詞，可以吟唱。

廣陵散

一首著名的古琴獨奏曲。

其名最早見於東漢應璩《與劉孔才書》："聽廣陵之清散。"也可用作琴、箏、筑（zhù ⑧ zuk^1）、笙等樂器合奏曲。現今的琴曲《廣陵散（sǎn ⑧ saan^2）》是從《聶政刺韓王》琴曲發展而來的。《史記‧刺客列傳》記載，聶政為嚴仲子復仇，刺殺韓相俠累的故事。聶政單身直入相府，刺俠累於戒備森嚴的大堂之上，又回身擊殺衛士十數人，然後自毀面容，抉眼刮皮，屠腸出肚而死。這是一首歌唱復仇者的悲壯頌歌。但《聶政刺韓王》這樣的曲名，在封建社會裏，上下都很忌諱，便更名《廣陵散》，此名雅氣，意思是流傳於廣陵（今江蘇揚州）一帶的曲子。曲譜現存於明代的《神奇秘譜》、《西麓堂琴統》中。《廣陵散》曲式分開指、小序、大序、正聲、亂聲、後序等六部分。開指、小序、大序相當於現代樂曲的序曲；正聲是塑造音樂形象的主要部分，共十八段，每段曲調均由一個短句變化而成，樂曲在這裏既富有變化又有嚴謹的層次。亂聲是全曲立旨的概括和發展；後序的結構和亂聲相似，有迴旋的作用。全曲規模宏大，氣象沉雄。據《晉書・嵇康傳》，晉代嵇康最善此曲，秘不授人。後遭讒被害，"康顧視日影，索琴而彈之，曰：'昔袁孝尼嘗從吾學《廣陵散》，吾每靳固之，《廣陵散》於今絕矣！'"現今，《廣陵散》仍然出現在樂壇上，而且又經過重新整理改編。

梅花三弄

本是笛曲，後來改編為琴曲，流傳至今。

晉代桓伊，"善音樂，盡一時之妙，為江左第一"，彈弦吹管，無所不能，最拿手的還是笛子，據說他的笛子是東漢蔡邕的遺物，有名的柯亭笛。王羲之之子王徽之，是當代名流，與顯宦桓伊原本素不相識。王徽之應召赴京，中途舟泊青溪，恰逢桓伊乘車從岸上路過，舟中人有認識的，說這人就是桓伊，王徽之忙派人去請，"久聞桓君善吹笛，可否為徽之一奏？"桓伊並不推辭，下得車來，"踞胡牀（馬札），為作三調，便上車去，主客不交一言"，可謂神交。據明代朱權《神奇秘譜》所說，"三調"就是《梅花三弄》了。此首笛曲，一直流傳至唐五代，至宋便失傳了。《神奇秘譜》所載《梅花三弄》係據晉桓伊所作笛曲改編而成，全曲十段，每段各有小標題：一、溪山夜月。二、一弄叫月，聲入太霞。三、二弄穿雲，聲入雲中。四、青鳥啼魂。五、三弄橫江，隔江長嘆聲。六、玉簫聲。七、凌風戛（jiá ⑧ gaat³）玉。八、鐵笛聲。九、風蕩梅花。十、欲罷不能。原譜為琴簫合奏。所謂一弄叫月、二弄穿雲、三弄橫江，是此曲第一主題出現三次。第六段以後，音樂變奏，又出現第二主題。全曲以音樂形象描繪月夜梅花不畏嚴寒，迎風怒放，幽香遠播的意境。

陽關三疊

明清傳譜不止一家，都是配有歌詞的琴曲，可以獨奏，也可以弦歌。

歌詞是唐代王維《送元二使安西》詩："渭城朝雨浥輕塵，客舍青青柳色新。勸君更盡一杯酒，西出陽關無故人。"此詩流傳不久，就被樂工譜成曲，進入樂府了。白居易《對酒》五首之一："相逢且莫推辭醉，聽唱《陽關》第四聲。"自注："第四聲，勸君更盡一杯酒，西出陽關無故人。"唐代又稱作《渭城曲》，無三疊之名。《陽關三疊》是宋人提出的。可惜唐曲失傳，三疊如何疊法，後人所說各異。據說蘇東坡在密州曾聽到《陽關》故聲，是第一句唱一遍，後三句皆重複唱一遍，共七唱。明清各家譜作琴曲，或將四句歌詞全部反復三遍。有的第一遍唱完整的四句，第二遍為"朝雨浥輕塵，青青柳色新。更盡一杯酒，陽關無故人"。第三遍為"浥輕塵，柳色新。一杯酒，無故人"。不論哪種疊法，都極盡迴腸蕩氣之能事，但都已不是唐曲原貌了。現今流行的《陽關三疊》琴曲（獨奏或弦歌）是清末《琴學入門》的傳譜。

春江花月夜
夕陽簫鼓

①樂府《吳聲歌曲》名，相傳為南朝陳後主所作，原詞已不傳，後來隋煬帝曾作此曲。

唐代張若虛擬題作詩，雖與原有的曲調不同，卻是最有名的。

②琵琶曲，名《夕陽簫鼓》，又名《潯陽琵琶》等。

樂曲分十段：一、夕陽簫鼓（序曲）。二、花蕊散回風（主題曲）。三、關山臨卻月。四、臨水斜陽。五、楓荻秋聲。六、巫峽千尋。七、簫聲紅樹裏。八、臨江晚眺。九、漁舟唱晚。十、夕陽影裏一歸舟。1923 年上海大同樂會的柳堯章、鄭覲（jìn ⑱ gan⁶）文將琵琶曲《夕陽簫鼓》改編為絲竹樂合奏曲，取名為《春江花月夜》。

霓裳羽衣曲

唐代著名樂曲。

相傳為開元中，西涼節度使楊敬述所獻佛教音樂，本名《婆羅門曲》，經唐玄宗潤色並製歌詞，改易為《霓（ní ⑱ ngai⁴）裳（háng ⑱ soeng⁴）羽衣曲》。全曲分散序、中序、曲破三部分，全部奏唱時間相當長，或是獨舞或雙人舞或幾百人的羣舞。此曲的音樂有嚴格的程式和特質。開始的"散序"是器樂曲，磬（qìng ⑱ hing³）、簫、箏、角依次進入，不舞不歌；六疊後，中序起拍，且歌且舞；曲破為全曲高潮，節奏由略快到急促，並逐漸激烈，最後樂器突然一聲長吹，舞蹈結束。此段舞而不歌。此曲不論服飾、音樂、舞蹈都力圖創造和表現一種仙意。白居易曾作詩對此曲做詳盡描述。天寶亂後，此曲散佚，宋代姜夔（kuí ⑱ kwai³）《白石道人歌曲》中保存了曲譜的片斷。

（二）樂器

八音

中國古代對樂器的統稱。

按製作樂器的材料劃分為：金、石、土、革、絲、木、匏（páo ⑱ paau⁴，葫蘆）、竹八類。金類有鐘、鈴等，石類有磬，土類有塤

（xūn ⓟ hyun¹）、缶等，革類有鼓，絲類有琴、瑟等，木類有柷（zhù ⓟ zuk¹）、敔（yǔ ⓟ jyu⁵），匏類有笙、竽，竹類有簫、管等。古有"八音克諧"之語。

打擊樂器

從樂器演奏方式分類，樂器可分三大類：打擊樂器、吹管樂器、彈弦樂器。

打擊樂器，用手指或木棍敲打作聲的樂器的總稱。一般分為有音律、無音律兩種。有音律者，是能產生固定音高，並可彈奏旋律的，如磬、編磬、鐘、編鐘、木琴（硬木板依長短順序排列敲擊而發聲）、鐵琴（亦稱鋼片琴，鋼片大小順序排列而發聲）、定音鼓（音高不同，成組擊奏）。無音律者，是無法產生固定音高，只能用於加強拍節，或作為樂音的裝飾。如鼓、鑼、鈸（bó ⓟ bat⁶）、敔（yǔ ⓟ jyu⁵）、柷（zhù ⓟ zuk¹）、響板、鈴、木魚等。打擊樂器是最古老的樂器。

吹管樂器

憑管端、管底、管壁上的吹孔，用口吹而發音的樂器。也叫"吹奏樂器、管樂器"。

有木管、竹管、銅管（用白銅、黃銅、銀、鎳（niè ⓟ nip⁶）等製作）、玉石管。陶製的吹奏樂器塤（xūn ⓟ hyun¹）最為古老。用管樂器吹奏的音樂叫"管樂"，用多件管樂器合奏的音樂叫"管樂合奏"。

彈弦樂器

絲弦類樂器，又稱"弦撥樂器"。

用手指或撥子彈奏的絲弦樂器，皆屬此類。分無杆和有杆兩種。古代無杆弦樂器有：箜篌、古琴（七弦琴）、瑟、箏、揚琴等。有杆的弦樂器有：琵琶、三弦、月琴、阮咸、火不思、秦琴等。

柷

古代木製打擊樂器。

形如木升，方形，上大下小，用木椎（chuí ⓟ ceoi⁴）敲擊其內壁使發聲，以示奏樂開始。《尚書·益稷》："合止柷敔。"鄭玄注："柷，狀如漆桶，而有椎，合樂之時，投椎其中而撞之。"《爾雅·釋樂》："所以鼓柷謂之止。"郭璞注："柷如漆桶，方二尺四寸，深一尺八寸，中有椎柄，連底挏（dòng ⓟ dung⁶）之，令左右擊。止者，其椎名。"（挏：擊）

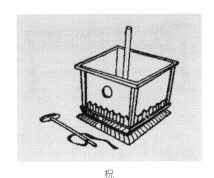

柷

敔

古代木製打擊樂器。

用於雅樂結束時。形狀如伏虎，以竹條刮奏。一說亦可用一端破成細條的鋸齒，以示樂曲的終結。《爾雅·釋樂》："所以鼓敔謂之籈 (zhēn 粵 zan¹)。"（籈：木棒）郭璞注："敔如伏虎，背上有二十七鉬鋙，刻以木，櫟 (lì 粵 lik¹) 之，籈者，其名。"（鉬鋙：齒狀物）

敔

缶

瓦製的打擊樂器。

大腹小口，古人用木棒擊之使發聲以為節拍而伴歌唱。陶缶 (fǒu 粵 fau²) 一組有五隻，大小相同，缶中盛有不等量水，用木棒敲擊缶邊，就能奏出樂音。《史記·廉頗藺相如列傳》："趙王竊聞秦王善為秦聲，請奉盆缶秦王，以相娛樂。"《漢書·楊惲傳》："酒後耳熱，仰天拊缶，而呼烏烏。"

磬　特磬　編磬

古代石製或玉製、銅製的打擊樂器。

單懸而大的磬 (qìng 粵 hing³) 稱"特磬"，在祭典或古樂演奏時，常與編磬並列懸掛。特磬因比編磬大，所以又稱"大磬"。編磬是把一組石磬按厚薄或大小排列。商代的編磬為三角形，繼有自然四邊形，或長條形，或魚形，到了宋代便有曲尺形的特磬和編磬。編磬一般為上八下八共十六枚分兩排懸掛，也有三十二枚的，常與其他樂器合奏，偶爾也獨奏。《史記·滑稽列傳》："西門豹簪筆磬折，向河立待良久。"（磬折，彎着腰像磬的樣子，表示恭敬）

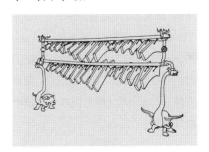

編磬

·· 鐘 特鐘 編鐘

青銅鑄打擊樂器。

商代已掌握了製鑄銅鐘的技術。單
懸而大的鐘稱"特鐘"，在祭典或
古樂演奏時，常與編鐘並排懸掛，
位置與特磬相對。古時特鐘的音常
確定為十二律的黃鐘，演奏時，多
在樂章每句前敲擊一下，再開始唱
奏，唱奏畢，則敲一下特磬收尾。
多個編懸的鐘稱"編鐘"。編鐘大
多是十六枚分兩層懸掛木架上，
木架名為簨（sǔn ⑧ seon²，橫梁）
簴（jù，立柱）。為便於懸掛，鐘甬
（柄）處有通孔或半環。也有三枚
一組、九枚一組、十三枚一組的。
每枚鐘皆各應律呂，依大小次序懸
掛。湖北隨縣曾侯乙墓出土的編鐘
多達六十四枚，分三層懸掛。鐘形
因朝代不同，有方、圓、橢圓之別，
鐘口亦有凸圓、平口、凹陷之別。
2003 年湖北又出土了一套編鐘。編
鐘最突出外觀則是為調音用的大小
漸變、上下左右排列有序的鈕。古
代宴樂歌唱之前必先擊鐘，故編鐘
又稱"歌鐘"。《孟子・梁惠王下》：
"百姓聞王鐘鼓之聲，管籥（yuè
⑧ joek⁶）之音。"宋蘇軾《石鐘山
記》："微風鼓浪，水石相搏，聲如
洪鐘。"唐王勃《滕王閣序》："鐘鳴
鼎食之家。"

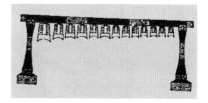

編鐘

·· 歌鐘

編鐘別稱。古代宴樂歌唱之前必先
擊鐘，故編鐘又別稱"歌鐘"。

《左傳・襄公十一年》："鄭人賂晉
侯……歌鐘二肆。"懸鐘十六個為一
肆、二肆為三十二枚。宋蘇軾《石
鐘山記》："窾坎鏜鞳，魏莊子之歌
鐘也。"

·· 無射

周景王所鑄鐘名。

據《國語》記載，周景王二十四年（前
521 年）鑄成無射（yì ⑧ jik⁶）鐘。《國
語・周語下》："王將鑄無射，而為之
大林。"因鐘音正合於無射之律，所
以叫"無射"。宋蘇軾《石鐘山記》：
"噌吰者，周景王之無射也。"

·· 鎛

古代銅鑄打擊樂器。

形似鐘。鎛（bó ⑧ bok³）口多平圓，
鎛體鑄有繁複的紋飾。有單懸與成
組編懸之別。陝西寶雞太公廟發現

有三件一組的"秦公鎛"，河南固始縣侯古堆一號墓發現有八件一組的編鎛。鎛又稱"鎛鐘"。鐘鎛相似，後世往往視鎛為鐘。

鎛鐘

·· 錞　錞于　金錞

古代軍中樂器。

青銅鑄，形如圓筒，上大下小，頂上有虎形鈕，可以懸掛，以錐擊之而鳴，常與鼓配合，用於戰爭中指揮進退。古書上常說的"擊鼓前進，鳴金收兵"，說的金最初就是錞（chún ⑧ seon⁴）。《周禮·地官·鼓人》："以金錞和鼓。"鄭玄注："錞，錞于也。圜如碓頭，大上小下，樂作鳴之，與鼓相和。"

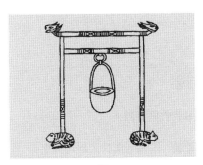

錞

·· 鐲　鉦

古代軍中樂器。

青銅鑄，形如小鐘，用以節鼓。《說文·金部》："鐲（zhuó ⑧ zuk⁶），鉦也。""鉦"緩讀即"丁寧"。《周禮·地官·鼓人》："以金鐲節鼓。"鄭玄注："鐲，鉦也，形如小鐘，軍行鳴之，以為節鼓。"其形制與甬鐘相似，可執柄敲擊。河南安陽曾出土大小三件一組的編鐲。

鉦

·· 鐸

古代打擊樂器。

銅鑄，內有舌，是大鈴的一種，可執柄搖動發聲。舌有木製、銅製兩種，木舌的叫"木鐸（duó ⑧ dok⁶）"，銅舌的叫"金鐸"。文事用木鐸，武事用金鐸。振鐸以聚眾或以警眾。《左傳·襄公十四年》："故《夏書》曰：'遒人以木鐸徇於路。'"杜預注："遒人，行令之官也。木鐸，木舌金鈴。"

‥ 鼓

打擊樂器。

遠古以陶為框，後世以木為框，蒙以
獸皮或蟒皮，也有用銅鑄成的。形狀
大小不一。有一面蒙皮的，如板鼓、
八角鼓；有兩面蒙皮的，如堂鼓、書
鼓、長鼓等。以手或杵敲擊發聲，現
已發展到二十餘個品種，六十多個規
格。宋蘇軾《石鐘山記》："大聲發於
水上，噌吰如鐘鼓不絕。"

銅鼓

‥ 枹

鼓槌。

《左傳·成公二年》："左並轡，右援
枹 (fú ⓐ fu¹) 而鼓。"戰國楚屈原
《國殤》："霾 (埋) 兩輪兮縶四馬，
援玉枹兮擊鳴鼓。"玉枹，意為枹
美如玉，或嵌飾珠玉的鼓槌，不是
玉做的枹。宋蘇軾《石鐘山記》："枹
止響騰，餘韻徐歇。"

‥ 塤

也作"壎"。中國古老而原始的吹奏
樂器。

土、石、硬木、獸骨、象牙都
可用以製作。最早的是陶塤 (xū
ⓐ hyun¹)，浙江河姆渡遺址發現一
隻單孔陶塤，距今有七千年歷史。
塤的形制，一般平底銳上，形如秤
錘，亦有球形、橢圓形。塤的音孔，
最初只有一個吹孔，用於吹氣而發
聲，後來增至七、八個孔，可以吹
奏樂曲。音色低沉而優美，吹奏技
巧與簫笛相似，口風的俯仰緩急與
滑音變化，是塤的一大特點，此外，
頓、顫、吟、滾等音也均能從塤上
奏出。塤、篪 (chí ⓐ ci⁴) 合奏，聲
音和諧，所以《詩經·大雅·板》用
"如塤如篪"讚美兄弟和睦。

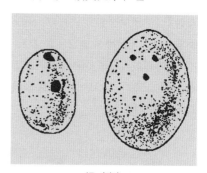

塤（商）

‥ 篪

古代竹管樂器。

似笛，有底（指管的兩端封閉），橫
吹。《詩經·小雅·何人斯》："伯

氏吹塤，仲氏吹篪（chí ⊜ ci⁴）。"
唐宋以後，只用於宮廷雅樂。

·· 管

古代樂器。

似豎笛，以木、竹、金屬或玉製成，
以蘆管作哨發聲，長短粗細音孔多
無定制，可用以獨奏，也可用以合
奏。《詩經・周頌・有瞽》："既備
乃奏，簫管備舉。"

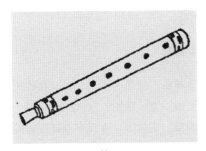

管

·· 籥

古代樂器。

似笛，短管，三孔或六孔。《爾雅・
釋樂》："大籥（yuè ⊜ joek⁶）謂之
產。"郭璞注："籥如笛，三孔而短
小。"《史記・司馬相如列傳》："蓋
象金石之聲，管籥之音。"《孟子・
梁惠王下》："百姓聞王鐘鼓之聲，
管籥之音。"

·· 觱篥

古代吹奏樂器。

本出西域，原是龜茲（qiū cí ⊜ gau¹
ci⁴）樂所用樂器。也寫作"篳篥、
必栗、悲篥"。又因"以竹為管，以
蘆為首，狀類胡笳而九竅，其聲悲
慄"，故也叫"笳管"。隋唐時已普
遍使用，並有大小觱篥（bì lì ⊜ bit¹
leot⁶）、豎小觱篥、桃皮觱篥、雙觱
篥等多種形制。宋代還有漆觱篥、
銀字觱篥等。因其音量較笛大而特
殊，故又稱為"頭管"。宋教坊所用
者，前七後二共九孔，與唐制同。

觱篥

·· 笳　胡笳

管樂器。

最初是捲蘆葉吹之作聲，後來以木
為管，飾以樺樹皮，為三孔，兩端
安哨角。漢代流行於西域、塞北一
帶，張騫出使西域帶來，是漢魏鼓
吹樂中的主要樂器。清代有笳吹
樂。漢李陵《答蘇武書》："胡笳互
動，牧馬悲鳴。"

竽

古代簧管樂器。

竹製，三十六管，每管中都有簧片，用以發聲，後減至二十三管。比笙略大。竹管挨着插在竽斗上，每個竹管下端都有指孔，竽斗上另安一木製或銅製吹嘴，由於竹管長短變化，能發出不同的樂音。長沙馬王堆一號漢墓出土的竽有二十二管，分前後兩排，呈雙弧形排列，通高七十八厘米，竽斗竽嘴都是木製。"濫竽充數"中的"竽"，就是這種樂器。戰國至漢代廣泛流行，至宋代失傳。

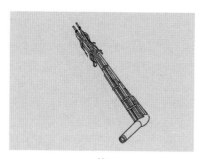

竽

笙

簧管樂器。

似竽，略小。殷周時比較流行。笙由簧管、簧片、笙斗、吹嘴等部件組成。古代的笙斗用匏（⑧ paau⁴，葫蘆），後用木或銅。吹奏時，手指按簧管下端的指孔，簧片震動而發聲，能奏和聲。常用的有十三管、十四管兩種，今有二十四管笙、三十六管笙等。《詩經・小雅・鹿鳴》："我有嘉賓，鼓瑟吹笙。"

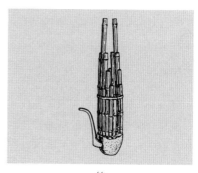

笙

笛

管樂器。

分橫笛、豎笛。周代已有五孔竹製豎笛。從材質上分，有竹笛、木笛、鐵笛、玉笛等。今日本奈良正倉院尚存有中國唐代黑色雕石橫笛、象牙橫笛、斑竹橫笛、吳竹橫笛各一支，均為唐代俗樂用笛，特點是：一吹孔，七指孔，尚無膜孔。後世廣泛使用的笛子有曲笛、梆笛兩種。曲笛是為崑曲伴奏的，故也稱"崑笛"，音色圓潤；梆笛是為梆子戲伴奏的，笛身短於曲笛，比曲笛高四度，音色高亢、清脆。

尺八

管樂器。

竹製。唐代已出現，宋代又稱"簫管、豎笛、中管"。宋陳暘（yáng ⑧ joeng⁴）《樂書》："簫管之制，六孔，旁一孔，加竹膜焉。足黃鐘一均聲。或謂之尺八管，或謂之豎笛，或謂之中管。"尺八在唐代傳入日本。奈良正倉院還藏有中國唐代的尺八。今福建南曲中的洞簫，亦稱尺八，管身較常用的簫短而粗，可能是古代尺八的遺制。

排簫

多管吹奏樂器。

古只稱"簫"，元代才有排簫之名。用粗細相同的竹管編列一排而成，大者二十三管，小者十六管，按律排於窄木框中，上端平齊，是吹孔，下端兩旁長，中部短，參差不齊，故又稱"參差 (cēn cī 🔊 caam¹ ci¹)。"管底用蜂蠟封堵者稱"底簫"，無底的稱"洞簫"。木框以紅或黑色髹 (xiū 🔊 jau¹) 漆，有戧 (qiàng 🔊 coeng³) 作雲形者，則稱"雲簫"。排簫從初創到元明清，形制多變。宋代民間已失傳，明清也只用於宮廷雅樂。

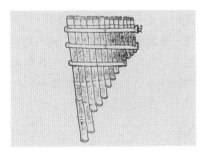

排簫

嗩吶

管樂器。

來自波斯語，古籍中還有唆哪、瑣嗩、嗩吶、蘇爾奈等音譯。金元時由波斯、阿拉伯傳入中國，明正德年間民間廣泛流傳。硬木管身，中空，下粗上細，管身有七個指孔，上端插細銅管，銅管上接蘆哨吹嘴，下端安銅質喇叭口。音色洪亮、高亢，向為民間婚喪喜慶、迎神導佛及戲曲演奏所用。經改革後的嗩吶，有高音、中音、低音三種，有的還裝了音鍵，擴大了音域。俗稱"喇叭"。元王磐《朝天子·詠喇叭》："喇叭，嗩吶，曲兒小，腔兒大。"

嗩吶

箜篌

古代彈撥樂器，無杆類。也作"空侯、坎侯"。

有臥式箜篌、豎式箜篌和鳳首箜篌三種。臥箜篌相傳為漢武帝時樂人侯調（一說侯暉）所造。豎箜篌漢時自西域傳入。鳳首箜篌則以豎箜箜篌飾以鳳首而得名,唐代由印度、緬甸傳入。《舊唐書・音樂志》:"〔臥箜篌〕似瑟而小,七弦,用撥彈之……豎箜篌漢靈帝好之,體曲而長,二十有二弦,豎抱於懷,用兩手齊奏,俗謂之擘(bò 粵maak³)箜篌。"明代已漸失傳。《孔雀東南飛》:"十三能織素,十四學裁衣,十五彈箜篌,十六誦詩書。"

箜篌

筑

古代弦擊樂器。

無杆臥式,形似箏,細頸圓肩,有五弦,十三弦、二十一弦三種説法。弦下設柱,演奏時,左手按弦的一端,右手拿竹尺擊弦發聲。戰國時已流行。《史記・刺客列傳》:"高漸離擊筑(zhù 粵zuk¹),荊軻和而歌於市中。"

筑

琴

撥弦樂器。

俗稱"古琴"。無杆臥式,長三尺六寸,廣六寸,上面為弧形,下面方形,內裏空空。四角有短腿,穿龍池、鳳沼二孔。上古五弦,周代增至七弦,故亦稱"七弦琴"。琴面標誌泛音位置及音位的徽,始於周,定型於漢。其徽往往以金玉圓點為識,共十三徽,按徽彈之,每徽各成一音。琴瑟常合奏,並用於伴奏。《史記・司馬相如列傳》:"是時卓王孫有女文君新寡,好音,故相如繆與令相重,而以琴心挑之。""琴心"指以琴聲傳達出的心意。

瑟

撥弦樂器。

無杆臥式,形似琴,但無徽位,有五十弦、二十五弦、十五弦等多種。今瑟有二十五弦、十六弦兩種。每弦下有一可活動的柱,可左右移動以定聲音。古代常琴瑟合奏。《史記・廉頗藺相如列傳》:"寡人竊聞趙王好音,請鼓瑟。"三國魏曹操《短歌行》:"我有嘉賓,鼓瑟吹笙。"

箏

撥弦樂器。

無杆臥式。春秋戰國時流行於秦

地，故又稱"秦箏"。弦數由五弦增至十二弦、十三弦、十六弦。現經改革，增至十八弦、二十一弦、二十五弦。傳統彈箏手法：右手大、食、中三指彈弦，掌握發音、節奏、固定弦音。左手的食指和中指或中指與無名指按弦，以控制弦音的變化。演奏手法豐富，音色悠揚、典雅。

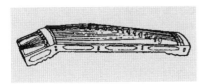

箏

•• 琵琶

撥弦樂器。

有杆。相傳琵琶起源西亞的美索不達米亞，東漢末傳入中國。南北朝時，又有曲項琵琶由西域傳入，四弦四柱，音箱呈半梨形，橫置胸前，用撥子或手指彈奏。唐宋後，琵琶已定形，由橫抱改為豎抱。近代通行的琵琶為四相十三品，後經改革，增至六相二十三品，能奏所有的半音。唐白居易《琵琶行》詩："千呼萬喚始出來，猶抱琵琶半遮面。"唐岑參《白雪歌送武判官歸京》詩："中軍置酒飲（yìn ⑧ jam³）歸客，胡琴琵琶與羌笛。"

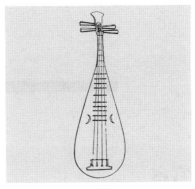

琵琶

12 宮室建築

宮室

在上古，宮和室都是房屋的意思。

《爾雅·釋宮》："宮謂之室，室謂之宮。"作為同義詞的宮、室還是有區別的。宮指圍牆內的整所房子，室則指宮內一個居住單位。先秦時期，宮室指的是一般住宅，而不是帝王的宮殿。《周易·繫辭下》："上古穴居而野處，後世聖人易之以宮室。"此外，宗廟也稱宮室。秦漢以後，宮成了帝王所居的專稱，即宮殿之意，如秦有阿（ē 粵 o1）房（páng 粵 pong4）宮，漢有未央宮，宗廟、神廟也稱宮，現今瀋陽的太清宮就是道教宮殿。春秋時期宮室的格局是：坐北朝南，南面院牆正中開門，門內有院，院內北面有房屋，前堂後室，左右各有夾室和房，房北有後庭。

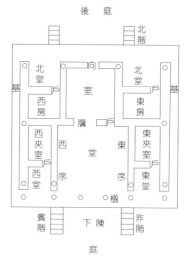

古代典型住宅平面示意圖

·· 堂

上古宮室的主要部分，位於整座宮室前部正中，堂前沒有牆和門窗，而有兩根楹柱；

堂的東西兩壁的牆叫"序"，堂內靠近序的地方分別叫"東序、西序"。堂用於舉行各種典禮、接見賓客等，不住人。堂室這種佈局，從春秋到漢代一直沒有多大變化。《論語·先進》："由也，升堂矣，未入於室也。"（比喻仲由的學問還沒到家）

·· 室

上古宮室中供人居住睡覺的房間，在堂之北，一牆之隔，有戶（門）與堂相通。

室南牆上有牖（yǒu ⓰ jau⁵，窗），戶偏東，牖偏西，左右對稱。室還有一個朝北的窗叫"向"。由於室在堂後，要入室必先登堂。《論語·先進》："由也，升堂矣，未入於室也。"（比喻仲由的學問還沒到家）室內的四個角落叫"隅"。室內座位的尊卑與堂不同。堂上坐北向南為尊。室內因戶在南靠東，所有坐西向東（東向）為尊，其次坐北向南（南向），再次坐南向北（北向），最次坐東向西（西向）。《史記·魏其（jī ⓰ gei¹）武安侯列傳》："〔丞相田蚡〕嘗召客飲，坐其兄蓋侯南鄉，自坐東鄉，以為漢相尊，不可以兄故私橈。"（田蚡坐

首位東向，自尊自大）《史記·項羽本紀》記載鴻門宴："項王即日因留沛公與飲。項王、項伯東向坐，亞父南向坐……沛公北向坐，張良西向侍。"鴻門宴是在軍帳中進行的，座次的尊卑順序與室同。

·· 閣　廡　殿

漢代文獻上提到的閣和廡，是堂的東西兩側和堂緊挨着平行的屋子，與後世閣廡的概念不盡相同。

堂東西兩側的牆叫"序"，在序外東西兩側各有一個與堂進深相同的、南北狹長的屋子，這兩個狹長的屋子又前後隔斷，各形成兩個小房間，後面的一個小房間叫"夾"，東面的叫"東夾"，西面的叫"西夾"，這就是"閣"。東夾、西夾前面的小房間，分別叫"東堂、西堂"。東堂與東夾、西堂與西夾各有戶相通。東堂、西堂就是東廡、西廡。東堂、西堂前面沒有牆，也沒有門窗，廡前有台階。樂府詩《雞鳴》："鳴聲何啾啾，聞我殿東廡。"東廡就是東堂。殿也是堂。《說文》："堂，殿也。"秦漢以前，只叫堂，不叫殿，漢代雖叫殿，但不限於帝王受朝理事的處所，後來，殿才專指帝王所居和廟宇裏供奉神佛的主要建築，如太和殿、大雄寶殿等。

閣，後世也指供游息、遠眺、供佛或藏書之用的建築。《淮南子·主

術訓》："高台層榭，連屋接閣。"如北京頤和園的佛香閣、薊（jì ⑧gai³）縣獨樂寺的觀音閣等佛閣；寧波天一閣和北京故宮的文淵閣等藏書閣；江西南昌的滕王閣是供游息遠眺的建築。另外，後世稱女子的臥房為閣。《木蘭詩》："開我東閣門，坐我西閣牀。"女子出嫁稱作"出閣"。廂，後世泛指正房兩邊的房子，叫廂房，如東廂房、西廂房。

房

上古的房是供人居住的房間，在東夾室、西夾室之北，室的東西兩側，進深與室同，比東夾、西夾略寬。

東房、西房都用牆隔斷，前面的屋子稱"北堂"，北堂與房有戶相通，北堂前沒有牆，沒有門窗。北堂為婦女盥（guàn ⑧gun³）洗之處。《禮儀・士昏禮》："婦洗在北堂。"北堂前有北階，與後庭相通。後來，住宅內凡是居室皆可稱房，這與上古專指東房、西房不同。

戶　牖　向

堂與室之間的單扇門叫"戶"，在東側。西側相對的地方開窗叫"牖（yǒu ⑧jau⁵）"。秦漢以後，隨着宮室建築的變化，戶和牖也就成了一般門窗的泛稱。

貴族的戶是板門，貧民的戶是樹條編的柴門。戶上有楣，下有限（門檻）。牖是固定的，估計窗框之間有豎的木條（即後來的窗櫺），上古沒有用紙糊窗的，為防蚊蠅，戶牖都掛簾子：門簾、窗簾。《禮記・禮器》："未有入室而不由戶者。"《老子》第十一章："鑿戶牖以為室，當其無，有室之用。"（做窰洞，鑿個門，鑿個窗，鑿個屋子。正因為鑿空了，才有了屋子）《論語・雍也》："伯牛有疾，子問之，自牖執其手。"（孔子在堂上，把手從牖伸進去，拉着伯牛的手）可見牖是固定的，通透，木櫺間隙還很大。古代宮室中，人們寢臥的房間南北各有一窗，朝南的窗與堂相通，叫"牖"；朝北的窗叫"向"。《說文》："向，北出（朝北）牖也。"《詩經・豳風・七月》："〔十月〕塞向墐戶。"（把朝北的窗戶用泥土堵塞住，把籬笆門用泥塗上）

基　礎

古代宮室建在高出地面的土台上，這個土台就是基──宅基。房柱下面墊的石基就是礎──柱礎。

據考古挖掘，河南安陽小屯商代後期的很多基址上殘存着有一定間距和直線行列的石礎，所有礎石都由直徑 15—30 厘米的天然卵石砌成。春秋戰國時代，柱礎的使用很普遍，而且經過加工，礎石一般為方形、圓形，講究一些的還做成覆盆、蓮花等形狀。

楹　楹柱

堂前的立柱，不靠牆，支撐簷檁。

如同後世有廊簷的房子廊簷下的簷柱。唐韓愈《食曲河驛》詩：「羣鳥巢庭樹，乳雀飛簷楹。」

阼階　賓階

古代的宮室建築在高出地面的台基上。

宮室前面有兩個台階：東面的稱「阼（zuò 🔊 zou⁶）階」，也稱「東階」；西面的稱「賓階」，也稱「西階」。阼階供主人行走，賓階供賓客行走。由於進入堂屋必須升階，所以古代有「升堂、登堂」的説法。宮室北面東側還有一北階，通往後庭。

下陳

古代堂前兩階之間，陳放禮品、婢妾站立的地方。

凡遇喜慶節日，親朋所饋贈禮品，不是馬上收起來，而是在下陳擺案陳列，表示感謝。遇到國君賞賜，也擺放下陳，以表寵幸。凡堂上有慶典，婢妾都要在下陳靠兩階之處站立，以待堂上呼喚侍奉。堂上如有歌舞，下陳便是樂師所在之處。

如後世的樂池。《戰國策・齊策四》：「狗馬實外廄，美人充下陳。」

蕭牆

古代宮室面對院門的門屏。

可在門外，可在門內，略似後世院門的照壁。作用是遮擋外人的視線，以免他們向大門內窺視。《論語・季氏》：「吾恐季孫之憂，不在顓臾（zhuān yú 🔊 zyun¹ jyu⁴），而在蕭牆之內也。」季孫是魯國的相，把持國政，他憂慮與他領地毗鄰的小國顓臾將有害於他，準備興兵滅掉顓臾。孔子説，季孫應當憂慮的不應是顓臾，而是魯國國君，因為魯君不會坐視季孫的專橫跋扈而不管，因而內變將起。後人根據這個典故，把內亂叫作「蕭牆之禍」。

廊廡

即堂下四周的廊屋。

《説文》：「廊，東西序也。廡，堂周屋也。」分別言之，廊在簷下，前面沒有牆，僅是通道；廡則有牆，可以住人。《史記・魏其武安侯列傳》説，漢景帝拜竇嬰為大將軍，賜金千斤，竇嬰把所賜金「陳之廊廡下」，顏師古注：「廊，堂下周屋也。」注文中的「廊」，應是「廡」字之誤。《後漢書・梁鴻傳》：「遂至吳，依大家皋（gāo 🔊 gou¹）伯通，居廊下，為人賃舂。"

版築

中國上古傳下來的建造土牆的方法。

用兩塊夠一定長度、有一定厚度的木板，橫立在兩側，兩板的距離就是牆的厚度，在板的兩頭外側豎四根木柱，上面兩兩繫 (jì ⓰ hai⁶) 牢，將潮濕的黃土填置其中，用杵築實，再填第二層，再築實，當牆與板平齊時，將板上移，填土再築，再將板上移，填土再築，直達到需要的高度為止，這就是一堵牆，接着挨着築第二堵、第三堵，直到達到需要的長度為止。房屋的牆、院牆都可用這種方法。《孟子‧告子下》："舜發於畎 (quǎn ⓰ hyun²) 畝之中，傅說 (yuè ⓰ jyut⁶) 舉於版築之間。"這裏的"版築"指的是築牆用的板和杵。夯土技術到了唐代，除了用於城牆和地基，宮殿的牆壁也是夯土建築的。

瓦

中國遠古時代的房屋是土牆草頂，後來才發展到磚牆瓦頂。

製瓦技術是從製陶技術發展而來的。在陝西岐山鳳雛村西周初期建築遺址中，出土了少量的瓦。一種板瓦，嵌固在房簷的泥層上，一種人字形的瓦，用瓦釘嵌固在屋脊上。屋簷的一排瓦放在泥層上，還是容易脫落。如果坐在房簷下，容易被掉下來的瓦砸着，所以上古有"千金之子，坐不垂堂"之語。在陝西扶風召陳村西周中晚期建築遺址中，出土了數量較多的瓦，有的屋頂已全部用瓦。這時的瓦有板瓦、筒瓦、人字形斷面的脊瓦和瓦釘。板瓦仰鋪在屋面泥層上，筒瓦覆蓋在兩行板瓦之間，略似北京的鴛鴦瓦。

瓦當

鋪在屋簷前面的筒瓦的瓦頭，其上壓製出花紋圖案或文字，用作裝飾。

始見於春秋時，現今出土的春秋瓦當和戰國瓦當都是半圓形，故名"半瓦當"，其上圖案為雲紋、花草紋、禽獸圖案等。秦漢時期流行圓形瓦當，從出土文物來看，可分為兩種：一種仍壓製各種圖案，一種壓製有各種吉祥文字，如"延年、長樂未央、千秋萬歲"等。這種文字，後代稱之為"瓦當文字"。瓦當是中國特有的一種建築裝飾，一直沿用到現在。

窗

唐代以前，住房宮殿的窗都是不能開關的死窗，只有窗櫺，為防蚊蠅，掛上窗簾。

到了東漢，蔡倫造紙，據說最初造的紙很厚很硬，但很結實，不適於

寫毛筆字，但可糊窗（無出土文物
佐證），這時的窗櫺加以美化，有直
櫺、斜格、鎖紋等多種。至北宋，
普遍地使用了可以開關的窗，窗櫺
的組合極為豐富。這樣便改善了室
內採光、保溫、通風的要求。直到
明末，航海家將意大利製玻璃匠人
連同他的家屬、燒玻璃的鍋及材料
帶到中國，可以燒製各種顏色半透
明的形狀各異的琉璃，也可以燒製
各種顏色的平面玻璃和無色透明的
平面玻璃，從此，不僅官署、寺廟、
達官貴人的家，就連平民百姓的
家，也可以安上玻璃窗了。

•• 墼

土坯。

中國最早用版築（夯土）技術築牆
建房，後來又使土坯砌牆。戰國時
代，雖然發明了磚，然而直到秦漢，
磚還沒用在建房上。但由於墼（jí
🔊 gik¹）和磚都用泥土做成，形狀相
似，人們還是習慣性地把磚叫墼，
不少出土的漢磚上都有"墼"字。
《後漢書・酷吏列傳》："〔周〕紆廉
潔無資，常築墼以自給。"這裏指
的是土坯或磚坯。《說文・土部》：
"墼，瓴適（dí 🔊 dik¹）也。"王筠
釋例："瓴適今謂之磚。《隸辨》載：
'永初官墼'……所收磚文七，其銘
不言為何物，獨此文自名為墼也。
此乃已燒者也。"直到現在，我國

北方某些農村還用土坯砌牆。

•• 磚

戰國時代，先民已會燒磚，有方形
磚、曲形磚、空心磚。

但這些磚都不是用在砌牆建房上。
方磚和現今瓷磚的用法有些相似，
在室內多用於鋪地面或包鑲屋壁四
周的下部。鋪地磚，多素面，無紋
飾；包鑲屋壁下部的磚，則多帶幾
何紋圖案。曲形磚專用包砌台階，
有的上面印有紋飾。從戰國、西漢
到東漢，墓室多用空心磚砌就，由
最初的梁式逐步發展到拱券頂和穹
隆頂，為拱券和穹隆的牢固，還製
作楔形磚和企口磚（磚的兩頭有凸
凹口，可互相插入）。條磚，最初發
現於秦始皇陵。整齊劃一的條磚，
則出現於漢武帝時期。用磚砌牆
建房、建寺塔，是北魏時開始的，
唐末至五代，磚的使用範圍逐步擴
大，南方較大的城市如江夏、成都、
蘇州、福州等都用磚砌城牆的兩
面。宮殿往往用花磚鋪地。闕的表
面可能使用了貼面磚。

•• 拱券

建築物呈弧形的一種建築結構。

從戰國開始，古人已會用空心磚砌
築墓室的頂部，甚至砌出穹隆頂，
解決了木槨墓不能解決的防腐和

耐壓問題。發券的方法，或用單層券，或用雙層券和多層券。每層券上往往臥鋪一層條磚，稱作"伏"。這種券和伏相間的方法，被後來的磚券和石券普遍採用。城門用拱券（xuàn 粵 hyun³）替換抬樑，約始於北宋，東京開封每座城門都有甕城，上建城樓和敵樓。

•• 垂花門

古代漢族居民建築院落內部的門，住宅的二門。

二門上修建個像屋頂一樣的蓋，兩面坡下來，鋪上鴛鴦瓦，四角有下垂的短柱，柱下端雕花彩繪，故稱"垂花門"，也稱"垂花二門"。北京的四合院常見。舊時人們常說的"大門不出，二門不邁"，"二門"即指此垂花門。

•• 斗拱

也作"枓栱"。

是中國傳統木構架建築物特有的結構構件，位於柱頭、額枋（簷柱之間的聯繫構件）與屋頂之間。斗拱主要由斗和拱兩部分組成，加在立柱和橫樑交接處的弓形肘木叫"拱"，墊在拱下面的斗形木塊叫"斗"。簡單的斗拱可以是一斗一拱，複雜的斗拱則由若干斗拱縱橫交錯層疊而成，其結構和名稱都很複雜。中國

應用斗拱的歷史非常悠久，從出土的西周到戰國的銅器的花紋上，可以看到比較完整的斗拱形象。中國歷代建築中都普遍採用斗拱。斗拱在結構上挑出承重，使屋簷盡量伸展，並將屋面積重量傳遞到柱上；同時形成獨特的裝飾效果，斗拱的複雜程度，往往是屋主人身份等級的象徵，也是建築物本身重要程度的標誌。

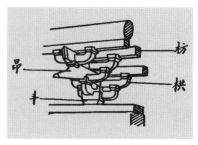

斗拱

•• 藻井

中國傳統建築中，室內頂棚的一種裝飾處理。

一般做成圓形、方形或多邊形的凹面，上有各種花紋、雕刻和彩畫。甘肅敦煌北魏石窟，有的鑿出藻井，加以彩繪。後世凡大型建築或重要建築都有藻井。

•• 覆

殷商時期普遍採用的一種半地穴式住房。

考古發現，殷商時期，一般住房是

在地面以下挖一個穴，或圓形或方形，方形的多為淺穴，面積二十平方米左右，最大的可達四十平方米。通常在黃土地面挖成 50—80 厘米深的淺穴。門口有斜階或斜坡通至室內地面。斜階上可能搭建有人字形頂蓋。淺穴四周的壁體內，緊密而整齊地排列着木柱，構成壁體，支撐屋頂的邊緣部分。住房中部又有以四柱為構架的骨幹，支持着屋頂。屋頂形狀可能四角攢尖頂，也很可能在攢尖頂上部，再建採光和出煙的二面坡屋頂。屋頂用草覆蓋。現今西北地區還有一種半地穴式的住房叫"地窩子"，與殷商時代的"覆（fù）"很相似。

樓

古代多層建築物。

中國古代的樓大約始見於戰國晚期。先秦文獻中，很少見"樓"字。《孟子・告子下》："方寸之木，可使高於岑（cén ⑱ sam⁴）樓。"趙岐注："岑樓，山之銳嶺者。"可見，岑樓之樓，不是樓房之樓。《説文》："樓，重屋也。"又："層，重屋也。"據段玉裁注，重屋指的是複屋（棟上加棟），不是用來居住的。但是，從出土的漢代畫像磚、畫像石和墓葬明器來看，漢代確有供人居住的樓房。

華表

古代宮殿、陵墓、城垣、橋樑前面作為標識（zhì ⑱ zi³）和裝飾用的柱形建築。

多用巨石建造，有的周圍有石圍欄，下有柱礎，柱身頂端有蹲獸，有的柱身上部還有雲形板。設在陵墓前的華表叫"墓表"，如南京南朝梁蕭景墓表。北京天安門前後的兩對華表，建成於明永樂年間，用漢白玉雕成，高 9.57 米，屬華表中的精品。

牌坊

又叫"牌樓"。一種門洞式的紀念性建築物。

多建於陵墓、廟宇、祠堂、路口和園林中，用以紀念死者，宣揚禮教、功德等，如功德牌坊、貞節牌坊。一般用木、石、磚等材料建成，規模大小不一。北京安定門內成賢街有孔廟、國子監，東西兩出口都有牌樓，保留至今。北京西北昌平明十三陵神路南端的石牌坊為明代嘉靖年間所建，漢白玉砌成，面闊五間，六柱十一樓，寬 29 米，坊高 14 米，夾柱石上雕刻麒麟、獅子、龍、怪獸等，門上端額枋上雕刻着雲紋。江蘇、浙江等地，尚保留貞節牌坊、狀元牌坊。清顧祿《桐橋倚棹錄》卷六為"坊表"，其中有：大學士坊，在山塘橋西，為明大學

士吳文端公一鵬立；義風千古坊，
在山塘，為明顏佩韋等五人立，楊
廷樞書；旌表孝子坊，在桐橋西，
為吳中英立；旌表節孝坊，在普濟
橋北，為陳溶妻吳氏立；旌表貞孝
坊，在報恩寺東，為陶松齡聘妻張
氏立⋯⋯記坊表五十四通。

·· 窯洞

就黃土山的山崖挖成的當作住屋的
山洞或土屋。

窯洞應是夏商時代的一種住房，一
直延續到現在，廣泛分佈在河南、河
北、山西、陝西、甘肅等省的黃土地
區。窯洞式住宅有兩種。一種是靠崖
窯，在天然的黃土崖上開鑿橫洞，常
數洞相連，或上下數層，有的在窯內
加砌磚券（xuàn ⑩ hyun³）或石券，
防止泥土崩落，或在洞外砌磚牆，保
護崖面。在預留的門窗的位置安上門
框、窗框，以安門窗。規模較大的則
在崖外建房屋，組成院落，稱作“靠
崖窯院”。另一類在平坦的黃土地上，
鑿挖方形或長方形平的深坑，沿着坑
面開鑿窯洞，稱作“地坑窯”或“天
井窯”。如附近有天然土崖，則掘隧
道與外部相通。大型地坑窯院有兩個
或兩個以上的地坑相連，可住二三十
戶。此外，還有在地面上用磚、石、
土坯等建造一層或二層的拱券式房
屋，稱“錮窯”。用數座錮窯組合成的
院落，稱作“錮窯窯院”。

陝西窯洞

·· 四合院

中國傳統的院落式住宅之一。北京
四合院最為典型，經過長期的經驗
積累，至明代，形成了一套成熟的
結構和造型。

這種住宅的佈局，按着南北縱軸線
對稱地佈置房屋和院落。住宅大門
多位於東南角上。門內迎面建影
壁，使外人看不到宅內的活動。自
此轉西至前院。南側的倒座通常做
客房、書塾、雜用間或男僕的住
所。自前院經縱軸線上的二門（有
的是裝飾華麗的垂花門），進入面積
較大的後院。院北的正房的堂用來
待客，兩頭的室供長輩居住，東西
廂房是晚輩的住處，周圍有走廊相
連。另在正房的左右，附以耳房和
小跨院，做廚房、雜用房和廁所。
或在正房後面，再建後罩房一排。
住宅的四周，由各座房屋的後牆及
圍牆所封閉，後牆一般不開窗，而

在院內栽植花木或陳設盆景。大型住宅則在二門內，以兩個或兩個以上的四合院前後排列，有的還在左右建別院，更大的住宅在左右或後部建花園。

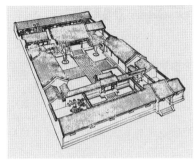

北京四合院

·· 干欄式住宅

中國南方許多民族的一種傳統住房。

考古挖掘，浙江吳興錢山漾發現新石器時代晚期的下部架空的干（gān 粵 gon¹）欄式住宅遺址，長方形，在密樁上留有承載地板的木樑，樑上有大幅竹蓆，可能是地板上的鋪墊物。還有蘆葦、竹竿、樹枝等，應是牆壁或屋頂材料，灶卻在遺址的外面。居住在廣西、貴州、雲南、海南、台灣等處亞熱帶地區的少數民族，因氣候炎熱，而且潮濕、多雨，為了通風、採光和防獸防盜，採用了下部架空的干欄式結構的住宅。這種住宅的佈局和結構富於變化。結構以木架居多，但也有全部用竹料的——稱作"竹樓"。平面多為橫長形。下部做畜圈、碾米場

及儲藏室等。樓梯在室內或室外，不拘一格。上層前部為寬廊及曬台，後部是堂與臥室，室內設火籠和佛龕（kān 粵 ham¹），兩側各加過間，形成較大的空間。堂後隔出臥室數間，外部伸出，稱為"挑廊"。並利用屋頂做成閣樓，巧妙地處理內部空間。

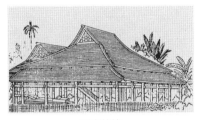

雲南竹樓

湖南吊腳樓

13

車馬

·· 車馬

先秦時期的文獻常常車、馬並舉，説到馬即連帶着車，説到車也意味着有馬。

一般來説，沒有無馬的車（馬車之外還有牛車），也沒有無車的馬。因此，古人所謂御車也就是御馬，所謂乘馬也就是乘車。《論語·雍也》："赤之適齊也，乘肥馬，衣輕裘。"這裏的乘肥馬，就是説乘肥馬駕的車。戰國以前，馬是專為拉車用的。《左傳·昭公二十五年》："左師展將以公乘馬而歸。"唐孔穎達疏："古者，服牛乘馬，馬以駕車，不單騎也。至六國之時始有單騎，

蘇秦所云'車千乘，騎萬匹'是也。"但孔疏又引劉炫的話，以為左師展"欲共公單騎而歸"，這是"騎馬之漸（始）"。據此，春秋時代可能有騎馬的事，也只是極個別的情況。到了戰國時代，趙武靈王從匈奴學來了騎馬，胡服騎射，每戰必勝，其他各國也跟着學胡服騎射，後來騎馬之風才逐漸興盛起來。但是騎馬、坐馬車並行不廢，一直到後世。上古乘車通常是"立乘"，即站立在車廂（輿）中，並要講究立乘時儀容姿勢，即所謂"立車之容"。"坐乘"比較少見，那是尊老敬賢的一種表示。婦女乘車，只能坐乘，也要講究"坐車之容"，不能太隨便。

馬車　小車　戎車

先秦時期的馬車車廂較小，用於出行，也用於作戰，故又有小車、戎車之名。

從考古發掘的遺跡來看，商代和西周時馬車的製作已達到很高水平。當時的馬車都是雙輪，車廂為方形或長方形，車輪大，車廂小，獨轅，駕兩馬或四馬。為了加固車體，在關鍵部位使用了青銅構件，如轂（gǔ 🔊 guk¹）的兩端套上青銅箍（gū 🔊 ku¹），就不易散裂。另有用銅、貝、黃金製作的裝飾件，十分考究。西周的車還裝上鑾鈴，最豪華的要裝八個鑾鈴，行駛起來，鈴聲清越響亮。《詩經·大雅·烝民》："四牡騤騤，八鑾喈喈。"

到了漢代，馬車的形制發生了很大變化，獨轅車逐漸減少，雙轅車逐漸增多。車的種類繁多，其用途亦愈趨專門化。漢代最高級的馬車是"輅車"和"金根車"，裝飾華麗，車上有"鸞鳥立衡、羽蓋華蚤"，這是皇帝乘坐的。高級官員乘"軒車"，一般官員乘"軺（yáo 🔊 jiu⁴）車"，婦女乘"輜（zī 🔊 zi¹）車"。還有一種車與牛車（大車）基本一致，卻用馬來拉，即所謂"大車駕馬"，叫"轀（jú 🔊 guk¹）車"，是用來運載貨物的。此外還有各種專用車，如用作儀仗、上立斧鉞的"斧車"，在儀仗中載樂隊的"鼓吹車"，狩獵用的"獵車"，載運猛獸或犯人的"檻車"。唐宋以後，坐轎子的風氣盛行，出現了騾馬拉轎車。

大車　牛車

商周時期，就已經有牛車了。

《周易·繫辭下》："服牛乘馬，引重致遠，以利天下。"（服、乘皆為駕馭之意）。春秋戰國至兩漢，人們一般只乘馬車，不乘牛車，牛車只用於載物運輸。《史記·平準書》："漢興，接秦之弊，丈夫從軍旅，老弱轉糧饟，作業劇而財匱，自天子不能具鈞駟，而將相或乘牛車。"但魏晉以後，乘牛車在一個時期裏變得非常流行。一些貴族、名士都講究乘牛車。《南齊書·陳顯達傳》："家既豪富，諸子與王敬則諸兒並精車牛，麗服飾。當世快牛，稱'陳世子青'、'王三郎烏'、'呂文顯折角'、'江曇雲白鼻'。"當時連皇宮裏也養牛，形成一種風氣。據《舊唐書·李密傳》載，隋末李密年輕時，曾騎牛外出，掛《漢書》於牛角，一面抓着牛鞭，一面翻書閱讀。

戰車　兵車

戰車也叫"兵車"。

用戰車作戰稱作"車戰"。車戰始於殷代，盛行於春秋戰國。戰鬥時，戰車用於衝擊敵陣；行軍時，則用於載運糧草；駐軍時，則用來結陣紮營。戰車在作戰時，甲士三人立於車上，御手居中，左邊甲士持弓，右邊甲士持矛，其餘步卒隨車進擊。主帥所在的戰車則不同，主帥居中自掌旗鼓，御者在左，右邊一甲士保護主帥，稱"車右"。戰車用四匹馬駕駛，戰車的單位叫"乘 (shèng ⑧ sing⁶)"。一乘包括一輛車、四匹馬，以及配屬於這輛車的若干名戰士。春秋時期，戰車一乘配置甲士三人，步卒七十二人。後來數量有所變化。從發掘的秦始皇兵馬俑的情況來看，當時每輛戰車配屬的戰士為五六十、六七十不等。《左傳・隱公元年》："命子封帥車二百乘以伐京。"這意味着這次戰鬥隱公出動二百輛戰車，一萬五千名士兵。

•• 轒轀　木驢

古代攻城用的一種特殊戰車。

下裝四輪，頂上兩側皆用木頭和生牛皮構成堅固屏蔽，以保護裏邊士卒不被弓箭和滾木檑石所傷。《孫子・謀攻》："攻城之法，為不得已，修櫓轒轀 (fén yūn ⑧ fan⁴ wan¹)。"杜牧註："轒轀，四輪車，排大木為之，上蒙以生牛皮，下可容十人。往來運土填塹，木石所不能傷。今所謂'木驢'是也。"

•• 輦

人推或拉的車。

《說文・車部》："輦，輓車也……在車前引之。"段玉裁註："輦設輅 (hé ⑧ lou⁶) 於車前，用索輓之。"（輅：綁在車轅上供人牽挽的橫木）《周禮・地官・鄉師》："大軍旅，會同，正治其徒役，與其輂輦。"（會同：會盟和共同朝見天子）鄭玄註："輦，人輓行，所以載任器，止以為蕃營。"（器：器具）《漢書・貨殖列傳》："秦破趙，遷卓氏之蜀，夫妻推輦行。"秦漢以後，專指帝王后妃在宮中乘坐的輕便的車。唐代慧琳《一切經音義》卷二十七引《玉篇》："天子、皇后所乘車曰輦也。"《漢書・霍光傳》："王入朝太后還，乘輦欲歸溫室。"

•• 軒車

一種曲轅、前頂較高、裝有帷幕的馬車。

先秦時，供卿大夫、諸侯夫人乘坐，漢代供高級官員乘坐。《左傳・閔公二年》："衛懿公好鶴，鶴有乘軒者。"晉杜預註："軒，大夫車。"唐孔穎達疏："服虔曰：車有藩曰軒。"軒車的車帷往往繪有花紋，彩飾華美，這種軒車又叫"文軒"。《墨子・公輸》："今有人於此，舍其文軒，鄰有敝輿而欲竊之。"後來軒車成了車子的通稱。

輶

古代一種輕便小車，一般是單馬獨轅，有蓋，四面空敞可遠望。

《說文・車部》：“輶，小車也。”《釋名・釋車》：“輶（yáo ⊕ jiu⁴），遙也，遙遠也。四向遙望之車也。”《史記・季布欒布列傳》：“朱家乃乘輶車之洛陽，見汝陰侯滕公。”司馬貞索隱：“謂輕車，一馬車也。”《漢書・平帝紀》：“親迎，立輶立馬。”顏師古註引服虔曰：“輶音輶，立乘小車也。竝馬，驪駕也。”這是用兩匹馬拉的輶車。輶車又可用作驛車，稱“輶傳（zhuàn ⊕ zyun³）”。據《晉書・輿服志》說，“漢世貴輜軿（píng ⊕ ping⁴）而賤輶車，魏晉重輶車而賤輜軿”。

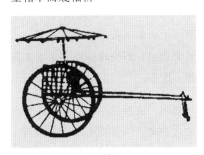

輶車

輼輬車

古代的一種馬拉臥車，裝有帳幔、窗子，可根據冷熱開閉，使車內或溫或涼。

《史記・李斯列傳》：“李斯以上（指秦始皇）在外崩，無真太子，故秘之，置始皇輼輬車中。”裴駰集解引孟康曰：“如衣車，有窗牖（yǒu ⊕ jau⁵），閉之則溫，開之則涼，故名之輼輬車也。”後來輼輬（wēn liáng ⊕ wan¹ loeng⁴）車用作喪車。《漢書・霍光傳》：“載光屍柩以輼輬車。”顏師古註：“輼輬，本安車也，可以臥息，後因載喪，飾以柳翣（shà ⊕ saap³），故遂為喪車耳。”

輜車

古代一種裝有帷蓋的車，多用於載運貨物，人也可以在車中寢臥。

《釋名・釋車》：“輜（zī ⊕ zi¹）車，載輜重，臥息其中之車也。”輜重，指出行時攜帶的行李、物資，常常指部隊行軍時所攜帶的軍械、糧草等軍需物資。《史記・穰（ráng ⊕ joeng⁴）侯列傳》：“穰侯出關，輜車千乘有餘。”《漢書・韓安國傳》：“王恢、李息別從代王擊輜重。”顏師古註：“輜，衣車也。重，謂載重物車也。故行者之資，總曰輜重。”《史記・孫子吳起列傳》：“而孫子為師，居輜車中，坐為計謀。”在漢代，人乘輜車比較普遍，婦女多喜乘輜車。《漢書・張敞傳》：“禮，君母出門則乘輜軿。”據《晉書・輿服志》說，“漢世貴輜軿而賤輶車，魏晉重輶車而賤輜軿”。

輜車

幨車　軿車

有帷幕的車子，古代婦女所乘。

元熊忠《古今韻會舉要》卷十：
"以帷障車旁如裳，為容飾，其上
有蓋，四旁垂而下，謂之幨 (chān
🔊 zim¹)。"古代后妃所乘的車叫
"軿 (píng 🔊 ping⁴) 車"，與幨車相
類，但車廂寬大，裝飾華麗。

棧車

車廂用竹木條編成，可以乘人，可
以載物的輕便車子。

《周禮·春官·巾車》："士乘棧車，
庶人乘役車。"《詩經·小雅·何
草不黃》："有棧之車，行彼周道。"
《左傳·成公二年》："丑父寢於棧
中，蛇出於其下，以肱擊之，傷而
匿之。"因為棧車車廂用竹木條編
成，有縫隙，所以蛇能爬到車廂
中來。

檻車

裝有柵欄的車，用於囚禁犯人或裝
載野獸。

東漢劉熙《釋名》："檻 (jiàn 🔊 haam⁵)
車，上施欄檻，以格猛獸，亦囚禁
罪人之車也。"《漢書·張耳傳》：
"〔貫高〕乃檻車與〔趙〕王詣長安。"
顏師古註："檻車者，車而為檻形，
謂以板四周之，無所通見。"漢揚
雄《長楊賦序》："張羅網罝罘 (jū fú
🔊 ze¹ fu¹)，捕熊羆豪豬，虎豹狖玃
(yóu jué 🔊 jau⁶ fok³)，狐兔麋鹿，
載以檻車，輸長楊射熊館。"（狖
玃：猴子）這種檻車還裝有門、鎖。

安車

古代一種可以在車廂裏坐乘的小
車。上古乘車都是站在車廂裏，可
靠着廂板，而安車可以安坐在車廂
裏，故名。

一般用一匹馬拉，供貴婦人或年老
的大臣乘用。《禮記·曲禮上》：
"大夫七十而致仕（退休），若不得
謝，則必賜之几杖，行役以婦人，
適四方，乘安車。"漢鄭玄註：
"安車，坐乘，若今小車也。"漢
代以後，官員告老，或徵召德高望
重的大臣，往往賜乘安車，這是一
種優禮表示。安車多用一馬，若用
四馬，則是特殊的禮遇。《史記
·儒林列傳》："於是天子使使束帛加

壁，安車駟馬迎申公，弟子二人乘
軺（yáo ⏺ jiu⁴）傳從。”申公年高
德劭，故漢武帝用駟馬安車去迎
接。其弟子從行，只能乘一馬或二
馬拉的普通傳車（軺傳）。

·· 轎車

舊時一種用馬或騾拉的車，有頂，四
周有帳幔，車廂形狀像轎子，故名。

用騾牽挽的轎車又叫“騾車”。中國
從唐宋開始盛行坐轎之風，大約因
為這個緣故，人們把車廂製作成轎
形，乘坐比較舒適。

轎車

·· 輂　獨輪車

西漢末、東漢初創製了獨輪車。

四川成都揚子山漢墓的畫像石，四川
渠縣燕家村、蒲家灣的漢代石闕，上
面都有獨輪車。漢陳壽的《三國志·
蜀志·諸葛亮傳》：“亮長於巧思，損
益連弩，木牛流馬，皆出其意。”“損
益連弩，木牛流馬”兩句應連讀為
“損益連弩木牛流馬”，即諸葛亮不僅

改造了連弩，也改造了木牛流馬，但
不是首創。宋代高承《事物紀原》卷
八：“木牛即今小車之有前轅者，流
馬即今獨推者是，而民間謂之‘江州
車子’。”獨輪車至今還在一些農村
使用，四川稱之為“雞公車”，江南
稱之為“羊角車”。

·· 般載車　太平車

宋代用以裝運貨物的車。大的叫“太
平車”，略小的叫“平頭車”。

車廂兩側有攔板，前有多頭牲畜牽
引。宋孟元老《東京夢華錄·般載
雜貨》：“東京般載車，大者曰‘太
平’，上有箱無蓋，箱如構欄而平，
板壁前出兩木，長二三尺許，駕車
人在中間，兩手扶捉鞭鞍駕之。前
列騾或驢二十餘，前後作兩行；或
牛五七頭拽之。車兩輪與廂齊，後
有兩斜拖（剎車用的）。夜，中間
懸一鐵鈴，行即有聲，使遠來者車
相避。仍於車後繫驢、騾二頭，遇
下峻險橋路，以鞭唬之，使倒坐縋
（zhuì ⏺ do²）車，令緩行也。可載
數十石（dàn ⏺ daam³）。”

·· 肩輿　轎子

肩輿就是用肩抬着的輿，即轎子。

相傳大禹治水，上山下山則乘肩輿。
最初的轎子很像現今四川的滑竿，
椅子兩邊綁兩長竿，椅子上坐人，

上邊沒蓋，兩人抬着。後來，不斷改進，椅子上下四周增加覆蓋遮蔽物，四方形，尖頂，並加種種裝飾，既大方又舒適，唐宋以後非常盛行。宋王鞏《甲申雜記・阮逸》："後有儀為海州部曹，至淮舟沒，憑轎子浮水上得脫。"宋陸游《老學庵筆記》卷十："蔡太師作相時……出入乘棕頂轎子，謂之太師轎子。"抬轎子的人數因轎子的種類而異，少則二人，多則數人。清代有所謂"八抬大轎"，用八個人抬，應是高級官員的轎。

騎

① 古代一人一馬的合稱。

漢樂府《陌上桑》："東方千餘騎 (jì ⑧ gei⁶)，夫婿居上頭。"這是採桑女羅敷自誇她丈夫為大官，從行有千騎之盛。

② 騎又特指騎兵。

《史記・項羽本紀》："沛公旦日從百餘騎來見項王。"

駢 驂 駟 服 騑

兩馬並駕一獨轅車曰駢 (pián ⑧ pin⁴)；三馬並駕一車曰驂 (cān ⑧ caam¹)；四馬並駕一車曰駟 (sì ⑧ si³)。

駕車的馬若是三匹或四匹，就有驂、服之分。獨轅車駕四馬，中間

兩匹叫"服"，外邊兩匹叫"驂"，左驂、右驂。戰國楚屈原《國殤》："左驂殪兮右刃傷。"一說服左邊的馬叫驂，服右邊的馬叫騑 (fēi ⑧ fei¹)。三馬駕雙轅車，中間駕轅的馬叫"服"，兩邊的馬叫"左驂、右驂"。

車右

古代車戰時，一車三人，陪乘在御者右邊的武士。

車右皆選擇力士，披鎧甲，執兵器，作戰時保護主帥和將軍，行車遇到障礙時則下車助推。《左傳・成公二年》："癸酉，師陳於鞌 (ān)，邴夏御齊侯，逢 (páng ⑧ pung⁴) 丑父為右。晉解 (xiè ⑧ gaai³) 張御郤 (xì ⑧ gwik¹) 克，鄭丘緩為右。"右就是車右。

驂乘

也作"參乘"。古人乘車"尚左"，即以居左為尊，御者居中，兩手分別拉着幾匹馬的韁繩，另有一人居右陪乘，陪乘的人就叫"驂乘 (cān shèng ⑧ caam¹ sing⁶)"。

其職責是隨侍尊者，防備車輛傾側。兵車的情況有所不同，御者居左，主帥居中自掌旗鼓指揮作戰，車右一人，不稱驂乘而稱"車右"。《漢書・文帝紀》："乃令宋昌驂乘。"

顏師古註：“乘車之法，尊者居左，御者居中，又有一人處車之右，以備傾側。是以戎事則稱‘車右’，其餘則曰‘驂乘’。”

輿

車廂。

古代的車廂較小，前低後高，前面的橫梁叫“軾”，軾下面圍着木板叫“軓（fàn ⓹ faan⁴）”，車廂兩側的木板叫“輢（yǐ）”，輢上的木框叫“較”，輢前後的立柱叫“軹（zhǐ ⓹ zi²）”，下面的四框叫“軫（zhěn ⓹ can²）”，固定在車軸上。考古發現，上古的車輿有方形、長方形，還有六角形的。後面無板，供乘車人上下，車上還有一根繩子，供人乘車拉手用，叫“綏”。《論語·鄉黨》：“升車，必正立執綏。”有的車輿四周不是木板，而是高高的欄杆。上古乘車一般是“立乘”，路不平或站累了可靠在廂板上或欄杆上。一般車輿上裝有活動的圓形車蓋，像一把大傘，用來遮陽擋雨。凡車必有輿，故輿又借指車。《老子》第八十章：“雖有舟輿，無所乘之。”

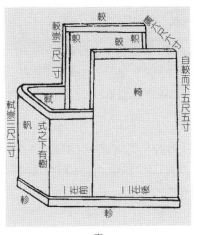

輿

輈

車轅。

小車上的獨轅，一槓居輿前正中，朝前上曲，前端與架在馬脖子上的衡固定在一起，後端固定在軸上，車廂的軫木固定在輈上。《左傳·隱公十一年》：“潁考叔挾輈（zhōu ⓹ zau¹）以走。”也借指車。戰國楚屈原《九歌·少司命》：“駕龍輈兮乘雷，載雲旗兮委蛇。”

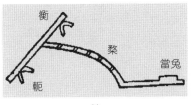

輈

轅

車轅，夾在駕車牲口兩側的直木，後端固定在軸上，前端固定在軛（è ⓟaak¹，粗橫木）上，用於大車（牛車）。

上古載人的馬車多是單轅直木，而非曲木，漢代的車子形制多樣，駕車的馬以一匹為常，而且是雙轅。古代帝王巡狩田獵，或軍隊作戰，止宿時都結車為營，出入口以兩車上揚，車轅相向，構成一座"門"，就是"轅門"。轅門也泛指軍營營門。《史記·項羽本紀》："項羽召見諸侯將，入轅門，無不膝行而前，莫敢仰視。"後來地方高級官員及地方高級將領的官署，亦稱"轅門、行轅"。

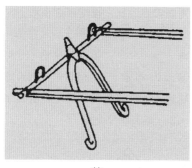

轅

衡

車轅前端套牲口的橫木。

用軏（yuè ⓟjyut⁶）即青銅鑄的銷子固定在轅端，衡上安有四個或兩個略近人字形的青銅鑄件或粗壯木杈，這個人字形物件叫"軛"，夾在馬脖子上，馬靠這個拉車，作用似後世馬的夾板。

軛

車轅前端駕在牲口脖子上的橫木。

用輗（ní ⓟngai⁴）即青銅鑄的銷子固定在轅頭上，或橫木略呈人字形，或軛的中間用厚木板，木板中間下缺為人字形或弧形。大車的橫木叫"軛"，小車衡下的配件也叫"軛"，而且與衡連在一起，所以"衡軛"往往並稱。《莊子·馬蹄》："夫加之以衡扼，齊之以月題。"（之：指馬。扼：通軛。月題：馬額上的飾物）

輗　軏

車轅前頭與衡、軛連結處用以固定的銷子。

區別而言，輗用於大車（牛車），軏用於小車（馬車）。《論語·為政》："大車無輗，小車無軏，其何以行之哉？"

軾

設於車輿前面的橫木，形如半框，有三面，下與軓（fàn ⓟfaan⁴）板相連，供人扶手或憑倚用。

古人在行車途中，前面遇到人或車，即俯身低頭表示敬意，這個動作也叫"軾"或"式"。《禮記·檀弓下》：“孔子過泰山側，有婦人哭於墓者而哀，夫子式而聽之。”《淮南子・修務訓》：“段干木辭祿而處家，魏文侯過其閭而軾之。”但“兵車不軾”，大約因為甲冑在身，不便於俯身低頭。

轂

車輪中心的圓木，有孔，車軸即穿在孔中。

轂（gǔ 粵 guk¹）和輞（wǎng 粵 mong⁵）是兩個同心圓，其間用輻條相接，即構成車輪。《老子》第十一章：“三十輻共一轂，當其無，有車之用。”

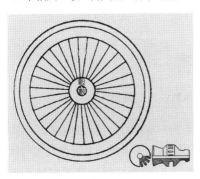

轂

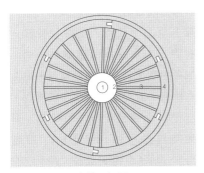

車輪正視圖
1. 軸　2. 轂　3. 輻　4. 輞

輞

木製車輪的外框。《釋名・釋車》：“輞，網也，網羅周輪之外也。”

輞通過輻條與中心的轂相連接，構成車輪。外則釘上與輞同寬略厚略帶弧形的一塊一塊車瓦。春秋以前用銅、青銅鑄件，戰國以後則用鐵。

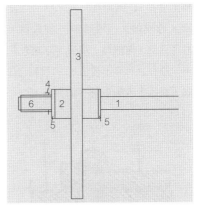

輪軸圖
1. 軸　2. 轂　3. 輞
4. 轄　5. 箍　6. 軎

軎　轊

二字同音同義。車軸伸出轂的部分要套上一個金屬筒加以保護，這就是“軎”（wèi）。古代多用青銅鑄件。

《史記・田單列傳》：“燕師長驅平齊，而田單走安平，令其宗人盡斷其車軸末而傅鐵籠。已而燕軍攻安平，城壞，齊人走，爭塗，以轊（wèi）折車敗，為燕所虜，惟田單宗人以鐵籠故得脱。”

舝

古代車軸兩端穿過車輪，伸出轂外，為防止車輪脫落滑出，在舝上緊挨着轂的位置打一通孔，插上個銷子，這個銷子就叫"舝"。

舝用青銅或鐵，可隨用插上拔下。《淮南子·人間訓》："夫車之所以能轉千里者，以其要在三寸之舝。"《漢書·陳遵傳》："遵嗜酒，每大飲，賓客滿堂，輒關門，取賓客車舝投井中，雖有急，終不得去。""投舝"就成了表示主人殷勤待客的典故。

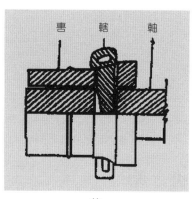

書　舝　軸

舝

軌

①指車軸露出轂外的部分，即"舝"。

《詩經·邶風·匏 (hù ⑧ paau⁴) 有苦葉》："濟 (jǐ ⑧ zai²) 盈不濡軌。"謂濟水雖滿，駕車渡河，河水沒打濕軌，即水深不到半輪高。

②指車兩輪間的距離，也指兩輪在路上軋出的痕跡，又叫"轍"。

"車同軌"指天下各地車子兩輪的距離相同。兩輪的間距既規定了統一的尺寸，所有車子軋出的車轍也就相同了，行車非常順暢。

軔

用以阻礙車輪滾動的橫木。

吊在車輿的下面，在兩輪的後面，離得不遠，車前軾下安一槓桿，槓桿下端用繩索和軔連接，以便操縱。要車緩行下坡或停車便拉軔，要行車便鬆開。戰國楚屈原《離騷》："朝發軔於蒼梧兮，夕余至乎縣 (xuán ⑧ jyun⁴，同"懸")圃。"後來"發軔"便指事情的開始。

轡

駕馭牲口的韁繩。

上古一車四馬，共八根韁繩，中間靠轅的兩匹服馬，左服馬右側的韁繩、右服馬左側的韁繩都拴在轅上。剩下六根韁繩，左驂、左服、右驂三匹馬的左側的韁繩為一組，馭者用左手拉着，左驂、右服、右驂三匹馬右側的韁繩為一組，馭者用右手拉着，便於控制車馬左右轉彎。雖然還沒有出土的實物，但從出土的畫像石上可推知，商周時代已用轡 (pèi ⑧ bei³) 控制馬匹了。《左傳·成公二年》："左並轡，右援枹而鼓。"晉軍主帥郤

(xì 粵 gwik¹) 克被箭射傷，不能擊鼓了，御者把右手的韁繩都放到左手，右手拿過鼓槌繼續擊鼓。

·· 轡頭　轡銜

轡頭即籠頭，轡銜即籠頭和嚼子，也稱"轡勒"。是為駕馭馬、牛等牲口而套在牠們頭上的器具。

古代貴族奢靡，用黃金做馬嚼子。唐杜甫《哀江頭》："輦前才人帶弓箭，白馬嚼齧 (niè 粵 jit⁶) 黃金勒。"仇 (qiú 粵 kau⁴) 兆鰲註："《明皇雜錄》：上幸華清宮，貴妃姊妹各購名馬，以黃金為銜勒。"

14 兵器戰具

·· 五戎

五種兵器。

《禮記·月令》:"〔季秋之月〕天子乃教於田獵,以習五戎。"鄭玄注:"五戎謂弓矢、殳(shū 粵syu4)、矛、戈、戟也。"《呂氏春秋·季秋》:"以習五戎獀(sōu 粵sau1)馬。"(獀:打獵)高誘注:"五戎,五兵,謂刀、劍、矛、戟、矢也。"

·· 五刃

五種兵器。

《國語·齊語》:"教大成,定三革,隱五刃。"韋昭注:"三革,甲、胄、盾也。五刃,刀、劍、矛、戟、矢也。"也泛指各種兵器。唐李商隱《為汝南華州賀赦表》:"五刃藏而九土咸辟。"

·· 直兵　刺兵

兵,是兵器。

古代矛、槍、劍等直刺類兵器的

統稱。《墨子‧魯問》："昔白公之禍，執王子閭，斧鉞鈎要（腰），直兵當心。"注："直兵，劍矛之屬。"《周禮‧考工記‧盧人》："凡兵，句（gōu ⑧ ngau¹）兵（戈戟之類）欲無彈（tán ⑧ taan⁴），刺兵欲無蜎（yuān ⑧ jyun¹）。"（彈：搖動；蜎：屈曲）鄭玄注："刺兵，矛屬。"

‧‧ 劍

兵器。

長刃兩面，中間有脊，短柄，橫截面為◁▷形。首見於商代，初行於西周，盛行於春秋戰國時代。據古書記載，春秋戰國時名劍很多，如干將、莫邪（yé ⑧ je⁴）、龍泉、太阿、純鈎、湛盧、魚腸、巨闕等，都被世人所稱道。1965 年在湖北江陵出土的越王勾踐劍，在地下埋藏了兩千多年，仍舊閃光鋒利。商代、西周到春秋中期，青銅劍多呈銳尖雙刃銅片形或矛頭形，莖（柄柱，把手）極短，尚未成為柄，像匕首，無鞘，插在腰間，用於格鬥，但主要用於吃肉。春秋中期至末期，青銅劍的短莖加長變成柄，劍身加長，刃與柄的銜接處，加寬為劍格（護手）◁┼，但劍柄仍短不易把握，故在柄上故意凸出一圈以容中指，以便手能緊握避免滑脫。到春秋末期至戰國初期，劍身再加長，柄也加長、劍格（護手）加寬，而且加以

雕刻鑲嵌，柄的裝潢日益華美，且有以玉為首（柄頭），以玉為格的。劍身及銅柄上，常有金絲鏤花，有的劍身上還有銘文。戰國中後期，冶鐵業開始興盛，出現了鑄鐵劍，其鋒利程度遠勝於青銅鑄劍，但不是純鑄鐵（生鐵），通過反復燒鍛，去掉其中的部分碳，使其韌性提高，不易斷。秦漢以後，直至清末，劍的特點是劍體甚長，劍格加大，劍體為鋼甚至彈簧鋼，劍柄細小無後，外加銅片或木片包夾，柄首亦加大，常護以銅片。格、柄、首都是外加的材料，與劍身已不屬於一體。

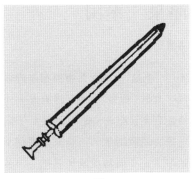

劍

‧‧ 干將　莫邪

春秋時兩把寶劍。

據《搜神記》、《列異傳》等記載，干將、莫邪（yé ⑧ je⁴）二人為夫婦，楚王命干將鑄造寶劍，三年成雌雄二劍，雄為"干將"，雌為"莫邪"，干將自知楚王必將怒其延期而殺他，遂藏雄劍留給其子。後其子終

向暴君報了父仇。另據《吳越春秋》卷四載，春秋時，吳人干將莫邪夫婦善鑄劍，吳王闔閭命其鑄劍，煉鐵爐三個月鐵汁流不出來，莫邪問該怎麼辦，干將説，吾師冶鐵，金鐵不熔，夫妻俱入爐中，然後功成。莫邪於是斷髮剪指甲投入爐中，又用多人鼓風添炭，鐵汁流出，鑄成陰陽二劍，雄劍名干將，雌劍名莫邪。干將明知延期肯定被殺，故僅將雌劍獻給吳王闔閭，而將雄劍傳子。魯迅曾據此寫成故事新編《鑄劍》。後用干將、莫邪泛稱寶劍。

龍泉　泰阿

古寶劍。

本叫"龍淵"，唐代為避高祖李淵名諱，改稱"龍泉"。據《越絕書・外傳記寶劍》記載，楚王派風鬍子到吳國去請歐冶子、干將來鑄鐵劍，歐冶子、干將鑄成鐵劍三把，一名龍淵，二名泰阿（ē 📣 o¹），三名工布。楚王見到這三把劍非常高興，問道："何謂龍淵、泰阿、工布？"風鬍子回答："欲知龍淵，觀其狀，如登高山，臨深淵。欲知泰阿，觀其釽（gū 📣 gu¹），巍巍翼翼，如流水之波。欲知工布，釽從文起至脊而止，如珠不可衽，文若流水不絕。"（釽：刃上碎錦式花紋）風鬍子的回答都是就劍身花紋而言。據《晉書・張華傳》，晉代張華見斗、牛二星之間有紫氣，後使人於豐城獄中掘地，"掘獄屋基，入地四丈余，得一石函，光氣非常，中有雙劍，並刻題，一曰龍泉，一曰太阿。其夕，斗牛間氣不復見焉"。

湛盧　純鈞
勝邪　巨闕

古寶劍。

相傳春秋時歐冶子所鑄。《越絕書・外傳記寶劍》："歐冶乃因天之精神，悉其伎巧，造為大刑三，小刑二：一曰湛（zhàn 📣 zaam³）盧，二曰純鈞，三曰勝邪，四曰魚腸，五曰巨闕。吳王闔廬之時，得其勝邪、魚腸、湛盧。"（刑：通型，鑄模）又載："越王勾踐有寶劍五，聞於天下，客有能相劍者名薛燭，王召而問之……揚其華，捽（zuó 📣 zeot¹）如芙蓉始出；觀其釽，爛如列星之行；觀其光，渾渾如水之溢於塘；觀其斷〔物〕，岩岩如瑣石；觀其才，煥煥如冰釋，此所謂純鈞耶。"以上皆就劍身花紋、劍刃異光而言。

魚腸

古寶劍。

相傳春秋時歐冶子所鑄五把寶劍中的一把。因劍的紋理屈襞（bì 📣 bik¹，摺疊）蟠曲如魚腸，故得此名。

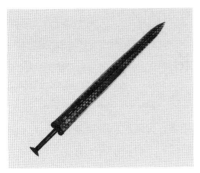

越王勾踐劍

·· 鈹

兵器。

形如刀而兩面有刃。《說文·金部》："鈹 (pī 🔊 pei¹)，劍如刀裝者。"段玉裁注："劍兩刃，刀一刃，而裝不同，寶劍而用刀削裹之是曰鈹。"《左傳·昭公二十七年》："抽劍刺王，鈹交於胸。"又大矛也叫"鈹"。

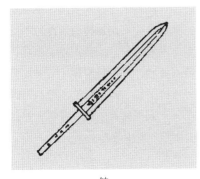

鈹

·· 匕首

短劍。

其首似匕，因而得名。荊軻刺秦王，將匕首藏在捲起來的地圖裏，"圖窮

而匕首見 (xiàn 🔊 jin⁶)"。《史記·吳太伯世家》："使專諸置匕首於炙魚之中以進食，手匕首刺王僚。"

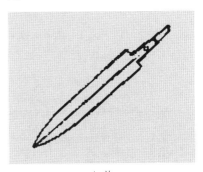

匕首

·· 鞘

裝刀劍的套。

春秋及以前的劍較短，沒有劍鞘 (qiào 🔊 ciu³)，就插在束腰的帶上。戰國時，出現了鐵劍，劍體漸長，劍柄漸大，劍刃又很鋒利，插腰不安全，於是做劍鞘。劍鞘用竹木皮革製作，再用金、銀、銅、錫或玉石加以裝飾。宋歐陽修《日本刀歌》："魚皮裝貼香木鞘。"

·· 矛

兵器。

商代以前的矛採用天然的獸角、竹木或帶尖的石塊，竹木不用再加桿，獸角、石塊就綁在矛桿上。商代製作了青銅矛頭，綁在矛桿上，春秋時，已能將矛的後部鑄成筒狀鞘，把矛桿安上，更牢固。漢代以後，多用鐵矛，更鋒利。《韓非子‧難一》："楚人有鬻楯與矛者，譽之曰：'吾楯之堅，物莫能陷也。'又譽其矛曰：'吾矛之利，於物無不陷也。'或曰：'以子之矛，陷子之楯，何如？'其人弗能應也。"

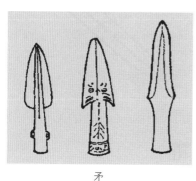

矛

•• 矟

同"槊"。兵器。

長矛。《釋名‧釋兵》："矛長丈八尺曰矟（shuò 🔊 sok³），馬上所持，言其矟矟便殺也。"《舊唐書‧尉（yù 🔊 wat¹）遲敬德傳》："敬德善解避矟，每單騎入賊陣，賊矟攢刺，終不能傷。"

•• 蛇矛

兵器名。

矛之長者。《晉書‧劉曜載記》："〔陳〕安左手奮七尺大刀，右手執丈八蛇矛，近交則刀矛俱發，輒害五六〔人〕；遠則雙帶鞬服，左右馳射而走。"《三國演義》裏的張飛即用丈八蛇矛。

•• 槍

兵器。

長柄有尖頭的刺擊兵器。《墨子‧備城門》："槍二十支，周置二步中。"到了宋代，槍的形制多了起來。騎兵有單鈎槍、雙鈎槍、環子槍等。步兵用的有素木槍、頸（yà 🔊 aa³）項槍、錐槍、梭槍、大寧筆槍等。又有攻城專用的短刃槍、短錐槍、抓槍、蒺藜槍、拐槍、拐突槍、拐刃槍等。

•• 標槍

手擲用槍。

宋元時已廣泛使用。清代所用標槍，為鐵鏃，安裝木柄或竹竿，或完全用鐵。用鋼鐵製的，長約二尺半，用木柄的，鏃長六寸，桿長一尺八九寸，重不到兩斤。純鐵打製的標槍更短，不及兩尺，重不到四斤。一人僅能帶四槍，技精者能於五十步外擲中敵人。

•• 句兵

用以鈎挽敵人的兵器。

鈎敵人的頸項而致其死，或鈎近後用短兵器刺死或砍死。戈、戟都屬句（gōu 🔊 ngau¹）兵。明代的鐵鈎槍、鈎鐮刀等長柄槍刀也都屬於句兵。中國上古的句兵，可分為兩類：一類是戈身鑄時留幾個細而長的孔，用皮條穿過孔把柄綁牢，一類是戈戟的下部有可以插柄的長圓的筒叫"銎（qióng 🔊 kung⁴）"，插上長柄。殷墟出土文物以第一類較多。

戈

兵器名。

《說文·戈部》"戈，平頭戟也。"《詩經·秦風·無衣》："王於興師，修我戈矛。"《史記·禮書》："古者之兵，戈矛弓矢而已。"青銅鑄，盛行於殷周，秦以後逐漸消失。戈的各部分都有專名。其主要部分橫向，像寬刃的大匕首，用以鈎啄敵人，稱"援"。援的根部轉折而下，略短，其上有孔，用以穿皮條或繩，綁在柄上，稱"胡"或"漫胡"。援後的短柄稱"內"，用以插上長木柄，內上有孔叫"穿"，穿可貫索綁在手執木柄的上端，使戈頭與手柄牢固而不左右移動。

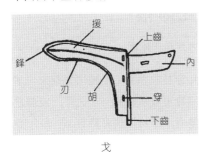

戈

戟

是戈矛合體的兵器。

長柄，頂端有直刃，兩旁各有橫刃，可以直刺，可以勾，可以斬，是一物具有三用的兵器。最早為青銅製，至戰國時始有鐵製。《說文·戈部》："戟，有枝兵也。"段玉裁注："戟為有枝之兵，則非若戈之平頭，而亦非直刃，似木枝之斜出也。"《詩經·秦風·無衣》："王於興師，修我矛戟，與子偕作。"《左傳·襄公二十三年》："或以戟鈎之，斷肘而死。"《三國演義》中的呂布使用方天畫戟。

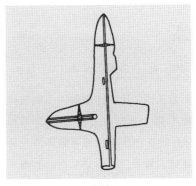

銅戟

椎

也作"槌、錘"。捶擊的兵器。

一頭有柄，椎頭狀如瓜，或木或銅或鐵。形狀多種，重量也不同。《史記·留侯世家》："〔張〕良嘗學禮淮陽，東見滄海君，得力士，為鐵椎（chuí 🔊 ceoi⁴）重百二十斤。"張良

在博浪沙狙擊秦始皇用的就是這種
兵器。

鐧

本作"簡"。兵器的一種。

形狀像鞭，長而無刃，有三稜或四
稜，上端略小，下端有柄。元關漢
卿《關大王獨赴單刀會》第三折：
"三股叉，四楞鐧 (jiǎn 🔊 gaan²)，
耀日爭光。"宋朝名相李綱用過
的鐧是鑄鋼的，重七斤二兩，長
九十六點五厘米，鐧身刻有嵌金篆
文"靖康元年李綱製"七字，並配有
圓形紅木套。

鏢

也作"鑣"。投擲的武器。

形如矛頭，用以遙擲傷人。如清代
脫手鏢，有三稜五稜及圓筒等形
狀，能在四十步以外中敵。清代最
通行的鏢長三寸六分，重六七兩。
可分為三種：一為衣帶鏢，即在鏢
的末端紮紅綠綢二寸許，紅綠綢名
為鏢衣，擲鏢人可據以觀察鏢飛行
路線和是否擊中；二為光桿鏢；三
為毒藥鏢。脫手鏢以十二支或九支
為一槽，可連擲，每槽必有一絕手
鏢，較他鏢大，不得已時始用之。

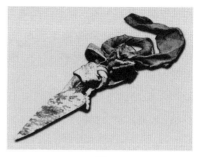

鏢

飛叉

**出現於宋代，清代特盛。能於百步
外叉人。**

叉全體鐵鑄，長約九寸，叉頭佔三分
之一，鞘佔三分之二，叉頭分三股或
五股，三股較多，中股挺出如槍頭，
左右二股呈半圓形，環抱在中股的
兩側，半圓形的兩股叉尖靠近中股，
很銳利，半圓形的外側也是薄刃，甚
鋒利。叉鞘插木柄，較細，愈往後愈
粗，柄長約六寸，叉重在一至二斤。
每九叉為一聯，用皮袋盛之，斜捆在
肩背之後，叉頭向上。

九節鞭

古代用作暗器。

每節長三四寸，用鐵環連起來，不
用時可收攏握於一手之中，或纏繞
腰間，用時握柄將鞭打出，成一軟
性短鞭，可擊、可勾、可縛，善用
者常可勝敵之刀劍，一擊可拖拉敵
頸使倒。

刀

夏朝已有石刀，商代有青銅刀，戰國時有鑄鐵刀。

春秋戰國時人們喜歡佩劍不喜歡佩刀，漢代帝王公卿喜歡佩刀而不喜歡佩劍。兩漢時或以後出現了鋼刀。至宋，有手刀、棹刀、屈刀、筆刀等不同樣式的刀。明清時刀製作比較複雜，比較精美，既鋒利又有彈性。有腰刀、大刀、小刀、短刀、長柄大刀等多種。

朴刀

古時武器。

一種刀身狹長，刀柄不長不短的刀，雙手使用。《水滸傳》第二回："〔朱武等〕只帶了三五個做伴，將了朴（pō ⑧ pok³）刀，各挎口腰刀，不騎鞍馬，步行下山，逕來到史家莊上。"

朴刀

青龍偃月刀

因形如偃月，並雕有青龍，故稱。

《三國演義》第一回："雲長造青龍偃月刀，又名'冷艷鋸'，重八十二斤。"

斧

古代的一種兵器。

商代以前有石斧，商代有青銅斧，斧刃凸形，略外突。春秋戰國時的銅斧大多以管插柄。商周的銅斧，形狀、雕刻、嵌鏤皆精緻華美。漢代出現了鐵斧，形狀多樣，長短寬窄各異，變體、名稱漸多。

鉞

本作"戉"，後加金旁作"鉞（yuè ⑧ jyut⁶）"。

青銅鑄，形狀像大斧，圓刃或平刃，有孔名"穿"，用以綁縛長柄，盛行於殷周，是當時一種重要武器。也有用玉石製作的，多用於禮儀及殉葬。

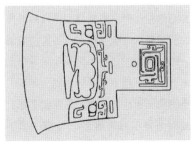

銅鉞

戚

斧的一種。

鉞大於斧，戚小於斧。其製作甚為精美。商代以前是石製，商周用青銅鑄，戰國有鐵戚，兩漢以後出現了加鋼刃的鐵戚。《詩經·大雅·公劉》：“弓矢斯張，干戈戚揚。”毛傳：“戚，斧也；揚，鉞也。”晉陶淵明《讀〈山海經〉》：“刑天舞干戚，猛志固常在。”

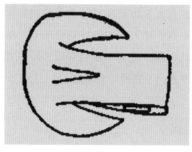

戚

弓箭

遠在傳說的黃帝時代，先民已會製作弓箭。

原始弓箭製作比較簡單粗糙，弓身用堅韌細木彎成，用皮條、動物的筋或繩索做弦，到了春秋後期，弓的製作比較煩瑣，性能更精良。不再使用單一的材料，如用竹板做骨幹，再附上角、牛筋，包上一層樺樹皮，捆牢，再塗漆。這樣其硬度、彈性就更好。弓的各部位都有專名。弓把中部手握的部分稱弣（fǔ ⓿ fu²）。弓梢稱

“弰（shāo ⓿ saau¹）”，掛弦的地方稱“峻”，弣兩旁曲處稱“弓淵”，也稱“隈”。弓在平時不上弦，用一個銅製的“弓形器”縛在弣上，以保持弓的彈力。箭也叫“矢”，箭桿多用竹木。箭桿尾部裝上雕羽或鵝鴨羽，以保持箭射出後箭身平穩。箭桿末端有一小叉呈█████形，以便牢扣在弦上。箭頭稱“鏃”，有銅鏃、鐵鏃，有翼式、稜式、扁平式、矛式多種。盛箭的袋子叫“矢箙（fú ⓿ fuk⁶）”，多用竹筒、木筒、獸皮做成。

楛矢

用楛（hù ⓿ wu⁶）木做桿的箭。

楛木似荊而赤，長而直，小葉多數，排成對稱的兩列。莖做箭桿很好用。《國語·魯語下》：“於是肅慎氏貢楛矢石砮，其長尺有咫。”

石砮

用石磨製的箭頭。

《國語·魯語下》：“有隼（sǔn ⓿ zeon²）集於陳侯之庭而死，楛矢貫之，石砮，其長尺有咫。”韋昭注：“砮，鏃也，以石為之。”

弩

用機栝（kuò ⓿ kut³）發箭的弓。

弩是在弓的基礎上創造出來的，射

程遠，殺傷力強，命中率高。種類很多。《周禮·夏官·司弓矢》分弩為四種：夾弩、庾弩、唐弩、大弩。夾弩、庾弩利攻守，唐弩、大弩利車戰野戰。戰國末，出現了用足踏張弦的"蹶張弩"，漢代出現了連弩，宋初出現了牀弩，將弩弓固定在木架上，一張弩牀可裝好幾張弓，用數人絞軸張弓，用錘擊"牙"放箭，射程更遠，殺傷力更強。

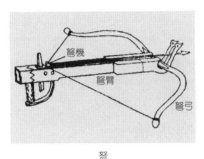

弩

用時，弦被鈎在牙上，牙由"牛"托住，"牛"的長端由懸刀卡住。發射時，把懸刀一扳，"牛"就順勢鬆開，牙縮下，鈎住的弦就勁彈出，有力地把矢道內的箭射出。漢代以後，有的望山上有刻度，作為控制弩高低的標尺。

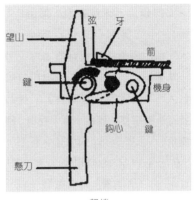

弩機

·· 弩機

即弩，也指弩的部件。

作為弩的部件，弩機用青銅鑄，也有鐵製的，木臂前端有一橫貫的容弓槽，弓固定在其中，這就是《吳越春秋·勾踐陰謀外傳》中所說的"橫弓着臂"。木臂上面有一溝形矢道，箭放在裏面，能保證射出箭沿着直線飛行，不偏離目標。矢道後面與鈎弦的弦槽相連，槽下有一上下貫通的機槽，內裝骨製或角製的發矢機件——懸刀。後部又有"牙"（帶瞄準器"望山"），可鈎住弓弦；有"牛"，可固定牙，懸刀就是扳機。

·· 玦

扳指，古代射箭時套在右拇指上用以鈎開弓弦的工具。

用象牙或獸骨製成，能用上力，又能保護手指。

·· 拾

又稱"臂韝（gōu ⑱ gau¹）"，即臂套，皮製，古人射箭、架鷹時的護臂。

套在左臂，或套於兩臂。婦女亦用以為裝飾。《詩經·小雅·車攻》："決拾即佽（cì ⑱ ci³），弓矢即調。"

（抉：便利）毛傳："決，鈎弦也；
拾，遂也。"

火藥傳入阿拉伯國家，後來又由阿
拉伯國家傳入歐洲。

•• 抛車　抛石車

古代軍中用以發石擊敵的戰車。

也叫"霹靂車"。車以大木為牀，
下安四輪，上建雙胜（bì ⊛ bai⁶，
腿），中立獨木，獨木上方加一橫
木，橫木一端有窠，可盛石塊，另
一端繫繩，拉繩可把石塊抛出打擊
敵人。《後漢書・袁紹傳》："操乃
發石車擊紹樓，皆破，軍中呼曰'霹
靂車'。"唐李冗《獨異志》卷下：
"有一卒曰：'此可用抛石擊去其
首。'……〔智興〕乃與抛發一石，
正中其首，隨石迸落。"

•• 火藥

戰國以後，有些人為求長生不老而
製藥煉丹，在長期實踐過程中，發
現硝石、硫黃、木炭等物混合起來
會燃燒、爆炸，這就是早期的火藥。

後來人們不斷改進配方和比例，
使火藥爆炸性能逐步提高。唐朝末
年，火藥已用在軍事上。把火藥製
成球形，縛在箭頭後面，點着引線
後發射出去，當時叫作"飛火"。宋
朝初年，火藥在軍事上的使用多了
起來，有火箭、火炮、火蒺藜、火
毬等不同名目。此後各代，火藥的
使用更加廣泛也更加進步。元朝，

•• 火槍

中國古代管形火器的一種。

宋高宗紹興二年（1132 年），陳規帶
兵鎮守德安（今湖北安陸），用巨竹
裝火藥，在臨陣交戰點着，用它來
燒敵人，叫作"火槍"。每支火槍由
二人操作。這是射擊性管形火器的
始祖。北宋已有"火藥鞭箭"，是把
火藥縛在竹管外。陳規發明的火槍
把火藥裝在竹管內，這是一大進步。

•• 突火槍

中國古代管形火器的一種。

南宋理宗開慶元年（1259 年），壽春
府（今安徽壽縣）創製了突火槍。用
巨竹裝上火藥，安上子窠（相當於
子彈），用引線點着火藥後，先發出
火焰，產生很強的氣壓，火焰之後，
"子窠"就會發出去，並且有像炮響
的聲音，在一百五十步遠的地方也
能聽到。

•• 火銃

中國古代管形火器的一種。又名"銅
將軍"。

火銃是用銅或鐵鑄成的，內裝火
藥、石球、鐵球等，點燃引線把

石球、鐵球射出去。元順帝至正二十六年（1366年），朱元璋部將徐達進攻張士誠，包圍了姑蘇城（今江蘇蘇州），四面築長圍，又架木架三層，高出城牆，每層都有士兵發射火銃。次年，張士誠的弟弟張士信被木架上"銅將軍"射來的石球打死。明代中期以後，火銃形制更重更大，常被加以"大將軍、奪門將軍"等封號。清康熙十三年（1674年），戴梓（zǐ 粵 zi²）發明了連珠火銃，樣子像一支琵琶，背脊上放着火藥和鉛丸做成的子彈，裝有機關，發射時，扳動槍機，一次可以連射二十八發，有些像現在的機關槍。

火銃

霹靂炮

中國古代一種爆炸性火器。

用紙管裝石灰和火藥，上節是火藥，下節是石灰，點着引線後發出一聲巨響升到空中，然後再發出一聲巨響落下來，紙管裂開，石灰四散，瞇住敵人的眼睛。北宋已有這種武器，南宋高宗紹興三十一年（1161年），宋軍阻止金兵渡長江，曾使用過霹靂炮。

震天雷

中國古代的一種爆炸性火器。

本名"鐵火炮"，是用生鐵鑄成葫蘆形、圓球形、合碗形等不同形狀的鐵罐，身粗口小，內盛火藥，安裝引線，使用時根據目標遠近，決定引線的長短。交鋒時點燃引線後，用抛石機抛出，打到目標時，火藥發作，鐵罐炸碎飛散，殺傷敵人，炸毀目標。金代創製，一直沿用到明代，並在此基礎上逐步發展為地雷。

火箭

中國古代管形火器的一種。

唐末宋初火藥用於軍事以前，已有名叫火箭的兵器，即在普通的箭桿上縛上草艾、麻布、油脂等易燃物點燃後把箭射出去，用以燃燒敵人的營帳、糧倉及其他設施。唐末宋初把火藥製成球狀，綁在箭頭後面，點燃引線射出去爆炸，這是火箭火藥運用的一大進步。宋、元之間，又出現了一種利用火藥燃燒噴射氣體產生的反作用力把箭頭射出去的火箭，這和現代火箭的原理相同。到了明代，這類火箭更多起來，不但有"飛刀箭、飛槍箭、飛燕箭"等多種單發火箭，還有同時發射十支箭的"火弩流星箭"、同時發射三十二支箭的"一窩蜂"、同時發射四十九支箭的“四十九矢飛廉箭”、同時發射一百支箭的“百矢弧箭、百虎齊奔箭”等。這些多發箭大都是箭裝在筒裏，把各條引線連在一根總線上，點着總線後，傳到各條引線一齊發射出去。

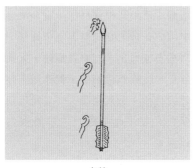

火箭

火龍出水

明代創製的一種管形火器。

利用四支大火箭筒燃燒噴射產生的反作用力，把一個龍形火箭筒射出去，在這四個大火箭筒裏的火藥燒完以後，又引燃了龍形火箭筒的火藥，把龍形火箭筒裏的神機火箭射出去，加長了射程。這是一項偉大的創造，實際上是一種雛形的兩級火箭，和現在的多級火箭原理完全一致，在當時是世界上最先進的。

盾

也寫作“楯”。也叫“盾牌”。

古代作戰時，一種手持的擋禦刀箭等的護身武器。古代的盾，是用皮革、木材或藤條製作的。用藤製作的也叫“藤牌”。唐代的盾，有用皮革製作的，也有用木材製作的。宋代的盾，多用木製，形體較小，騎兵步兵都能使用。清軍所用的盾，呈圓形，用堅藤製作，外塗油漆，面向外突，中心有小孔，貫索，便於把握。除藤牌以外，還有長方形虎頭盾牌，木製，外塗油漆，盾面為虎頭形，上方為燕尾式，用以窺視敵人。《韓非子‧難一》:“楚人有鬻楯與矛者，譽之曰:‘吾楯之堅，物莫能陷也。’又譽其矛曰:‘吾矛之利，於物無不陷也。’或曰:‘以子之矛，陷子之楯，何如？’其人弗能應也。”

胄　頭盔　首鎧兜鍪

古代作戰時，戴在頭上用以保護頭部的戰具。

多用銅鐵製作，也有用藤和皮革製作的，形制多樣。現在所能見到的最早的頭盔，是河南安陽殷墟出土的銅盔。裏面紅銅，外鍍厚錫，高約十五厘米，底寬約十八厘米，呈虎頭形。春秋戰國的甲冑 (zhòu 🔊 zau⁶)，均用革而不用銅。到了六朝，甲冑都用銅鐵製作，有的是犀牛皮與鐵並用。宋代的冑，有的做獸形，重量較前減輕。元代有皮冑，但鐵冑較多，有將帥用的漢式雲龍鐵胄、步卒用的便帽式鐵胄、騎兵用的長體庇項以及中柱眉庇的鐵胄等。宋元的鐵胄為倒缽形，精美堅整。頂上穿孔，周圍有雲形、圈形、葉形及珠形五層凸體花紋，下邊做繩緣形及雲頭形花紋，盔內塗朱，眉庇也是鐵質，明代的盔有三種：一種是御林軍用的鐵鎖子盔，形狀如同便帽，下沿裝有鎖子鋼絲網，下垂至胸部；一種是倒缽形鐵盔，綿絲織物護項，盔體較高，上部呈盂形，樣子接近宋元的盔，一種是普通軍官和兵士用的高缽大眉庇簡單鐵盔，上寬下窄，製作比較簡單。清代的盔，用堅實的皮革做裏，外面罩有銅缽，缽的下沿有銅緣邊，缽上有一大銅頂，頂有一小尖錐，缽與緣邊之間有許多銅星，盔下連接着紅絨襯綿護項，絨上飾以小銅星、玟瑁或明蛤蜊片。

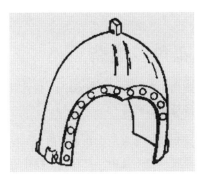

胄

·· 甲　鎧甲

古代將士穿的用皮革或金屬片製成的護身衣。

古代的甲，是用皮革製作的。《荀子·儒效》："〔武王〕定三革，偃五兵。"楊倞注："三革、犀也，兕（sì zi^6）也，牛也。"這裏的三革就是指用幾種不同的獸皮製作的護身甲。甲有肩甲、胸甲、腿甲，常用幾種不同的皮革分別製成。秦始皇兵馬俑坑出土的陶武士俑，身上雕塑的甲，有雙肩披膊的，有雙肩的，有胸腹甲幾種。甲片似用牛皮製作，片與片之間用皮條相連。商周和秦漢時期，青銅和製鐵工藝已很先進，但這幾個時期的金屬鎧甲，尚無出土文物可資考證。到了宋代，已盛行鐵甲，如宋代王應麟《玉海》裏提到的鎧甲就有鋼鐵鎖子甲和黑漆順水山字鐵甲等名目。元代，蒙古騎兵均披網甲（即連環鎖子甲），將帥之甲，上面飾以金銀。明代有護上身和兩膀的鐵網衣（鎖子甲），有護手和手腕的帶網腕甲，有護下體的鐵網裙及鐵網褲，有護腳的鐵網靴等，製作都很精良。

·· 望樓車

古代攻城時用作瞭望的一種車。

宋代的望樓車用硬木做成車座和車轅，長一丈五尺，下有四輪，輪高三尺半，車上豎望竿，長四十五尺，很粗，上徑八寸，下徑一尺二寸，竿上安望樓，竿下有轉軸，兩旁有叉手木，繫麻繩三棚，上棚二條，各長七十尺，中棚二條，各長五十尺，下棚二條，各長四十尺。帶鐶鐵橛六個，釘在車的六面，將下垂的麻繩繫在鐵橛的鐶上，繃緊，使望竿直立不晃。攻城時可登竿進入望樓瞭望城中。

·· 雲梯

古代攻城時攀登城牆的長梯。

《墨子·公輸》：" 公輸盤（bān ⓦ baan¹）為楚造雲梯之械，成，將以攻宋。" 由此可見，雲梯出現時間很早，戰國時期已經用以攻城。《武經總要》記載宋代雲梯情況："其製造以大木為牀，下施六輪，上立二梯，各長二丈餘，中施轉軸，車四面以生牛皮為屏蔽，內以人推進，及城，則起飛梯於雲梯之上，以窺城中，故曰雲梯。"

·· 濠橋

古代攻城渡壕塹的用具。

宋代濠橋的長短以濠為準，橋下前面有兩個大輪，後面是兩個小輪，推進入濠，輪陷則橋平可渡。如果濠太寬，則用摺疊橋，就是把兩個濠橋接起來，中間有轉軸，可以伸長。

·· 雀杏

古代攻城時的火攻器械。

將杏核（hú ⓦ wat⁶）磨穿，將杏仁挖出，再用艾草（火種）填滿。捕取敵人城中及倉庫中鳥雀數十百隻，將杏核繫在雀的足上，加火，傍晚，雀兒羣飛入城壘中棲宿，聚於廬舍，將火種帶至敵人糧倉，須臾便燃燒起來。

·· 渠答　鐵蒺藜

古代守城禦敵的戰具，軍用障礙物。

俗稱 "鐵菱角"。鐵製的三角物，尖刺如蒺藜，散佈於水中或敵人必經之路，刺人馬足，阻攔人馬突闖，或阻礙敵方車馬行動。《尉繚子·攻權》："城險未設，渠答未張，則雖有城無守矣。"

·· 鹿角　鹿砦

鹿角、鹿砦（zhài ⓦ zaai⁶），古代阻攔馬足的戰具。

選用粗而多杈的鹿角木，削尖，長數尺，埋入地中一尺多深，戰時遍植鹿角木，使馬無法通過。漢代曾廣泛使用，三國時魏軍用以護城。三國魏曹操《軍策令》："今月賊燒鹿角。鹿角去本營十五里，〔夏侯〕淵將兵行鹿角，因使補之。"

刁斗

古代軍中用具。

方形銅斗，有柄，軍中白天用來燒飯，夜則擊以巡更。《史記・李將軍列傳》：「及出擊胡，而〔李〕廣無部伍行陣，就善水草屯，舍止，人人自便，不擊刁斗以自衞」。唐李頎《古從軍行》詩：「行人刁斗風沙暗，公主琵琶幽怨多。」宋陸游《關山月》詩：「戍樓刁斗催落月，三十從軍今白髮。」

蒙衝

也作「艨艟」。

古代一種蒙着生牛皮的小型戰船。《資治通鑒・漢獻帝建安十三年》：「劉表治水軍，蒙衝鬥艦乃以千數。」胡三省（xǐng ⑧ sing²）注：「杜佑曰：蒙衝，以生牛皮蒙船覆背，兩廂開掣棹孔，左右有弩窗矛穴，敵不得近，矢石不能敗。」

蒙衝

鬥艦

古代戰船。

船上四周設女牆（凹形），高可三尺，牆下開掣棹孔。船內五尺，又建棚，與女牆齊，上無覆背，前後左右樹牙旗、幟幡、金鼓。

走舸

古代戰艦中的快艇。

船舷上立女牆，船上設鉦、鼓、旌旗。水手多，戰卒皆選勇力精銳者充當。船速極快，往返如飛。《三國志・吳志・周瑜傳》：「又豫備走舸，各繫大船後，因引次俱前。」

飲食

五穀 六穀
稷 粟
禾
黍
粱
麥
稻
菽
麻
糇糧
糗
糒
飯
蒸餅
饅頭 包子
餛飩
元宵
湯餅
粽子
五菜 五葷
五辛
葵
韭
藿
薤
蔥
苹
菲
菰

松
藜
莧菜
茶
薺
豆腐
油
鹽
醯
醢
飴 饧
六牲
五牲
三牲 太牢 少牢
脯 脩
臘肉
東坡肉
羹
雞跖
烹
炙
燔
炰
膾
胾
醬
醴
醇
醨

（一）主食

五穀　六穀

上古糧食作物的統稱。

按照一般説法，五穀是稷、黍、麥、菽（豆）、麻。但古代説法不一。(1)《周禮・天官・疾醫》："以五味、五穀、五藥養其病。"鄭玄注："五穀，麻、黍、稷、麥、豆也。"(2)《孟子・滕文公上》："樹藝五穀。"趙岐注："五穀，謂稻、黍、稷、麥、菽也。"(3)《楚辭・大招》："五穀六仞。"王逸注："五穀，稻、稷、麥、豆、麻也。"(4)《黃帝內經・素問・藏氣法時論》："五穀為養。"王冰注以為是"粳（jīng（粵）gang1）米（旱稻）、小豆、麥、大豆、黃黍"。古代還以"六穀"泛指糧食作物。《周禮・天官・膳夫》："凡王之饋食用六穀。"鄭玄注引鄭眾曰："六穀：稌（tú（粵）tou4，水稻、旱稻）、黍、稷、粱、麥、苽（gū（粵）gu1，菰米）。"《三字經》則稱六穀為稻、粱、菽、麥、黍、稷。

稷 粟

今稱"穀子、笨穀"。

脫殼後，色略白，無黏性，稱"小米"。可蒸米飯，可熬粥，是中國古代重要糧食作物之一。《說文》稱其為"五穀之長"，陝西西安半坡、臨潼姜寨、甘肅永靖大河莊以及吉林西團山等新石器時代（堯、舜時代）遺址及墓葬中，都發現有碳化的粟粒和粟殼，表明五六千年前人們從狩獵轉入農耕，粟是最先種植的糧食作物之一。古人尊稷（jì 粵 zik¹）為五穀之長，為穀神，與土神（社神）一起受到人們的供奉和祭祀。土神、穀神合稱"社稷"，也成了國家的代稱。唐韓愈《馬說》："馬之千里者，一食或盡粟一石。"這裏的粟就是穀子。

禾

即粟，也是黍、稷、稻等糧食作物的總稱。

《詩經·豳（bīn 粵 ban¹）風·七月》："十月納禾稼。"《詩經·魏風·伐檀》："不稼不穡（sè 粵 sik¹），胡取禾三百廛（chán 粵 cin⁴）兮？"（穡：收穫）這裏的禾是泛稱。禾，有時特指稻。宋黃庭堅《戲詠江南風土》詩："禾舂玉粒送官倉。"

黍

即現今北方所說的黍子，又叫"黃米"。

在地裏長着時，和粟相像，粟脫殼後略白，不黏，黍（shǔ 粵 syu²）脫殼後色黃，有黏性。從上古至今，黍一直被認為是好吃的糧食，用於慶年節祭祀或待客。《詩經·魏風·碩鼠》："碩鼠碩鼠，無食我黍。"《論語·微子》："〔丈人〕止子路宿，殺雞為黍而食（sì 粵 zi⁶）之。"

粱

今稱"糜（méi 粵 mei⁴）子"，脫殼後稱"大黃米"。

雖是粟的一種，但形狀不同。粟稈高，粟穗緊湊，成熟時彎曲下垂。糜子稈矮，穗散，粒大，芒長，有紅芒、白芒、黃芒各種。性黏。《本草綱目·穀部·粱》辨之甚詳。古代認為粱是精美的食品。古代常常稻粱並稱，認為這兩種糧食好吃，又常常粱肉並稱或膏粱並稱，以指精美的膳食。《左傳·哀公十三年》："粱則無矣，粗則有之。"孔穎達疏："食以稻粱為貴，故以粱表精。"《管子·小匡》："食必粱肉，衣必文繡。"《國語·晉語七》："夫膏粱之性難正也。"韋昭注："膏，肉之肥者；粱，食之精者。"

麥

中國古代主要糧食作物之一。

有小麥、大麥、燕麥、黑麥之分。《詩經‧鄘風‧桑中》：“爰采麥矣？沬之北矣。”上古時，小麥叫“來”，大麥叫“牟（móu ⑧ mau⁴）”，後作“麰”。《詩經‧周頌‧思文》：“貽我來牟，帝命率育。”《孟子‧告子上》：“今夫麰麥，播種而耰（yōu ⑧ jau¹）之。”（耰：用耰平土，覆蓋種子）

稻

中國主要糧食作物之一。

有一百多個品種，主要分糯稻、粳（jīng ⑧ gang¹）稻兩類。宋以前稻僅指糯稻，宋以後兼指粳稻。中國栽稻歷史悠久，在浙江餘姚河姆渡遺址，發現有七千多年前的稻粒、稻殼、稻稈、稻葉和其他作物的堆積物，經鑒定，屬栽培稻中的晚秈（xiān ⑧ sin¹）稻。在中國江淮、江漢、太湖、雲南、廣東等地的新石器時代晚期遺址中，均相繼發現了秈稻、粳稻的粒和殼。《詩經‧豳風‧七月》：“八月剝棗，十月獲稻。”

碳化稻穀

菽

豆類的總稱。

秦漢以後稱大豆。《詩經‧小雅‧小宛》：“中原有菽（shū ⑧ suk⁶），庶民采之。”陳奐傳疏：“菽，豆之大名。”《左傳‧成公十八年》：“周子有兄而無慧，不能辨菽麥。”

麻

古代專指大麻，因其籽可食，故為“五穀”之一。

《正字通》：“麻、麥、稷、黍、豆為五穀。”《詩經‧豳（bīn ⑧ ban¹）風‧七月》：“九月叔苴（jū ⑧ ceoi¹）。”叔苴就是採集麻籽。古代種麻，主要是要織布做衣服，雖有絹綢，但數量少而昂貴，一般人只能穿麻布衣，所以要大面積種植，這樣，麻籽的量也可觀，可食用代替稷麥等。後來麻的品種增多，有亞麻、苧（zhù ⑧ cyu⁵）麻、苘（qǐng ⑧ ceng²）麻、線麻等，都用於紡織和做繩索。

糗

炒熟的米麥等乾糧。

或搗或不搗，遠行或行軍時路上食用。搗碎的，食用時用水調和，叫“寒粥”。《左傳‧哀公十一年》：“道渴，其族轅咺進稻醴、粱糗（qiǔ ⑧ cau³）、腵脯焉。”《尚書‧

費誓》："峙（zhì ⑧ ci⁵）乃糗糧。"
（峙：儲備）鄭玄注："糗，搗熬穀
也，謂熬米麥使熟，又搗之以為
粉。"《國語·楚語下》："每朝設脯
一束，糗一筐以羞子文。"韋昭注：
"糗，寒粥也。"

·· 糇糧

即糗糧。

乾糧，也泛指糧食。《尸子》卷下：
"乃遣使巡國中，求百姓賓客之無居
宿、絕糇（hóu ⑧ hau⁴）糧者賑之。"

·· 糒

乾糧，即蒸熟的乾飯，行軍或遠行
時帶在路上吃。

《說文》謂之"乾糇"。《史記·李將
軍列傳》："大將軍使長史持糒（bèi
⑧ bei⁶） 醪（láo ⑧ lou⁴）遺（wèi
⑧ wai⁶）〔李〕廣。"（醪：酒）

·· 飯

煮熟的穀類食物，特指乾飯，不包
括粥。

西漢中期發明磨以前，小麥一直用
來做飯和粥。所以"麥飯"一詞古籍
常見。《急就篇》卷二："餅餌麥飯
甘豆羹。"《後漢書·馮異傳》："光
武對竈燎衣，〔馮〕異復進麥飯菟
肩。"宋劉克莊《寒食客中》詩："漢

寢唐陵無麥飯，山蹊野徑有梨花。"

·· 蒸餅

即發麵饅頭。

漢魏時期，麵食的種類漸多，但都
不是發麵的。西晉末年，少數民族
入住中國北方，帶來了發酵法，漢
人學來，從此有了發麵饅頭、發麵
包子、發麵餅。《晉書·何曾傳》：
"廚膳滋味，過於王者，每燕見，不
食太官所設，帝輒命取其食。蒸餅
上不坼作十字不食。"《南齊書》載，
西晉永平九年（229 年），規定太廟
祭祀時用"麵起餅"。宋代程大昌在
《演繁露》一書中解釋說，"麵起餅"
是"入酵麵中，令鬆鬆然也"。這個
"麵起餅"就是我們現在說的饅頭。
當時所說的饅頭，是帶餡的，實際
上是一種包子。

·· 饅頭　包子

現今的包子，魏晉時叫"饅頭"。

宋高承《事物紀原》引《稗（bài
⑧ baai⁶）官小說》：三國時，諸葛亮
征服孟獲，改革了當地用人頭祭神
的惡習，而用麵包着牛、羊、豬肉
來代替，"後人以此為饅頭"。至於
包子的名稱，大約始於宋代。北宋
陶穀的《清異錄》就談到當時的"食
肆"（賣食品的店舖）中已有賣"綠
荷包子"的。南宋灌圃耐得翁在《都

城紀勝》中說，臨安的酒店分茶飯酒店、包子酒店、花園酒店三種，包子酒店專賣鵝鴨肉餡的包子。

餛飩

亦作"餫飩"。

西漢揚雄《方言》："餅謂之飩……或謂之餛。"可見當時已經有了一種類似後世餛飩的食品。唐段成式《酉陽雜俎·酒食》："今衣冠家名食，有蕭家餛飩，瀘去肥湯，可以瀹 (yuè ⓰ joek⁶) 著。"後來，將餛飩做成半圓形，就成了餃子。北齊顏之推說："今之餛飩，形成偃月，天下通食也。"似是現今的餃子。

元宵

古稱"浮圓子、米圓子"，又叫"湯圓、湯團"。

一般用糯米麵，包上桂花、芝麻、豆沙、白糖等餡，煮或油炸。元宵節吃湯圓始於宋。南宋初，周必大的《平原續稿》中提到正月十五煮食浮圓子之事。南宋初的女詩人朱淑真有《圓子》詩："輕圓絕勝雞頭肉，滑膩偏宜蟹眼湯。"寫的也是湯圓，因為湯圓是元宵節的節令食品，所以後來又把湯圓叫"元宵"。

湯餅

餅是我國古代麵食的總稱。

如現今饅頭古稱"蒸餅"，麵食而帶湯的，統稱"湯餅"。湯餅包括今天的麵條、麵片兒、餃子、餛飩、湯圓。（1）麵條。麵條又叫"索餅"。北魏賈思勰《齊民要術》記載，有一種麵食，"挼 (ruó ⓰ no⁴) 如箸大，薄如韭葉，一尺一斷，盤中盛水浸"。《傷寒論》說"食以索餅"，這就是麵條。麵條因長而細，諧"長壽"（長瘦）音，所以歷來在生日時多吃長壽麵。《新唐書·玄宗王皇后傳》說："陛下獨不念阿忠脫紫半臂易斗麵，為生日湯餅邪？"宋樓鑰《北行日記》："乾道五年十一月十五日，生朝作湯餅。"元張翥 (zhù ⓰ zyu³)《水調歌頭·自壽》："臘虺 (zhì ⓰ zi⁶) 開紅玉，湯餅煮銀絲。"（虺：豬）（2）麵片。麵片也稱"湯餅"。晉束皙《餅賦》："麵迷離於指端，手縈迴而交錯。"這正是現今北方揪麵片的情狀。麵片兒又稱"餺飥 (bó tuō ⓰ bok³ tok³)"，做法不一，有用兩手揪的，也有用一手拈薄的，猶今北京所謂的"貓耳朵"。北魏賈思勰《齊民要術·餅法》："餺飥，挼 (ruó ⓰ no⁴) 如大指許，二寸一斷，着水盆中浸，宜以手向盆旁挼使極薄，皆急火逐沸熟煮。"（3）餛飩也叫"湯餅"。宋周密《武林舊事·冬至》："享先則以餛飩，有'冬餛飩，夏餺飥'之諺。"（享先：祭祀祖先）宋陸游《劍南詩稿》自注："鄉俗歲日必用湯餅，謂之冬餛飩，夏餺飥。"可見帶餡的餛飩也叫"湯餅"。

·· 粽子

用竹葉或葦葉將糯米或黍米包裹起來，用馬蘭的葉或其他東西捆紮成三角錐體或其他形狀，中有棗或糖、栗子、豆沙、肉等佐味品，煮熟後食用。

粽子原用黍米，古稱"角黍"。南北朝時，粽子即可在端午節吃，也可在夏至節吃，本和屈原無關。如西晉周處《風土記》説，粽"於五月五日及夏至日啖（dàn ⑱ daam⁶）之"。後來，為了紀念屈原，粽子遂用作端午節的節令食品。明李時珍《本草綱目·穀部四》："俗作粽，古人以菰（gū ⑱ gu¹）蘆葉裹黍米煮成，尖角，如棕櫚葉心之形，故曰粽，曰角黍。近世多用糯米矣。今俗五月五日以為節物，相饋送。或言為祭屈原，作此投江，以飼蛟龍也。"

·· 饊子

一種用糯米粉和麵，扭成環的油炸麵食。

現今的饊（sǎn ⑱ saan²）子，用麵

製成，如細麵條，呈環形柵狀。北魏賈思勰《齊民要術·餅法》："細環餅，一名寒具，脆美。"因其形如婦女之釧環，故名"細環餅"，又因其形如細枝，故亦名"饊枝"，音訛而為"饊子"。饊子又是古代寒食節的節令食品，所以叫"寒具"。宋蘇軾《寒具》詩："纖手搓來玉色勻，碧油煎出嫩黃深。夜來春睡知輕重，壓匾（扁）佳人纏臂金。"

（二）蔬菜

·· 五菜

春秋、戰國、秦漢時期，中國蔬菜品種較少，當時最主要的蔬菜有五種：葵、韭、藿、薤（xiè ⑱ haai⁶）、蔥。

《黃帝內經·素問·藏氣法時論》："五菜為充。"《靈樞經·五味》："五菜：葵甘、韭酸、藿鹹、薤苦、蔥辛。"按：五菜之中，除葵，其他均為調味或做成醬菜。

·· 五辛　五葷

五辛，也叫"五葷"。

指五種具辛辣味的蔬菜，即蔥、薤、韭、蒜、興渠（阿魏）。

煉形家五葷	小蒜	大蒜	韭		蕓薹	胡荽	

道家五葷	蒜		韭		蕓薹	胡荽	薤
佛家五葷	小蒜	大蒜		慈蔥	茖蔥		興渠

葵

即冬葵，亦名“冬寒菜”。

中國古代主要蔬菜之一。《詩經·豳（bīn ⓰ ban¹）風·七月》：“七月烹葵及菽。”《樂府詩集·長歌行》：“青青園中葵，朝露待日晞。”《齊民要術》把種葵列為蔬菜第一篇，並詳述了葵的栽培技術。元代王禎《農書》把葵尊為“百菜之主”。明代李時珍《本草綱目》：“葵菜，古人種為常食，今之種者頗少。”

韭

也寫作“韮”。

中國古代主要蔬菜之一，與蔥、薤等同屬於葷辛類蔬菜。韭菜是多年生蔬菜，《説文》：“韭，一種而久，故謂之韭。”明代李時珍《本草綱目》中說，韭之莖名韭白，根名韭黃，花名韭青。西周就已栽培、食用，並用於祭祀。《詩經·豳風·七月》：“四之日其蚤，獻羔祭韭。”即春日用韭祭祀先祖。《漢書·召信臣傳》中記載了太官園冬天用溫室生產蔥、韭的情景。這樣培育出來的韭菜叫“韭黃”，葉嫩，味鮮。到了宋代，韭黃的產量增多。蘇東坡詩中就提到“漸覺東風料峭寒，青蒿黃韭試春盤”。

藿

豆葉，季節性蔬菜，初夏時其嫩葉可食。

《廣雅·釋草》：“豆角謂之莢，其葉謂之藿（huò ⓰ fok³）。”《戰國策·韓策一》：“民之所食，大抵豆飯藿羹。”藿羹即豆葉湯。在古代，藿是粗劣的菜品，多為平民食用，所以古代常以“藿食者”稱平民，以“肉食者”稱貴族。

薤

今稱“藠（jiào ⓰ hiu⁶）頭”，多年生草本植物，葉類蔥，根如蒜，小指頭大。

有些地區還有野生種，民間稱小根蒜，是春末夏初重要的季節性野菜。古代“五菜”之一。《樂府詩集·相和歌辭二·薤露》：“薤上露，何易晞？”

蔥

古代“五菜”之一。

多年生草本植物。《禮記·內則》：

"膾，春用蔥，秋用芥。"晉潘岳《閑居賦》："菜則蔥韭蒜芋，青筍紫薑。"今人食蔥，多用作調味，而古人則以蔥白為主菜。

•• 葑

即蕪菁。

《詩經·邶(bèi ⑧ bui³)風·谷風》："采葑(fēng ⑧ fung¹)采菲，無以下體。"鄭玄箋："此二菜者，蔓菁與葍(fú ⑧ fuk¹)之類也。"葑菲，兩者葉和根莖都可食，但根莖有時味苦。詩中這兩句的意思是採者不應因其根莖不良而連葉也拋棄，後世以此作為有一德可取的謙辭。《後漢書》中有"蕪菁可以度凶年、救饑饉，乾而蒸食，既甜且美"的記載。相傳三國時，諸葛亮每次行軍，所到之處，命士兵種蕪菁，取它補助軍糧，因此，至今西南特別是四川，還稱它為"諸葛菜"。

•• 菲

古代又名"蘆菔(fú ⑧ fuk⁶)、萊菔、蔔突"。

蕪菁類植物，古書上指蘿蔔一類的菜。《詩經·邶風·谷風》："采葑采菲(fěi ⑧ fei²)。"

•• 菰

多年生水生宿根草本植物。

嫩莖稱"茭白"，果實稱"菰(gū ⑧ gu¹)米"。《楚辭·大招》："五穀六仞，設菰粱只。"唐李白《宿五松山下荀媼家》："跪進雕胡飯，月光明素盤。"唐杜甫《秋興》詩之七："波漂菰米沉雲黑，露冷蓮房墜粉紅。"

•• 菘

古書上指白菜。

明李時珍《本草綱目》："菘性凌冬晚凋，有松之操，故曰菘，俗謂白菜。"梁代陶弘景說："菜中有菘，最為常食。"古人誇蔬菜好吃常說："春初早韭，秋末晚菘。"宋蘇東坡曾用"白菘類羔豚，冒土出熊蹯"的語句來讚美白菜味道之鮮美。陝西西安半坡新石器時代村落遺址中，曾發現一個陶罐裏有白菜、芥菜的籽。

•• 藜

灰菜，春天的一種野菜。

古又稱作"萊"。《詩經·小雅·南山有臺》："南山有臺，北山有萊。"毛傳："萊，草也。"北魏賈思勰《齊民要術》卷十引陸機《詩義疏》："萊，藜也，莖葉皆似菉(lù ⑧ luk⁶)王芻，今兗州人蒸以為茹，謂之萊蒸。"《史記・太史公自序》:"糲粱之食,藜藿之羹。"張守節正義:"藜,似藿而表赤;藿,豆葉。"藜藿多用以指粗劣的飯菜。

莼菜

莼(chún ⓹ seon⁴),又寫作"蓴",也叫"水葵"。

多年生水草,睡蓮科。周代叫"茆(mǎo ⓹ maau⁵)"。《詩經・魯頌・泮水》:"思樂泮水,薄採其茆。"陸德明釋文:"鄭小同云:'江南人名之蓴菜,生陂(bèi ⓹ bei¹)澤中。'"可見春秋時人們就用作菜了。《晉書・張翰傳》:"翰因見秋風起,乃思吳中菰菜、莼羹、鱸魚膾,曰:'人生貴得適志,何能羈宦數千里,以要名爵乎?'遂命駕而歸。"於是"莼鱸之思"就成了思鄉、退隱、清高的代名詞。

荼

今稱"苦菜、苣(qǔ ⓹ geoi⁶)蕒菜"。

荼是中國最古老的蔬菜之一。《詩經・邶(bèi ⓹ bui³)風・谷風》:"誰謂荼(tú ⓹ tou⁴)苦,其甘如薺。"《詩經・大雅・綿》:"周原膴膴(wǔ wǔ ⓹ mou⁵ mou⁵),堇荼如飴(yí ⓹ ji⁴)。"(膴膴:土地肥美)《詩經・豳(bīn ⓹ ban¹)風・七月》:"九月叔苴,采荼薪樗(chū

⓹ syu¹),食我農夫。"先秦文獻中,往往又稱作"苦",《詩經・唐風・采苓》:"采苦采苦,首陽之下。"

薺

薺菜。

《詩經・邶風・谷風》:"誰謂荼苦,其甘如薺。"朱熹集傳:"薺,甘菜。"宋辛棄疾《鷓鴣天》詞:"城中桃李愁風雨,春在溪頭薺菜花。"

豆腐

中國傳統食品之一。以黃豆浸水磨漿製成。

豆腐始創於西漢。明李時珍《本草綱目・穀四・豆腐》:"豆腐之法,始於漢淮南王劉安。凡黑豆、黃豆及白豆、泥豆、豌豆、綠豆之類,皆可為之。"1960年河南密縣(今新密)打虎亭發掘的一號漢墓中,有豆腐作坊石刻,可證豆腐至晚在西漢就有了。豆腐古稱"菽乳、黎祁、酪"或"小宰羊"。豆腐之名,始於五代。如當時人陶穀在《清異錄》中,已有"日市豆腐數個"之說。到了宋代,全國已普遍加工食用豆腐了。

（三）調味品

·· 油

中國上古直至唐代，食用油皆用動物油。

《周禮·天官·庖人》：“凡用禽獻，春行羔豚膳膏香，夏行腒（jū 🔊 geoi¹）鱐膳膏臊，秋行犢麛（mí 🔊 mai⁴）膳膏腥，冬行鮮羽膳膏羶。”大凡用禽畜做祭品，春天用牛油（膏香）煎羊羔和豬崽，夏天用狗油（膏臊）煎野雞和魚乾，秋天用豬油（膏腥）煎羊犢和鹿崽，冬天用羊油（膏羶）煎鮮魚和大雁。可見古代食用動物油之早且廣。食用植物油的記載，始見於宋代沈括《夢溪筆談》：“今之北方人，喜用麻油煎物，不問何物皆用油煎。”其後莊綽《雞肋編》詳述了各種植物油，明代宋應星《天工開物》更介紹了豆油、菜籽油的榨製法。

·· 鹽

中國製鹽歷史悠久，相傳黃帝之臣宿沙氏煮海水為鹽。

《說文》：“鹽，鹹也。古者宿沙初作煮海鹽。天生曰鹵，人生曰鹽。”《尚書·說命下》：“若作和羹，爾惟鹽梅。”《周禮·天官·鹽人》鄭玄注：“苦鹽出于池，鹽為顆，未煉治，味鹹苦。散鹽即末鹽。出於海及井，並煮鹵而成者，鹽皆散末

也。形鹽即印鹽，積鹵所結，形如虎也。飴（yí 🔊 ji⁴）鹽以飴雜和，或云生戎地，味甘美也。”中國沿海各省多用海鹽，西南多用井鹽，西北多用湖鹽（青海湖、察爾汗鹽湖、納木錯皆為鹹水湖），另外又有鹵鹽（鹽鹼地上鹽滷收集起來，熬製而成）。

·· 醢

肉醬。

《說文》：“醢（hǎi 🔊 hoi²），肉醬也。”《周禮·天官·醢人》鄭玄注：“醢者必先脯（暴）乾其肉，乃後莝（cuò 🔊 co³）之，雜以粱麴及鹽，漬以美酒，塗置瓶中，百日則成矣。”《詩經·大雅·行葦》：“醓（tǎn 🔊 taam²）醢以薦，或燔或炙。”（醓：肉醬）《呂氏春秋·本味》：“和之美者，鱣鮪之醢。”凡是能吃的魚、肉皆可做成肉醬。北魏賈思勰曾介紹製作肉醬、魚醬、蝦醬、芥子醬、蟻卵醬、榆子醬的方法。

·· 醯酢

古時把醋叫“醯”（xī 🔊 hei¹），也叫“酢”（cù 🔊 cou³）。

把釀醋的人叫“醯人”。遠古時代，人們不懂製醋，調和酸味用梅。大約進入周代，人們才開始釀醋。《周禮》中有“醯人”之官。《禮記·曲

禮》："膾炙處外,醢醬處內。"是説吃飯時,肉擺得遠一些,醬醋擺得近一些。到了漢代,醋已成了大眾化的調味品。《史記·貨殖列傳》："通都大邑,酤(沽)一歲千釀,醯醬千缸。"北魏賈思勰在《齊民要術》裏介紹了二十種釀醋法。

•• 豉

豆豉 (chǐ ⓰ si⁶),用煮熟的大豆發酵後製成。

有鹹、淡兩種,供調味用,淡的也可入藥。《釋名·釋飲食》："豉,嗜也。五味調和,須之而成,乃可甘嗜也。故齊人謂豉,聲如嗜也。"《史記·貨殖列傳》:"糵 (niè ⓰ paak³) 麴 (qū ⓰ kuk¹) 鹽豉千答。"《世説新語·言語》:"陸機詣王武子,武子前置數斛羊酪,指以示陸曰:'卿江東何以敵此?'陸云:'有千里蓴羹,但末下鹽豉耳。'"北魏賈思勰《齊民要術·作豉法》:"大釜煮之,申舒如飼牛豆,掐軟便止,傷熱則豉爛。"

•• 飴　餳

①飴 (yí ⓰ ji⁴),飴糖,糖稀。

用麥芽熬成的糖漿叫"飴",糖稀再加上糯米粉熬製,則成餳。飴是軟的,餳是硬的。中國製飴糖歷史悠久。《詩經·大雅·綿》:"堇荼如

飴。"《呂氏春秋·異用》:"仁人之得飴,以養疾侍老也。"高誘注:"飴,餳 (táng ⓰ tong⁴)。"成語有"含飴弄孫"。北魏賈思勰《齊民要術》裏詳細記述了製作白餳、黑餳、琥珀餳、煮餔 (bù ⓰ bou¹) 和作飴等五種方法,與後世治飴法基本相同。

②砂糖。

用甘蔗汁熬糖之法,是唐代從印度傳入的。《唐書·西域傳·摩揭它 (tuō ⓰ to¹) 國》:"貞觀二十一年,始遣使自通於天子。太宗遣使取熬糖法,即詔揚州上諸蔗,拃 (zhà ⓰ zaat³) 瀋如其劑,色愈西域遠甚。"

③綿糖,古稱"糖霜",今稱"白糖"。

其製法也是唐代從西域傳入的,相傳在唐大曆年間。宋代王灼有《糖霜譜》,載糖霜起源及製作食用之法頗詳。宋蘇軾《次韻正輔同游白水山》詩:"糖霜不待蜀客寄,荔支莫信蜀人誇。"

(四) 肉魚禽蟹

•• 六牲

指牛、馬、羊、豕、雞、犬。

也叫"六畜、六膳"。《周禮·天官·膳夫》:"凡王之饋,食用六穀,膳

用六牲。"鄭玄注:"六牲,馬牛羊
豕犬雞也。"

∷ 五牲

①指用作祭品的五種禽畜:牛、羊、
豕、犬、雞。

《左傳·昭公十一年》:"五牲不相
為用。"杜預注:"五牲:牛羊豕犬
雞。"②供食用的五種野獸:麋、
鹿、麏(jūn 粵 gwan¹,獐子)、狼、
兔。《左傳·昭公二十五年》:"為
六畜、五牲、三犧,以奉五味。"
杜預注:"麋、鹿、麏、狼、兔。"

∷ 三牲　太牢　少牢

古代以牛、羊、豕為三牲。祭祀時,
祭品三牲齊全叫"太牢"。

《莊子·至樂》:"具太牢以為膳。"
成玄英疏:"太牢,牛羊豕也。"亦
有專指牛為太牢者。《大戴禮記·曾
子天圓》:"諸侯之祭,牛曰太牢。"
祭祀只用羊豕而不用牛,叫"少牢",
為諸侯卿大夫祭宗廟之禮。《左傳·
襄公二十二年》:"祭以特羊,殷以少
牢。"杜預注:"四時祀以一羊,三
年盛祭以羊豕。殷,盛也。"

∷ 脯　脩

乾肉。

《周禮·天官·膳夫》鄭玄注:"脩,

脯也。"唐賈公彥疏:"謂加薑桂鍛
治者謂之脩,不加薑桂以鹽乾之者
謂之脯。"一說二者的區別是:脯
是初做成的乾肉,脩是做成時間比
較久了的乾肉。《禮記·內則》有
"牛脩鹿脯",《論語·鄉黨》有"沽
酒市脯不食"。南北朝時,已有多種
製脯方法,如五味脯肉、白脯法、
甜脆脯法、脆脯法等。唐代仇(qiú
粵 kau⁴)士良家有"赤明香脯",同
昌公主家有"紅虬脯",元明之際有
"千里脯",皆脯之有名者。古代還
有所謂"束脩"。十條乾肉為束脩,
這是古人互相饋贈的禮物,也是古
代入學拜師敬獻的禮物,《論語·述
而》:"自行束脩以上,吾未嘗無誨
焉。"後來,就用"束脩"來指學生
致送老師的酬金。

∷ 臘肉

臘月或冬天用鹽或醬將鮮肉醃製
後,曬乾、風乾或熏乾,就成了臘
肉。

中國製臘肉歷史悠久,《周易》中已
提到臘肉,北魏賈思勰《齊民要術·
脯臘》專述各種臘肉的製法,明代
楊慎《丹鉛總錄》認為"經臘而成,
故曰臘肉"。臘肉中的佳品為火腿,
專以豬腿臘製。明代高濂《遵生八
箋》中講到過一種"火肉"的製法:
"以圈豬方殺下,只取四隻精腿,乘
熱用鹽,每一斤肉鹽一兩,從皮擦

入肉内，令如綿軟，以石壓竹柵上，置缸內二十日，次第三番五次，用稻柴灰一重間一重疊起，用稻草煙薰一日一夜，掛有煙處。初夏，水中浸過一日夜，淨洗，仍前掛之。"這大約就是當時製火腿之法。臘製法還有臘魚、臘雞、臘鴨等。

東坡肉

北宋文學家蘇軾，被王安石貶至湖北黃州，為團練副使，自號"東坡居士"，喜吃豬肉，並獨出心裁，使用一種獨特方法來烹製豬肉，故名。

他曾戲作《食豬肉》詩："黃州好豬肉，價賤如糞土。富者不肯吃，貧者不解煮。慢着火，少着水，火候足時他自美。每日起來打一碗，飽得自家君莫管。"後世所謂"東坡肉"，即以此得名。明沈德符《萬曆野獲編》卷二六："肉之大胾（zì 粵zi³）不割者，名東坡肉。"

羹

上古的羹一般指肉羹，即有肉的濃湯。

畜禽魚各種肉都可做羹。上古的羹主要有兩種，一種是大（太）羹，是供飲用的，不調五味，不加蔬菜。《禮記・樂記》："大饗之禮，尚玄酒而俎腥魚，大羹不和，有遺味者矣。"鄭玄注："大羹，肉湆（qì 粵jap¹），

不調以鹽菜。"另一種是肉羹，也叫"鉶（xíng 粵jing⁴）羹"（鉶是盛器），要加進五味，把肉煮爛。五味指醋、醬、鹽、梅和一種蔬菜。蔬菜可以是葵、蔥、韭、藿、苦、薇等菜中的一種，要看是甚麼肉做羹，便下相配的菜，據説牛肉羹用藿，羊肉羹用苦（苦菜），豬肉羹用薇。先秦還有無肉的菜羹，是貧者之食。後來，羹成了煮成濃稠液狀食品的統稱。如蓮子羹、豆腐羹。

雞跖

雞爪。

古人視為美味。《呂氏春秋・用眾》："善學者若齊王之食雞也，必食其跖（zhí 粵zek³）數千而後足。"

（五）烹飪

烹

古代也寫作"亨"。就是煮、燉（dùn 粵dan⁶）。

《孟子・萬章上》："昔者有饋生魚於鄭子產，子產使校人畜之池，校人烹之。"烹煮是古代最常用的熟食之法。《周禮・天官・亨（烹）人》："亨（烹）人掌其鼎鑊，以給水火之齊，職外內饔之爨亨（烹）煮，辨膳羞之物。"（廚師要管好和鼎鍋有關的事，添水多少，火候大小要合適，

要和宮廷的廚師和掌管祭品設計者溝通，要區別食用的和祭祀用的，要有不同做法）烹煮要加鹽醋等調味品。《老子》第六十章：“治大國若烹小鮮焉。”《左傳・昭公二十年》：“水火醯醢鹽梅，以烹魚肉，燀（chǎn 圖 cin²）之以薪。”

炙

用火把肉烤熟叫“炙”。

北魏賈思勰《齊民要術》列出“炙法”，具體做法很多。烤炙之法，原始社會已有之。《禮記・禮運》：“以炮以燔，以亨（烹）以炙，以為醴酪。”注：“炮，裹燒之也。燔，加於火上也。炙，貫之火上也。”炙、炮、燔是三種不同的烤肉法。

炮

古也寫作“炰”。把帶毛的肉用泥裹住在火上燒烤。

《禮記・內則》：“炮，取豚若牂（公羊），刲（guī 圖 gwai¹）之刳（kū 圖 fu¹）之，實棗於其腹中，編萑（huán 圖 wun⁴，葦）苴之，塗之以墐塗，炮之，塗皆乾，擘之，濯手以摩之，去其皽（zhān 圖 zin²）。”（刲：剖。刳：剖開。皽：皮內上的薄膜）注：“炮者，以塗燒之為名也。”漢楊惲《報孫會宗書》：“烹羊炮羔，斗酒自勞。”

燔

將成塊的肉放在火上或燒熱的薄石板上烤熟，有的還要烤乾，因為贈送給兄弟之國，以便保存得長久。

《詩經・小雅・瓠葉》：“有兔斯首，炮之燔之。”毛傳：“炮加火曰燔。”《詩經・大雅・生民》：“載燔載烈。”毛傳：“傅火曰燔，貫之加於火曰烈。”

膾

把魚、肉等切成薄片。

《詩經・小雅・六月》：“飲御諸友，炰鱉膾鯉。”鄭玄在《禮記》注中說，先把肉切成丁，再剁成肉末，加上鹽醋，再加佐料，“春用蔥，秋用芥”，按不同季節用不同辛菜調味。東晉時，江南吃魚膾，有名的是“鱸魚膾”。宋辛棄疾《水龍吟・登建康賞心亭》：“休說鱸魚堪膾，盡西風、季鷹歸未？”清初朱彝尊在《食憲鴻秘・鱸魚膾》中說：“吳郡八九月霜下時，收鱸三尺以下，劈作膾，水浸布包，瀝水令盡，散置盤內，取香柔花葉相間細切，和膾拌令勻。霜鱸肉白如雪，且不作腥，謂之‘金齏（jī 圖 zai¹）玉鱠，東南佳味’。”

（六）酒

鬯

古代祭祀、宴飲用的香酒，用鬯（chàng 🔊 coeng³）（鬱金草）合黑黍釀成。

《說文・鬯部》“鬯”，朱駿聲通訓定聲：“釀黑黍為酒曰鬯，築芳草以煮曰鬱，以鬱合鬯曰鬱鬯。因之草曰鬱金，亦曰鬯草。鬱者，草香蘊（yùn 🔊 wan²）積；鬯者，酒香條暢也。”王國維《與林浩卿博士論洛誥書》：“‘諸侯為賓，灌用鬱鬯。’是古於賓客亦以鬯為獻酢。”

醪

酒汁酒滓不分而混合的酒。

《廣韻》稱之為濁酒，徐灝箋曰：“醪（láo 🔊 lou⁴）與醴皆汁滓相將，醴一宿熟，味至薄，醪則醇酒味甜。”唐杜甫《清明》詩：“鐘鼎山林各天性，濁醪粗飯任吾年。”

醴

一種薄甜酒，以糵（麥芽）與黍釀製，只經一宿而成，酒味較淡。

《漢書・楚元王傳》“常為穆生設醴（lǐ 🔊 lai⁵）”，即指這種酒。

醇

酒味濃厚的酒。

唐段成式《酉陽雜俎・酒食》：“酪、酨、醇（chún 🔊 seon⁴），漿也。”宋方岳《別蒙姪》詩：“老夫本無侶，嗜書如嗜醇。”

醨

薄酒。

《說文》：“醨（lí 🔊 lei⁴），薄酒也。”段玉裁注：“薄對厚言，醇謂厚酒，故謂厚薄為醇醨。今人作灕，乃俗字也。”戰國楚屈原《漁父》：“眾人皆醉，何不餔其糟而歠其醨？”

附表七　原產於中國的蔬菜簡表

菜名	今名	所見文獻
葵	冬葵 冬寒菜	詩經
韭	韭菜	詩經
藿	豆葉	詩經
薤	藠頭 小根蒜	禮記
蔥	蔥	禮記
荇（杏）	金絲荷葉	詩經
卷耳	蒼耳	詩經
芣苢	車前	詩經
蔞	蔞蒿　白蒿	詩經
蕨	蕨菜	詩經
薇	野豌豆	詩經
匏	葫蘆	詩經
葑	蔓菁	詩經
菲	蘿蔔	詩經
荼	苦菜 苣蕒菜	詩經
薺	薺菜	詩經
諼（萱）草	黃花菜 金針菜	詩經
蓮子、藕	蓮子、藕	爾雅
莫	酸模	詩經
苕、苕饒	紫雲英	詩經
薁、蘡薁	野葡萄	詩經
瓜	甜瓜	詩經
萊、藜	灰菜	詩經

菜名	今名	所見文獻
蕫	牛蒡	四時纂要 詩經
芹	水芹	詩經
菫	旱芹 胡椒菜	詩經
芛	芛	詩經
蒲	蒲草	詩經
蒓、茆	蒓菜	詩經
菘	白菜	齊民要術
芥	芥菜	說苑
菱	菱角	呂氏春秋
芋	芋頭	管子
菰	交白	周禮
慈姑	慈姑	名醫別錄
瓜	冬瓜	氾勝之書
蒟蒻（jǔ ruò）	魔芋	史記
蕹菜	空心菜	博物志
薯蕷	山藥	四時纂要
杞	枸杞	詩經
莧	莧菜	齊民要術
茼蒿	蒿子稈	農桑輯要
芡	雞頭子	農書
馬芹子	茴香	務本新書
荸薺	荸薺	爾雅

附表八　從域外引進的蔬菜簡表

菜名	原產地	引進時間
生薑	印尼	戰國
黃瓜	印度、阿富汗	西漢
西瓜	非洲	西漢
茄子	印度	西漢
豇豆	印度、緬甸	北魏
胡蘿蔔	中亞細亞	西漢
大蒜	大宛	西漢
芫荽	中亞	西漢
苜蓿	西域	西漢
萵筍	地中海沿岸	隋代
菠菜	中亞	唐初

菜名	原產地	引進時間
豌豆	中亞	西漢
絲瓜	印度	元代
南瓜	南美、中美	宋元
苦瓜	印尼	元代
馬鈴薯	智利	清代
番茄	南美	清末
辣椒	南美	明代
菜豆	南美	明代
圓白菜	地中海沿岸	清代
苤藍	地中海沿岸	清代
菜花	地中海沿岸	清代

說明：此表所列引進的蔬菜，大體上存在三種情況。一是雖屬引進，但中國也有野生的，甚至是曾食用過，但已中斷，如芫荽、辣椒等；二是野生馴化與引進並存，只是品種類型不同，如茄子、絲瓜、蒜、蔥等；三是完全是引進的，如甘藍、西瓜、菠菜、馬鈴薯、菜豆、扁豆等。

服飾

衣裳

裳（cháng 粵 soeng4）指裙子。

《詩經・齊風・東方未明》："東方未明，顛倒衣裳。"《詩經・邶風・綠衣》："綠衣黃裳。"毛傳："上曰衣，下曰裳。"裳，古代專指遮掩下身的裙。《白虎通・衣裳》："衣者，隱也；裳者，障也。所以隱形自障閉也。"河南安陽出土的商代玉雕、石雕和陶塑人像，其中有頭帶扁帽，身穿右衽（rèn 粵 jam6，左襟向右掩）交領衣，下穿裙，腰間束帶，裹腿，着翹尖鞋的貴族的形象，可看出當時上衣下裳、束髮交領右衽的裝束特點。古代一條裳需七幅布，正如鄭玄説的："凡裳，前三幅，後四幅。"這種下裳直到周代，還作為禮服的一部分保留着，在祭祀和朝會時穿用。後來，衣裳泛指衣服，"裳"也改讀作 shang。唐白居易《賣炭翁》："賣炭得錢何所營？身上衣裳口中食。"

布衣

用麻布、葛布縫製的衣服。

棉花（草棉）唐代才傳入西域，尚未

進入中原。在這之前,有綢絹、裘皮,但產量少,價格昂貴,只有貴族、官員才穿得起,廣大百姓只能穿麻布衣、葛布衣。因此常以"布衣"借指平民,如:《史記・李斯列傳》:"夫斯乃上蔡布衣,閭巷之黔首,上不知其駑下,遂擢至此。"三國蜀諸葛亮《出師表》:"臣本布衣,躬耕於南陽。"

•• 深衣

戰國時流行的一種男人的衣服,諸侯、大夫、士家居皆可穿,即便服"短褐"的庶人,也可用作"吉服"(常禮服)。

其形制是,上衣與下裳相連,下襬不開衩,將衣襟接長,向後擁掩,衣邊和袖口有半過寬的鑲邊,即所謂"續衽鈎邊"。衣服的長度,以至腳踝為宜。《禮記・玉藻》:"朝玄端,夕深衣。"長沙馬王堆出土的西漢衣服實物和西安一帶出土的陶俑的衣服,大都是這樣。

深衣

•• 袍

長衣服的通稱,古代特指裝舊絲綿的長衣,即長襦。

《禮記・玉藻》:"纊(kuàng 粵 kwong³)為繭,縕(yùn 粵 wan²)為袍。"(纊:新絲綿。縕:舊絲綿)一般來説,穿不起裘的人才穿袍。《論語・子罕》:"衣敝縕袍,與衣狐貉者立,而不恥者,其〔仲〕由也與?"明宋濂《送東陽馬生序》:"余則縕袍敝衣處其間,略無羨慕意。"漢以後,有絳紗袍、蟒袍、龍袍等。

•• 裘

皮衣。

明宋應星《天工開物》:"凡取獸皮製服,統名曰裘(qiú 粵 kau⁴)。"古時穿裘衣,毛向外。漢劉向《新序》載:"魏文侯出遊,見路人反裘而負芻,文侯曰:'胡為反裘而負芻?'對曰:'臣愛其毛。'"(負芻:背乾草)在行禮或接見賓客時,裘的外面要加一件袖口略短的罩衣,叫"裼(xī 粵 sik³)衣",否則就被認為是不敬。裼衣和裘的毛色相配。《論語・鄉黨》:"緇衣,羔裘;素衣,麑(ní 粵 ngai⁴)裘;黃衣,狐裘。"罩衣袖短,露出毛色,顯示自己的身份地位,叫"出風"。朝會時,還須另加朝服於外。平民百姓則多穿犬羊裘,不加裼衣。

衫

單衫,短上衣。

上古稱長衣(長衫)為深衣,短上衣為中單或衫。《釋名・釋衣服》:"衫,芟(shān Ⓟ saam¹)也,芟末無袖端(水袖)也。"五代馬縞《中華古今註》:"三皇及周末,庶人服短褐,儒服深衣,秦始皇以布開袴,名曰衫……汗衫蓋三代之襯衣也,《禮》曰中單。漢高祖與楚交戰,歸帳中,汗透,遂名汗衫。"唐白居易《琵琶行》:"座中泣下誰最多,江州司馬青衫濕。"青衫,唐代八品、九品文官的服色。白居易被貶為江州司馬,官階為最低的文散官將仕郎,從九品,所以穿青衫。

半袖衫　半臂衫

半袖衫始於晉,流行於隋唐宋。

唐代女子除常着窄袖衫襦外,外面還要穿一件半袖衫,有對襟、斜襟兩種,衫前結帶兒,衫長至腰,似為春夏之交或夏秋之交所穿的服裝,單穿半袖衫則為少見。半臂衫是由晉代的半袖衫演變而來。所不同的是,半臂是一種短袖或無袖的衫,有內外之別,着於內者衣短,着於外者衣長。《新唐書・玄宗王皇后傳》:"陛下獨不念阿忠脫紫半臂易斗麵,為生日湯餅耶?"此半臂指無袖內衣。半臂在隋代為內官之服,但在唐朝卻不分官庶尊卑、男女老少,皆可穿着。

半臂

裲襠

①略似現代的坎肩或背心。

士兵穿的稱"裲襠甲",一般人穿的稱"裲襠衫"。《釋名・釋衣服》:"裲襠(liǎng dāng Ⓟ loeng⁵ dong¹),其一當胸,其一當背,因以名之也。"王先謙《疏證補》:"案即唐宋時之半背,今俗謂背心。當背當心,亦兩當之義也。"宋郭彖(chǐ Ⓟ teon³)《睽車志》卷三:"有一婦人,青衫素裲襠,日以二錢市粥。"

②即兜肚。

《資治通鑑・宋順帝升明元年》:"攸之有素書十數行,常韜在裲襠角,云是明帝與己約誓。"胡三省(xǐng Ⓟ sing²)註:"《博雅》曰:'裲襠謂之袙服。'"

褐

古代一種用獸毛線或麻線編織成的粗糙衣服，為貧苦人所穿用。

《詩經·豳風·七月》：“無衣無褐（hè ⓑ hot³），何以卒歲？”後以“褐夫”為平民的代稱。《淮南子·主術訓》：“使言之而是，雖在褐夫芻蕘（chú ráo ⓑ co¹ jiu⁴），猶不可棄也。”《史記·廉頗藺相如列傳》：“相如……及使其從者衣褐，懷其璧，從徑道亡，歸璧於趙。”漢揚雄《解嘲》：“或釋褐而傅。”釋褐，意思是脫掉粗糙衣服穿上綢緞，比喻一個平民從此做了官。後來，科舉新科進士授官，也稱“釋褐”。

襦

古代婦女穿的短衣，短襖。

段玉裁《說文解字註·衣部》：“襦（rú ⓑ jyu⁴），若今襖之短者。”《孔雀東南飛》：“妾有繡腰襦，葳蕤（wēi ruí ⓑ wai¹ jeoi⁴）自生光。”

罩甲　比甲

罩甲，古代一種上衣，原為作戰服裝。

明劉若愚《酌中志》：“罩甲，穿窄袖戎衣之上，加此，小束帶，皆戎服也。”清王應奎《柳南續筆》云：“今人稱外套曰罩甲。罩甲之制，比甲則長，比披襖則短，創自明武宗，前朝士大夫，亦有服之者。”比甲，婦女所穿用，是元朝昭睿（ruì ⓑ jeoi⁶）順皇后所製，方便騎馬射箭。形製是：前有裳（下襬，不是襟），後裳長倍於前，無領袖，類似現今的背心。明清之際特別流行，為秋冬間的常服。

馬褂　黃馬褂

長衫之外所着對襟無袖上衣。本為滿族人騎馬時的服裝，故名“馬褂”。

清代，黃馬褂是較為榮寵的官服，凡領侍衛內大臣、前引十大臣、護軍統領、侍衛班領班皆賜服之。御前乾清門大臣、侍衛及文武諸臣，或以大射中侯（箭射中靶），或以宣勞內外（使臣），亦特賜之。臣下有功者亦特賜穿着，謂“賞穿黃馬褂”。

袞

古代天子、諸侯或上公的禮服。

《說文·衣部》：“袞（gǔn ⓑ gwan²），天子享先王，卷龍繡於下常（裳）。”《詩經·豳風·九罭（yù ⓑ wik⁶）》：“袞衣繡裳。”毛傳：“袞衣，卷龍也。”陳奐傳疏：“袞與卷古同聲。卷者，曲也，象龍曲形曰卷龍，畫龍作服曰龍卷，加袞之服曰袞衣，玄衣而加袞曰玄袞，戴冕而加袞曰袞冕。天子、上公皆有之。"《左傳・宣公二年》:"過而能改，袞不廢矣。"

袞服

•• 品服

古代品官所着之服。

古代官員分為九品，凡是有品級的官員稱作品官。品官等級不同，其品服的顏色、形制、質地也不同，以示尊卑。至唐代始形成制度，《唐會要》載:"三品以上服紫，四品五品服緋(大紅)，六品七品以綠，八品九品以青。婦人從夫之色。"百姓衣白。《明史・輿服志》:"一品大獨科(棵)花，徑五寸；二品小獨科花，徑三寸；三品散答花無枝葉，徑二寸；四品五品小雜花紋，徑一寸五分；六品七品小雜花，徑一寸；八品以下無紋。"

•• 朝服

古代君臣朝會時所穿的禮服。

周代的朝服：緇衣、素裳、腰束緇帶，腳穿素韡(xuē ⬤ hoe[1]，靴)。天子頭戴皮弁，臣下戴委貌冠或玄冠。西漢司馬相如《上林賦》:"於是〔天子〕歷吉日以齋戒，襲朝服，乘法駕。"以後歷代，服制都有因革。至清代，一品至四品的朝服藍綢和石青諸色綢隨個人所用，披領和袖皆石青片金鑲邊，各加海龍鑲邊，兩肩前後正面蟒各一條，腰帷行蟒四條，中有褶，裳(長袍下襬)上行蟒八條，皆四爪。五品至七品，色用石青片金鑲邊，通身雲緞，領、袖俱用石青妝緞。八品、九品用石青雲緞，無蟒，領、袖冬夏皆青倭緞，中有褶。文官五品以上，武官四品以上皆可掛朝珠，朝珠用雜寶及各種香木製成。

•• 補服　補子

舊時的官服，用金絲線或彩絲線在一塊圓形綢緞上繡上鳥獸圖，就是補子，明清兩代的官服，前胸和後背綴有補子，以示品級。

據《清史稿・輿服志》載，文官一品繡鶴，二品繡錦雞，三品繡孔雀，四品繡雁，五品繡白鷴(xián ⬤ haan[4])，六品繡鷺鷥，七品繡鸂鶒(xī chì ⬤ kai[1] cik[1]，紫鴛鴦)，八品繡鵪鶉，九品繡練雀。其中，都御史、副都御史、按察使、道台、給事中、御史等，因和檢查、刑法有關，不僅戴獬豸(xiè zhì ⬤ haai[5]

zi⁶），古代傳說中的能辨曲直的瑞
獸）冠，補子上還要繡上獬豸。

補服

∙∙ 胡服

中國古代北方遊牧民族特有的服
裝：短衣、窄袖、長褲、高勒皮靴。

這是為適應騎馬的需要，與古代漢
民族褒衣博帶有顯著區別。公元
前 325 年，趙武靈王為使趙國成為
強國，不再使用車戰，便向西北方
遊牧和半遊牧人民學習騎馬射箭，
胡服騎射終於成功，各諸侯國紛紛
效仿，推廣開來。唐代受胡服影響
很大。胡服款式是：男子戴渾脫帽
（用整張羔羊皮縫製的帽子），衣衫
為圓領（或翻領）小袖，長僅過膝。
女子則是條紋卷口長褲，透空軟棉
鞋。宋代在服飾上亦受北方諸民族
影響，如臨安（今杭州）舞女戴茸茸
貍帽，穿窄窄胡衫等。因胡服自有
其優越性，故在長期的民族大融合
中，逐漸與漢民族服裝款式相融合。

胡服

∙∙ 腰帶

古代的服裝，不用紐扣，只在衣襟
之間用一根根小帶繫（jì 粵 hai⁶）
上，這種小帶就叫作“衿”。

而在衣服外面的腰部，則總束一
條大帶，把衣服裹好，隨身攜帶的
物件就繫在這條腰帶上。古代，
腰帶也有貴賤等級之分。貴族、
官吏的腰帶有兩種，一種是絹織
成的紳，大夫以上用生絹，寬四
寸；士以上用熟絹，寬二寸。一種
是用皮革做的“革帶”，也叫“鞶
（pán 粵 pun⁴）”。腰帶也有尊卑之
分，不可混用。五代馬縞《中華古
今註》：“腰帶蓋古革帶也，自三
代以來，降至秦、漢，自天子至
庶人皆服之，而貴賤通以銅為銙
（kuǎ 粵 kwaa¹），以帶為鞓（tīng
粵 ting¹）。沿至貞觀二年，三品以
上以金為銙，六品以上以犀為銙，
九品以上以銀為銙，庶人以鐵為
銙。”古代，平民的腰帶用熟牛皮，

稱"韋帶"，因此，"布衣韋帶"就成了平民的代稱。

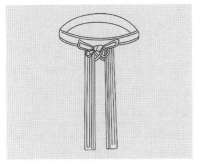

大帶

·· 綬

古代繫在官印印紐上的絲帶。

漢代官員上朝上殿朝會或拜見皇帝必須隨身佩戴印綬，以證明身份。綬帶的顏色、長短和頭緒的多少，因官階的大小有所不同。兩漢時，皇帝的綬帶有長過二丈的（漢代的一尺約等於現在的六寸半），短的也有一丈七八。腰間大帶上右前側懸一革囊，叫"鞶囊"，印放在裏面；綬帶或拖於地，或打成一大回環放在鞶囊裏，但必須留出一段使下垂。《史記‧范雎蔡澤列傳》："懷黃金之印，結紫綬於要（腰）。"

·· 紳

古代士大夫腰間繫在衣外的大帶，又特指束餘下垂的部分。

《論語‧衛靈公》："子張書諸紳。"邢昺（bǐng 🔊 bing²）疏："以帶束腰，垂其餘以為飾，謂之紳。"古時臣下朝見君主，常執笏（hù 🔊 fat¹）以奏事。入朝前或退朝後，往往插衣帶間，稱作"縉紳"，因以"縉紳"作為仕宦的代稱。"鄉紳、紳士"也由此而來。

紳帶

·· 鈿韘　韘韘

本是古代胡服上的佩飾，至隋唐兩代特別盛行，竟成了朝禮服不可或缺之物。

腰帶一是革帶，稱"鞶（pán 🔊 pun⁴）帶"，為了懸掛"鈿韘（diē shè）七事"，先在帶上裝銙（kuǎ 🔊 kwaa¹），銙附環，鈿韘拴在環上，用窄皮條，下端可繫物。唐初革帶最多裝十三環，後減為九環、七環。以後又去其環，只留下銙。銙是一種接近方形的飾片，依官階大小，分別用玉、金、犀角、銀、鍮（tōu 🔊 tau¹）石（天然的黃銅塊）、藍鐵等材料製作。所謂韘韘（dié xiè 🔊 dip³ ze⁶）七事，《舊唐書‧輿服志》："景雲中又制，令依上元故事……武官五品以上，佩鞢韘七事，七謂佩刀、刀子、礪石、契苾（bié ⑧ bat⁶）真、噦（yuě ⑧ jyut³）厥、針筒、火石袋等也。"（礪石：磨刀石。契苾：古部族名）

•• 帶鈎

古代束腰革帶一端安裝的鈎。

略呈弧形，一端彎曲似鈎，背有圓紐。多作昆蟲、動物等形，或鑄有花紋。多為銅製，亦有玉製、鐵製者，皆美觀精巧。《史記·齊世家》："〔管仲〕射中小白帶鈎。"清桂馥《箚樸·覽古》："余見古銅帶鈎數十枚，皆作螳螂形。"

•• 裙

下裳。

上古時代，不論男女，下身皆穿裙，不穿褲，只在天冷的季節才穿上套褲。《南史·張譏傳》記載梁武帝以裙襦賜給張譏，足見到了六朝時期，男人雖穿褲子，但沒有裙子也不得體。隋唐之後，男人以袍為常服，女子以裙為常服，所以"裙衩"成了婦女的代稱。不同時代，裙的形式也不盡相同，長沙馬王堆一號漢墓出土的實物，漢代的裙類似現代的連衣裙。隋至盛唐的貴族婦女多喜着長裙，裙裾長可拖地，裙腰高，上衫束在裙內，裙形窄瘦，裙

多刺繡花紋。《敦煌曲子詞·菩薩蠻》："清明節近千山綠，輕盈仕女腰如束。"唐代婦女長裙有單色長裙和異色襇（jiǎn ⑧ gaan²）裙兩大類。單色長裙有紅裙、黃裙（楊貴妃喜着黃裙）、紫裙、荷葉裙、柳花裙、珍珠裙、翡翠裙、郁金裙、石榴裙等，都見之於唐人詩詠中。這些種類的裙，有的以色名之，有的以繡飾名之。所謂異色襇裙，即多幅不同顏色的紗、羅、絹、綢等縫作一裙，有六幅、七幅、十二幅不等，顏色以朱綠、朱黃、黃白相間者為常見。刺繡的圖案，據《舊唐書·代宗紀》載，"其綾花文所織盤龍、對鳳、麒麟、獅子、天馬、辟邪、孔雀、仙鶴、芝草、萬字、雙勝、透背……"這種襇裙晚唐衰落，到了五代、宋旋又興起。

•• 絝 紈絝

古也寫作"袴"。無襠的套褲。

有襠褲古稱"褌"。《說文》："絝，脛衣也。"段玉裁註："今所謂套袴也。"《釋名·釋衣服》："絝，跨也，兩股各跨別也。"古代把用細絹做的褲子稱"紈絝"，一般為貴族子弟所穿，因以"紈絝"借指貴族子弟。

褌

古代指有襠的褲子。

無襠褲古稱"絝"。《釋名·釋衣服》："褌 (kūn ⑱ gwan¹)，貫也，貫兩腳，上繫要中也。"（腳：小腿。要：腰）《晉書·阮籍傳》："何異夫蝨之處褌中乎？"

犢鼻褌

亦作"犢鼻裩"，或省作"犢鼻、犢裩"。圍裙，形如犢鼻，故名。一說短褲。

漢趙曄 (yè ⑱ jip⁶)《吳越春秋·勾踐入臣外傳》："越王服犢鼻，着樵頭。"《漢書·司馬相如傳上》："文君當壚，相如身自着犢鼻褌，與庸保雜作，滌器於市中。"王先謙補註："但以蔽前，反繫於後，而無袴襠，即吾楚所稱圍裙是也。"

冠

古代男子戴在頭頂罩住髮髻的用品。

《說文》："冠 (guān ⑱ gun¹)，絭 (juàn ⑱ gyun³) 也，所以絭髮，弁冕之總名也。"《釋名·釋首飾》："冠，貫也，所以貫韜髮也。"古代的冠，是加在髮髻上的一個小罩子，與今天的帽子不同。髮髻用笄穿過冠圈綰住。冠圈兩邊繫有兩根絲帶，叫作"纓"，纓結於領下。《史記·滑稽列傳》："淳于髡 (kūn ⑱ kwan¹) 仰天大笑，冠纓索絕。"冠有冠梁，冠梁兩端與冠圈相連。秦漢以後，冠梁逐漸加寬，與冠圈一起成覆杯的樣子，其形制名目也越來越複雜。冠梁數的多少，可以區別官階的高低。如唐代品官服制，一至三品戴三梁冠，四、五品戴二梁冠，六至九品戴一梁冠。冠的式樣、質地因時而異，名目繁多。如漢代皇帝的通天冠、諸侯士的遠遊冠、北朝的漆紗籠冠 (冠外罩紗籠)、唐宋又出現了向後延伸的卷梁冠等。古時男子二十行加冠禮，表示已經成年。貴族婦女也有戴冠的，如北朝女官所戴的漆紗籠冠，唐宋的花冠、花釵冠。傳安陽宋代韓琦墓出土的金絲編織的花冠，做工精細，與故宮舊藏的《歷代帝後圖》中宋代皇后所戴的鳳冠極為相似。

小冠

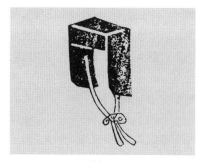

淄布冠

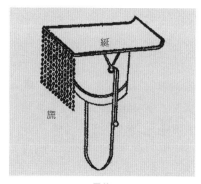

冕旒

•• 冕

古代帝王、諸侯及卿大夫所戴的禮冠，後專指皇冠。

冕（miǎn 粵 min⁵）由冠和綖（yán 粵 jin⁴）兩部分組成，綖是一塊狹長的版，兩頭微微上翹，綖的前後沿各用五彩繅（sāo 粵 sou¹）絲繩穿玉珠，垂於綖之前後，名之為“旒（liú 粵 lau⁴）”。天子之冕十二旒，諸侯九，上大夫七，下大夫五。中古以後，臣下不得戴冕，故常以“冕旒”作為帝王的代稱。唐王維《和賈舍人早朝大明宮之作》：“萬國衣冠拜冕旒。”古時每遇改朝換代，照例重新修定冠服制度，因而冕冠代有異同。綖版前沿的旒，除裝飾作用外，還可遮掩眼神，使臣下看不清眼神裏流露出的喜怒。

冕冠

•• 巾　頭巾

古代平民百姓不能戴冠，只能用巾把髮髻裹在頭上。

《釋名·釋首飾》：“二十成人，士冠，庶人巾。”《玉篇》：“巾，佩巾也，本以拭物，後人着之於頭。”可見庶人的巾大概就是勞動時擦汗的布，一物兩用。裹頭用巾之風，三國時較盛，不僅庶人、隱士、文人常戴，一些將帥，如袁紹、崔豹等，也均以佩巾為儒雅。唐代庶民依然戴巾。唐杜甫《兵車行》：“去時里正與裹頭，歸來頭白還戍邊。”頭巾在歷史上名目繁多，戴法也略有不同，如四帶巾、唐巾、東坡巾等。

•• 幘

包頭的巾。

漢蔡邕（yōng 粵 jung¹）《獨斷》：“幘（zé 粵 zik¹）者，古之卑賤執事不冠者之所服也。”可見幘是平

民百姓所戴者。秦代稱百姓為"黔
首"，漢代稱僕隸為"蒼頭"，就是指
他們所戴的幘是黑色或青色的。據
當代學者考證，幘出現於商代。由
於幘有壓髮定冠的作用，所以後來
貴族也戴幘，幘上再加冠。這種幘，
前面覆額，略高，後面略低，中間
露出頭髮。此外，還有一種比較正
式的幘，有帽頂，戴幘可以不再戴
冠。歷史上，幘的名目、式樣繁多，
各代均較流行。

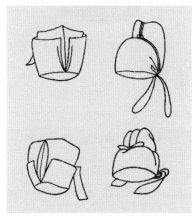

唐巾

弁

古代貴族的一種比較尊貴的帽子。

有皮弁（biàn 🔊 bin⁶）（即武冠）、
爵（què 🔊 zoek³）弁（文官）。皮弁
是用白鹿皮做的，類似後來的瓜皮
帽。《詩經‧衛風‧淇奧》："會弁
如星。"指的就是皮弁各縫合的地
方，綴有一行行亮晶晶的小玉石，
看起來像星星一樣。爵弁又寫作"雀
弁"，為文官所戴，用最細的赤黑色
布縫製，形如雀頭，似冕而無旒，
其尊貴亦僅次於冕。周代的爵弁廣
八寸，長一尺二寸，飾以赤黑色之
韋（皮條）。

笄

簪子。

古代笄（jī 🔊 gai¹）分為兩種，一種
用來固定髮髻，較短，男女皆用。
另一種用來固定冕或弁，較長，橫
插穿過髮髻，把冕、弁固定在髻上，
笄的一端繫一根小絲帶，繞過頷
下，再繫在笄的另一端。上古的笄
大抵以竹為之，後來漸用骨、象牙、
金、銀、玉等製作，工藝也更為講
究，如鳳簪、金鳳簪等。

骨笄

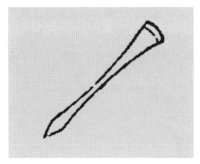

笄

•• 幞頭

亦作"襆頭"。古代一種頭巾，亦名"折上巾"。始見於北齊北周及隋代，到唐初才定型。

幞頭用黑色紗羅縫製，上部小小突起，微向前傾，用二帶繫住，頭後下垂兩腳，為"四角幞 (fú ⑧ fuk⁶) 頭"。元明人所說的唐巾，指的就是這一款式。到宋代又有了"東坡巾"。至元代，後垂兩腳如匙頭，向左右略分開。幞頭貴賤通用，宮中女官及女樂亦用之。一般都是用黑紗羅縫製，早期以軟胎、微向前傾為常見。有的用桐木做骨子，使高起，名"軍容頭"，有的後垂巾角是軟的，叫"軟腳幞頭"。繼而又改軟腳為硬腳，改成不同形狀和角度，於是出現弓腳幞頭、卷腳幞頭，其兩腳稍屈而向上者，名"朝天巾"。又有展腳幞頭、交腳幞頭等。宋代的幞頭，以藤編織的草巾子做裏；用紗做面，再塗上漆，叫"幞頭帽子"。

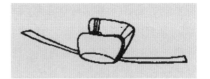

幞頭

折上巾

•• 東坡巾

幞頭的一式。宋代蘇東坡改當時流行的幞頭而成。

明王圻 (qí ⑧ kei⁴)《三才圖會》："東坡巾有四牆，牆外有重牆，比內牆少殺，前後左右各以角相向，着之則有角介在兩眉間，以東坡所服，故名。"明楊基《贈許白雲》："麻衣紙扇趿 (tā ⑧ saap³) 兩屐，頭戴一頂東坡巾。"

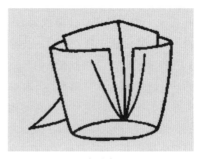

東坡巾

帽

上古的帽，據説是冠冕出現前的頭衣，《説文》則認為是小兒及蠻夷的頭衣。

明李時珍《本草綱目》："古以尺布裹頭為巾，後世以紗、羅、布葛縫合，方者曰巾，圓者曰帽，加以漆製曰冠。"東漢以前，文獻中很少談到帽。魏晉以前，漢人所戴的帽只是一種便帽，後來逐漸改進，也就成了正式的頭衣。如宋代有幞頭帽，官僚士大夫戴的方頂重簷桶形帽，元代有外出戴的盔式折邊帽、四楞帽，明代有烏紗帽、六合一統帽，清代官員的禮帽、夏天的涼帽、冬天的暖帽。還有通常用的瓜皮小帽、氈帽、風帽、涼帽（草帽）等。

烏紗

官帽。

始自東晉，當時為宮官所戴，其後，無論貴賤臣民在宴私場合皆戴之，至唐代遂成了官服。《唐書·輿服志》："烏紗帽者，視朝及燕見賓客之服也。"晉代的高筒紗帽，貴族用白紗縫製，下層官吏才用黑紗。烏紗帽起初用藤篾（miè ⑧ mit⁶，細條）編織，用草巾子做裏，紗做面，而塗以漆。由於紗經塗漆後堅挺而輕便，於是去掉藤骨子而不用，又"平施兩腳，以鐵為之"，即向兩側伸出兩支硬翅。

翎

清代官員冠飾之一。用禽鳥翎毛製成，插在禮冠上，下垂於冠後，用來裝飾和區別官員品級。

用孔雀翎毛製作的叫"花翎"，五品以上官員佩戴。花翎分單眼、雙眼、三眼，翎眼多者為貴。一般戴單眼花翎，大臣蒙特恩者賞戴雙眼花翎，皇帝宗室官員如親王、貝勒等方可戴三眼花翎。以鶡（hé ⑧ hot³，鶡雞，似野雞）羽製，染成藍色叫"藍翎"，六品以下官員佩戴。清中葉以前，戴翎是對有功勳者或蒙特恩者的一種賞賜，後來逐漸成為文武官員普遍的冠飾。

頂子

清代官員禮冠頂上的飾物，即冠頂珠。所用材料和顏色因官員品級不同而不同，是區別官員品級的標識。

據《清會典》記載，一品官員的頂子用紅寶石，二品用珊瑚，三品用藍寶石，四品用青金石，五品用水晶，六品用硨磲（chē qú ⑧ ce¹ keoi⁴，海中大蛤蜊），七品用素金頂，八品用陰文鏤花金頂，九品用陽文鏤花金頂。

朝珠

清代品官懸於胸前的飾物，形狀如同念珠。

其數一百零八，以珊瑚、琥珀、蜜蠟等物加工而成。凡文官五品、武官四品以上，及京堂、軍機處、翰林、詹事、科道、侍衛、禮部、國子監、太常寺、光祿寺、鴻臚寺所屬官員皆可戴。據《清會典》事例稱，公主福晉以下，五品官命婦以上，也可戴朝珠，以雜寶及諸香為之。皇帝所佩朝珠，以東珠製成。一般官員和百姓不能隨意佩戴。

暖耳

古代稱作“耳衣”。即隆冬季節護耳防凍的耳罩或耳套。

暖耳一般用狐皮製作，有的僅護住雙耳，如後世的耳套，也有的把帽子全部籠上的，如風帽。唐李廓《送振武將軍》詩：“金裝腰帶重，鐵縫耳衣寒。”明楊慎《升庵詩話·耳衣》：“耳衣，今之暖耳也。”明代百官冬季入朝就戴暖耳以禦寒。

手套

古代手套都是縫製的，用布、絹帛、絲綢或皮革縫製。

棉皮手套有的僅拇指分開，有的僅拇指、食指分開。還有一種露指手套，漢代已有了。長沙馬王堆漢墓出土了三副露指手套，製作十分精巧。一為花綺加繡雲紋做成，一為花羅做成，一為朱色花羅做成。手套上部均附有極薄窄絲縧，縧上還織有隸書“千金縧”三字。這種手套兼有禦寒和裝飾功能。近年來，露指手套復又興起，多為青年女孩所戴。

屨

上古把鞋叫“屨（jù 🔊 geoi³）”。

有麻屨、葛屨等，都是單底鞋。《詩經·魏風·葛屨》：“糾糾葛屨，可以履霜。”（糾糾：編織緊密的樣子）屨用麻繩或葛繩編織，編時要有大小不同的鞋楦（xuàn 🔊 hyun³），按着鞋楦編織，要一邊編一邊砸，使之緊密結實。《孟子·滕文公上》：“捆屨織席以為食。”趙岐註：“捆，猶椓（zhuó 🔊 doek³）也。織屨欲使堅，故叩之也。”

鞮

皮鞋。

《說文》：“鞮（dī 🔊 dai¹），革履也，胡人履連脛謂之絡緹（tí 🔊 tai⁴）。”用獸皮做的鞋。《鹽鐵論·散不足》：“古者庶人賤騎繩控，革鞮皮薦而已。”古書上常用皮屨、革舄、革履、韋（熟牛皮）履等來指皮做的鞋。

舄

又寫作"鞠、鞙"。上古的一種重底鞋。即在履下加一塊木板作為重底，以在泥濘地上行走而不沾濕。

晉崔豹《古今註·輿服》："舄(xì ⑧ sik¹)，以木置履下，乾臘不畏泥濕也。"據說古時舄在諸鞋中最尊貴，是帝王大臣穿用的。鄭鍔《周禮·天官》註："舄止於朝覲祭祀時服之，而履則無時不用也。"鄭眾註："舄有三等，赤舄為上，下有白舄、黑舄。王后唯祭服有舄，玄舄為上，下有青舄、赤舄。後來，舄成了鞋的通稱。"

黑舄

履

①履字本是動詞，意為踐、踩。

《詩經·魏風·葛屨》："糾糾葛屨，可以履霜。"

②後來變成名詞，指鞋履。

《史記·留侯世家》記載張良為黃石公撿鞋的故事，其中有"孺子，下取履"之句，歷史上，履的式樣很多。南北朝時有笏頭履。五代馬縞《中華古今註》："梁有笏對履、分捎履、立鳳履，又有五色雲霞履。"笏頭履頭部高翹，形似笏板。立鳳履又稱"鳳頭鞋"。到唐代，履前端上聳一片，叫"高牆履"，其上再加重疊山狀的，叫"重臺履"。唐詩所詠的"金薄重臺履"，指的就是在履頭上翹部分飾以金花。長沙馬王堆一號漢墓曾出土四雙青絲便鞋，鞋前端有昂起的小尖角。

雲履

屣

上古指草鞋。後來，屣(xǐ ⑧ saai²)成了鞋的泛稱。

屣，亦作"蹝、躧"。《孟子·盡心上》："舜視棄天下，猶棄敝蹝也。"（敝蹝：破草鞋）

屩

草鞋。

《釋名·釋衣服》："屩(juē ⑧ goek³)，草履也……出行着之，屩屩輕便，因以為名也。"《史記·孟嘗君列傳》："馮驩(huān ⑧ fun¹)聞孟嘗君好客，躡屩而見之。"

屐　木屐

跂（tā ⑧ saap³）拉板兒，木頭鞋。

一種只是厚木板，上面有繩，一種是下面前後有齒。唐李白《夢遊天姥吟留別》詩：“腳着謝公屐（jī ⑧ kek⁶），身登青雲梯。”《南史・謝靈運傳》記載，謝靈運遊覽山水，必到幽深高峻之處，為上下山方便，他特製一種木屐，屐底裝有活動的齒，上山去前齒，下山去後齒。無齒的木屐，戰國時已有。《莊子・天下》說墨子之徒“以跂（即屐字）蹻（即屩字）為服”。《晉書・宣帝紀》：“關中多蒺藜，帝使軍士二千人着軟材平底木屐前行，蒺藜悉着屐。”湖南四川山區百姓多穿草鞋，江蘇浙江水濱百姓多穿木屐，房前兩三米就是河，下去洗衣、淘米，木屐聲很勻很響，有如音樂，怪不得吳王建響屧廊（又名鳴屐廊），西施等女子穿木屐走過，步履均勻而清脆，吳王聽之，覺得又是一美。

靴

又寫作“鞾”。即高筒的鞋。

靴分高筒靴、短筒靴。《晉書・劉兆傳》：“嘗有人着靴騎驢至兆門外。”《南史・蕭琛（chēn ⑧ sam¹）傳》：“琛乃着虎皮靴，策桃枝杖，直造〔王〕儉座。”靴又有馬靴、氈靴、錦筒靴各類。

篦

古代婦女插在髮髻上的首飾，即用以固定髮髻，又是一種裝飾，作用同髮簪、髮釵。

唐白居易《琵琶行》：“鈿頭銀篦（bì ⑧ bei⁶）擊節碎。”鈿頭銀篦，指一頭鑲有金花的銀釵。

釵

古代婦女別在髮髻上的一種首飾，由兩股簪子合成。

唐白居易《長恨歌》：“惟將舊物表深情，鈿合金釵寄將去。”唐代還有鳳釵、金雀釵、燕釵、盤龍釵、鸚鵡釵等。以質料言，則有玉釵、牙釵（象牙製）、金釵、銀釵、珊瑚釵、玳瑁釵、琉璃釵以及銅釵、骨釵、荊釵等。

釵

珥璫

古代冠兩旁的垂珠。也指女子的珠玉首飾，類似現今之耳環、耳墜。

皆以珠玉為之。《史記・外戚世

家》："〔漢武〕帝譴責鈎弋夫人，夫人脫簪珥（ěr ⓟnei⁶）叩頭。"《孔雀東南飛》："耳着明月璫（dāng ⓟdong¹）。"

‥ 步搖

髮釵的一種。

一頭有飾物，很精美，又綴以玉珠串，行步則搖，故名。漢代已有之。戴步瑤者行步從容不迫，以使垂珠串的擺動和玉珮撞擊的叮咚聲響的節奏相一致。步搖飾以金，則謂之"金步搖"。唐白居易《長恨歌》："雲鬢花顏金步搖。"

步搖

‥ 玉珮

古人非常看重佩玉。佩玉，是在外衣腰的兩側各佩一套。每套佩玉都用絲繩串聯，上端是珩。走路時兩璜與沖牙相撞擊，發出有節奏的叮咚之聲，鏗鏘悅耳。玉聲一亂，表明走路人亂了節奏，有失禮儀。

《禮記・玉藻》："古之君子必佩玉……君子無故，身不去玉。"古人認為玉有五德。《詩經・秦風・小戎》："溫其如玉。"鄭玄箋："玉有五德。"孔穎達疏引《聘義》："君子比德如玉焉：溫潤而澤，仁也；縝密而栗，知也；廉而不劌（guì ⓟgwai³），義也；垂之如墜，禮也；孚尹旁達，信也。"

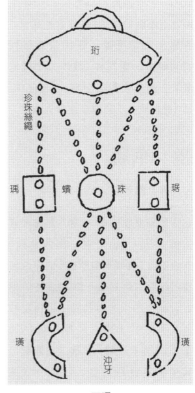

玉珮

‥ 鈿　金鈿　花鈿

鈿（diàn ⓟdin⁶），舊讀（tián ⓟtin⁴），是古代婦女裝飾髮髻的一種花朵形首飾。

金鈿是金製的，翠鈿是翠鳥羽製

的，花鈿是金製並嵌以珠寶翠飾的，料質不同，名也不同。但古人往往籠統稱之為“金華（huā ⑲faa¹，花）”，因鈿飾無論以何種質料製作，均以花卉形象為題材，接在簪、釵頭上，取其華貴之意。《說文》：“鈿，金華也。”《六書故》：“金華為飾田田然。”（田田，形容首飾圓的樣子）鈿飾始於魏晉，有出土文物可證。古代歌詠鈿的詩句頗多。唐岑參《敦煌太守後庭歌》：“側重高髻插金鈿。”唐白居易《長恨歌》：“花鈿委地無人收。”

·· 勝　華勝

古代婦女的首飾。

在古代婦女髮飾中，“勝”是比較常用的一種。《山海經·海內北經》有西王母“梯幾而戴勝杖”的傳說。勝的形制，因料質、紋樣或各時期社會風俗的不同而各異，名稱也較多。大致有玉勝、金勝、華（huā ⑲faa¹）勝、春勝、人勝、方勝等。其中較為流行的是“華勝”。《釋名·釋首飾》：“華勝：華，象草木之華也；勝，言人形容正等，一人着之則勝，蔽髮前為飾也。”在漢朝，華勝頗為流行，上自后妃，下至士庶，皆喜戴花勝。《後漢書·輿服志》載太皇太后、皇太后之首飾云：“簪以瑇瑁為擿（zhì ⑲zek³），長一尺，端為華勝，上為

鳳皇爵，以翡翠為毛羽，下有白珠，垂黃金鑷。”唐段成式《酉陽雜俎》載，唐代，“立春日，士大夫之家剪紙為小幡（旗），或懸於佳人之首，或綴於花下，又剪為春蝶、春錢、春勝以戲之”。戴勝的風俗，由帝王之后妃而至士庶之婦女，由日常之簪戴而至禮儀慶典之賞賜，又至與節令相應合，由最初的幾何形之圖紋而為燕雀花人，用料由金玉而至五色綢羅，由驅邪降瑞而至吉祥喜慶的寓意，都說明“勝”這一首飾的不斷變化。但自宋代以後，戴勝之俗漸為簪花所替代。

·· 高髻

古代婦女的一種髮式。髮髻高聳於頭上。

分兩種。一種是假髻，又叫“義髻”。即用馬尾或假髮先做成所需要的樣式，戴在頭上，用各種簪釵固定，與原髮編合成一個髮髻。《新唐書·五行志》載有“義髻拋河裏，黃裙逐水流”的長安民謠。另一類則是將原髮編盤而成。即用絲縧先將原髮束縛，再於頭頂盤捲各種所需要的樣式，再用簪釵固定。高髻從東漢流行，直至魏晉、中晚唐、五代南唐及宋、明各代，歷代盛行。東漢竟然“城中好高髻，四方高一尺”。至中晚唐，“高髻險妝”已成時尚。其中有：大手髻、飛天髻、

雙鬟望仙髻、螺髻、驚鵠髻、圓鬟
椎髻、十字髻、單鬟高髻、雙鬟高
髻、朝天髻、單刀髻、雙刀髻等。

雲髻

驚鶴髻

假髻

同心髻

•• 墮馬髻　倭墮髻

古代婦女一種偏垂在一邊的髮髻。

漢代已有。是漢代上層婦女所喜尚
的一種髮式，後來廣泛流傳，上自
宮廷，下至庶民，不分長幼尊卑，
皆喜梳墮馬髻。此類髮髻，是將頭
髮偏束一方，然後編盤成各種所需
要的形狀，再用絲縧縛住，偏垂一
側。這種髮式直至唐、宋、元、明
各朝仍在流行，不過已改稱"倭墮
髻"了。唐李賀《美人梳頭歌》："妝
成倭墮欹不斜。"唐劉禹錫《贈李司
空妓》："倭墮梳頭宮樣妝。"

•• 椎髻

又稱"椎（chuí ⑧ceoi⁴）結"。椎形
的髮髻。

是秦漢男女通行的一種髮式，即將
髮編結成椎（同錘）形。《漢書·李
陵傳》："兩人皆胡服椎髻。"顏師古

註：“一撮之髻，其形如椎。”但男子的椎髻，多束之於頂，秦漢兵士多梳此髻。女子是將頭髮向後梳掠，在背後鬆鬆挽成一個小團，像是拖着一把錘子。《後漢書·梁鴻傳》：“〔鴻妻孟光〕乃更為椎髻，着布衣，操作而前。”這種髮髻在士庶婦女中普遍流行，而貴族婦女似乎少見。後代一直沿襲，但也有變化，如漢代婦女椎髻的髮團是在背後，到了宋、明兩朝，則已有頸後或腦後了，梳這種髮髻的婦女，也由青年逐漸變成老年，至清代中晚期，則已變成“疙瘩鬆”了。

丱髮

古時兒童束髮成兩角的樣子。

先將頭髮中分，然後在頭的兩側各盤紮一髻，並於髻中各引出一綹頭髮自然下垂以為飾。這種髮式在春秋時即已有之，為男女兒童所常梳的髮式。《詩經·齊風·甫田》：“婉兮孌兮，總角丱 (guàn 粵 gwaan³) 兮。”說明當時的丱髮兩髻在上，且無餘髮垂飾。後經歷代沿襲、變衍，至魏晉、隋唐才變成“丱”字形髮式。《開天傳信記》載劉晏故事：“劉晏年八歲，獻《東封書》……上以晏間生秀妙，引晏於內殿，縱六宮觀看。貴妃坐晏於膝上，親為晏畫眉總丱髻。”

畫眉

是婦女面部增美的一種手段。

春秋戰國時，婦女便喜歡把自己的眉毛畫得濃濃的，秦朝則流行紅妝翠眉。至漢，婦女畫眉已成時尚，有的甚至把眉毛剃去，再用黛石畫上自己喜歡的眉形，這就是所謂的“黛眉”。“城中好廣眉，四方且半額”，是漢朝婦女畫眉的真實寫照。《漢書·張敞傳》記載京兆尹張敞為妻子畫眉，一時傳為佳話。到了唐代，畫眉之風更盛，不但宮廷、仕宦、豪富之家流行，且士庶女子亦多崇尚，或有新樣，即仿效成俗，甚至年幼女孩亦以畫眉為美。唐朱慶餘《近試上張水部》：“妝罷低眉問夫婿，畫眉深淺入時無？”唐詩凡寫佳人美女者，多讚其眉。唐元稹“新妝巧樣畫雙蛾”，白居易“宛轉雙蛾遠山色”、“青黛點眉眉細長”，張諤“半額畫雙蛾”等。婦女畫眉種類繁多，名稱各不相同，但統而觀之，其形不外乎廣細、長短、曲直，其色不外乎濃淡、虛實。

遠山眉

指秀美之眉。用黛色畫眉，色如遠山，故名。

《西京雜記》：“文君姣好，眉色如望遠山。”西漢司馬相如妻子卓文君眉如遠山，當時的婦女多仿效，畫遠山眉。其形細長而曲，色淡微。

舊提伶玄《趙飛燕外傳》："〔趙〕合德新沐……為卷髮，號新髻；為薄眉，號遠山黛。"唐崔仲容《贈歌姬》詩："黛眉輕蹙遠山微。"

愁眉

《中華古今註》記載，東漢權臣梁冀妻孫壽，創新妝式樣，"改驚翠眉為愁眉"。

其形細而曲折，京城婦女極力仿效。愁眉與遠山眉不同處是黛色濃重，眉梢上翹。唐白居易《代書一百韻寄微之》："風流誇墮髻，時勢鬥愁眉。"

八字眉

《事物紀原》記載，漢武帝曾令宮人畫八字眉，以後各代相沿下來。

中晚唐流行的"時世妝"即畫八字眉。白居易"雙眉畫作八字低"、李商隱"八字宮眉捧額黃"等詩句，就是對這種眉的描寫。所謂"八字眉"，即以其雙眉似"八"字而得名。眉尖上翹，眉梢下撇，眉尖細而濃，眉梢廣而淡。

八字眉

蛾眉

女子長而美的眉毛。

《詩經·衛風·碩人》："螓首蛾眉，巧笑倩兮，美目盼兮。"《中華古今註》記載，三國曹魏時，宮人"作蛾眉，驚鵠髻"。為當時京城婦女所喜尚，直至唐、宋、明各朝還很流行。從元稹"新妝巧樣畫雙蛾"、張謂"半額畫雙蛾"詩句中，可知這種眉形廣而且長。

柳葉眉

眉尖漸廣，眉梢漸細，形如柳葉，色亦由濃漸淡。

為歷代婦女所喜尚。前蜀韋莊《女冠子》詞："依舊桃花面，頻低柳葉眉。"《敦煌曲子詞》有"素胸蓮臉柳眉低"句。

附表九　唐代品官服制簡表

品級	服色	帶　銙	冠	魚袋	笏
一品	紫	金玉帶十三銙	三梁冠	魚袋	象笏
二品	紫	金玉帶十三銙	三梁冠	魚袋	象笏
三品	紫	金玉帶十三銙	三梁冠	魚袋	象笏
四品	深緋①	金帶十一銙	二梁冠	魚袋	象笏
五品	淺緋	金帶十銙	二梁冠	魚袋	象笏
六品	深綠	銀帶九銙	一梁冠		竹木笏
七品	淺綠	銀帶九銙	一梁冠		竹木笏
八品	深青	鍮石②帶八銙	一梁冠		竹木笏
九品	淺青	鍮石帶八銙	一梁冠		竹木笏
庶民	黃	銅鐵帶七銙			

說明：此表據《舊唐書・輿服志》、《新唐書・車服志》編製。附表九至十三轉錄自楊殿
奎等三位先生所編《古代文化常識》，略加調整。

①緋：大紅色。

②鍮石：天然銅塊叫"真鍮"，用銅與爐甘石煉成者叫"鍮石"。

附表十　宋代品官服制簡表

品級	服色	冠	帶	魚袋	笏
一品	紫	七梁冠	玉帶	金魚袋	象笏
二品	紫	六梁冠	玉帶	金魚袋	象笏
三品	紫	五梁冠	玉帶	金魚袋	象笏
四品	紫	五梁冠	金帶	金魚袋	象笏
五品	緋	五梁冠	金塗帶	銀魚袋	象笏
六品	緋	四梁冠	金塗帶	銀魚袋	象笏
七品	綠	三梁冠	黑銀、犀角		木笏
八品	綠	三梁冠	黑銀、犀角		木笏
九品	綠	二梁冠	黑銀、犀角		木笏
庶民	皂、白		鐵角帶		

① 御史大夫、御史中丞、刑部尚書、刑部侍郎、大理寺卿、大理寺少卿，並戴
　　獬豸（xiè zhì 粵 haai⁵ zi⁶）冠。

② 宋初品官服色，一如唐制，本表為神宗二年之規定，南宋仍用此制。

附表十一　元代品官服制簡表

品級	服色	繡花	品級	服色	繡花
一品	紫	紫大獨科花徑五寸	六品	緋	小雜花徑一寸
二品	紫	紫小獨科花徑二寸	七品	緋	小雜花徑一寸
三品	紫	散答花無枝葉	八品	綠	
四品	紫	小雜花徑一寸五分	九品	綠	
五品	紫	小雜花徑一寸五分			

說明：此表據《元史・百官志》及《輿服志》編製。

附表十二　明代品官服制簡表

品級	朝冠	公服顏色	繡紋 文官	繡紋 武官	帶	綬	笏
一品	七梁	緋袍	仙鶴	獅子	玉	雲鳳、四色	象牙
二品	六梁	緋袍	錦雞	獅子	犀	雲鳳、四色	象牙
三品	五梁	緋袍	孔雀	虎豹	金花	雲鈒①、鶴	象牙
四品	四梁	緋袍	雲雁	虎豹	素花	雲鈒、鶴	象牙
五品	三梁	青袍	白鷴	熊	銀鈒花	盤雕	象牙
六品	二梁	青袍	鷺鷥	彪	素銀	練鵲、三色	槐木
七品	二梁	青袍	鸂鶒②	彪	素銀	練鵲、三色	槐木
八品	一梁	綠袍	黃鸝	犀牛	烏角	鸂鶒、二色	槐木
九品	一梁	綠袍	鵪鶉	海馬	烏角	鸂鶒、二色	槐木
未入流③		綠袍	練鵲				

說明：此表據《明史・輿服志》及《明會要・輿服下》編製。

① 鈒（sà ⑧ kap¹）：鈒鏤，用金銀絲在器物上嵌飾花紋。

② 鸂鶒（xī chì ⑧ kai¹ cik¹）：紫鴛鴦。

③ 未入流：明代官制分為九品，凡在九品之內者稱"流內"，九品以外的官員為"未入流、流外"，如典史、驛丞等。

附表十三　清代品官服制簡表

文　官			武　官		
品級	帽頂	補服①繡圖	官銜	帽頂	繡圖
一品	紅寶石	仙鶴	將軍、提督	紅寶石	麒麟
二品	珊瑚	錦雞	副將軍	珊瑚	獅子
三品	藍寶石	孔雀	參將、游擊	藍寶石	豹
四品	青金頂	雁	都司	青金石	虎
五品	水晶	白鷴	守備	水晶	熊
六品	硨磲②	鴛鴦	千總	硨磲	彪
七品	素金③	鸂鶒	把總	素金	犀牛
八品	陰文鏤花金	鵪鶉	外委④千總	陰文鏤花金	犀牛
正九品	陽文鏤花金	練雀	外委把總	陽文鏤花金	海馬
從九品未入流	陽文鏤花金	練雀			

說明：此表據《清會典》編製。

① 補服：明清兩代的官服，前胸和後背繡綴鳥獸圖案的補子以示品級。

② 硨磲（chē qú ⑧ ce¹ keoi⁴）：南海中的一種大貝，略呈三角形，其殼可做裝飾品和器皿。

③ 素金：白金，銀。

④ 外委：指額外委派的武官。

17

 器物

·· 席

也作"蓆"。

用蒲草編織的坐墊用品，後來也用水蔥、竹篾、高粱篾、蘆葦等編織。在秦漢戰國以前夏、商、周時代，還沒出現牀、椅凳，人們都是席地而坐（即跪）。堂、室、閣都鋪着較大的竹蓆，稱"筵"，筵鋪好後，一般是不移動的，筵上再鋪蓆，蓆較小，可供三、二人坐，小的僅供一人坐。人們脫鞋後才可登堂入室，坐在蓆上，蓆可移動。《周禮·春官·司几筵》"左右玉几"賈公彥疏："凡敷席之法，初在地者一重謂之筵，重在上者即謂之席。"古代

蓆只是坐具，不是牀上之蓆，牀上之蓆稱"衽"。東漢管寧與華歆兩人共坐一蓆讀書，華歆貪看熱鬧不專心讀書，管寧割蓆，表明不再和華歆同坐一蓆。《漢書·賈誼傳》："文帝思〔賈〕誼，徵之，至，入見……誼具道所以然之故。至夜半，文帝前席。"後以"前席"謂欲接近而移坐席向前。

·· 牀

供人坐臥的傢具。

《詩經·小雅·斯干》："乃生男子，載寢之牀。"這裏的牀指臥具。《孟子·萬章上》："舜在牀琴。"是說

舜坐在牀上彈琴，這裏的牀指坐具。又如唐李白《靜夜思》"牀前明月光"中的牀也是坐具，略似現今的大方凳。自商、周、秦、漢、三國間，由於跪坐是主要起居方式，牀榻筵席是室內主要陳設，牀有足，但很矮。南北朝各民族大融合時，西北少數民族帶來他們的用具。一方面，跪坐的習慣仍然未改，但傳統傢具有了新的發展。睡眠的牀加高加大，上部還加牀頂，周圍施以可拆卸的矮屏，牀下用門壺做裝飾，人們即可坐在牀上，又可垂足坐於牀沿。這種高足牀經唐、五代到宋而定型，由宮廷、權貴之家流傳到庶民百姓之家。

∵ 榻

長狹而低的坐臥用具。

四足。較小的，像大方凳，供一人坐。較大的，可坐也可臥。有的臥榻 (tà ⓟ taap³) 上兩面（後面、左面或右面）放置矮屏風。榻前擺案，案上可放水果食物等。後來，榻上三面放置屏風。山西大同北魏司馬金龍墓出土的木板漆畫上就畫有這種坐榻。《孔雀東南飛》："移我琉璃榻，出置前窗下。""琉璃榻"即鑲嵌琉璃飾物的坐榻。榻，又特指備客留宿的牀。唐王勃《滕王閣序》："徐孺下陳蕃之榻。"《後漢書·徐穉 (zhì) 傳》："〔陳〕蕃在郡不

接賓客，惟穉來特設一榻，去則縣之。"（縣：通"懸"）

∵ 几

古代用於憑靠休息或放置物件的器具。

分曲几和直几兩種。曲几的形制，為水平弧形，很窄，呈彎曲條狀，下有三足支撐，其功用與現代椅子上的扶手和靠背相同。古人席地而坐，累了就扶靠在曲几上，叫"憑几"或"伏几"。《說文》："憑，依几也。"《孟子·公孫丑下》："隱几而臥。"古代老人居則憑几（曲几），行則攜杖，故古籍中往往几杖並稱。《禮記·曲禮上》："謀於長者，必操几杖以從之。"孔穎達疏："杖可以策身，几可以扶己，俱是養尊之物。"直几出現較晚，一般由三塊木板榫結而成，几面長方形，另兩塊木板豎立支撐，為几足，直几的橫板有寬有窄，几面寬者頗似現在的茶几，供人們吃飯、看書、寫字、擱置物件等。隋唐以後，直几的几足加高，類似長條形的桌子，所以往往"几案"並稱。

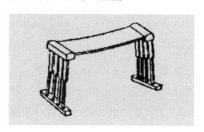

几

案

有食案和書案之別。

食案有長方形的,也有圓形的。長方形的有四短足,圓形的有三短足,可以放在地上,實際上是用以進食的托盤。《後漢書·梁鴻傳》:"鴻為人賃舂,每歸,妻為具食,不敢於鴻前仰視,舉案齊眉。"書案是一種長條形的矮桌,兩端有寬足向內曲成弧形,不很高,供讀書寫字用。《三國演義》:"因拔刀斫(zhuó 粵 zoek³)前奏案。"又《失街亭》:"孔明喚入,左右呈上圖本,孔明就文几上拆開視之,拍案大驚。"這裏的文几就是書案。由南北朝始,案足逐漸增高,由矮曲狀逐漸變直,同時出現了較高的案几和桌椅。

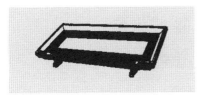

案(戰國)

桌椅

桌子,大約始於漢代,1972 年,河南靈寶東漢墓中出土了一件陶桌模型,綠釉,桌面方形,四腿較高,腿間呈弧形,外形與現代的方桌基本相同。

西晉末年,西北少數民族帶來了各種樣式的高坐具,如椅子、方凳、圓凳、束腰形圓凳等。到了唐代,上層社會桌椅流行開來。敦煌莫高窟唐代壁畫中,就有人們圍着桌子歡宴的場面,桌子很大,周圍可坐好幾個人。1955 年,西安發現唐玄宗宦官高力士之兄高元珪的墓,壁上畫有坐在椅子上的人像。經唐、五代、北宋漫長的時間,高足牀、高足桌椅、扶手椅、靠背椅等傢具逐步定型,且流傳民間,人們終於改變席地而坐為垂足而坐,隨着各種傢具增高,房屋也隨着漸高,更寬敞明亮。

交椅　胡牀

也叫"交牀、繩牀"。

一種可摺疊的輕便坐具,有的很小,似現今之馬紮;有的較高,可垂足坐,還有靠背;有的可在上面躺臥睡覺。宋陶穀《清異錄·陳設門》:"胡牀施轉關以交足,穿便縧以容坐,轉縮須臾,重不數斤。"大約東漢後期自域外傳入。宋程大昌《演繁露》卷十四:"今之交牀,制本自虜來,始名胡牀,桓伊下馬據胡牀取笛三弄是也。隋以讖有'胡',改名交牀。"

交椅

•• 銅鏡

在沒有玻璃鏡子的近二千年的時間裏，從商周時代到清代，古人一直用青銅鏡照臉。

最初一般是圓形，照影的一面磨光發亮，背面大都鑄有鈕和紋飾。殷墟墓中已出土像是鏡的銅器。目前出土最早的為春秋銅鏡。戰國時期銅鏡開始盛行，製作輕巧，背面有的沒有紋飾（素鏡），有的是單層或雙層花紋紋飾，如山字鏡、花葉鏡、獸面紋鏡等，鈕細小，沒有銘文。西漢至東漢前期的銅鏡逐漸厚重，紋飾有幾何圖案、神人和禽獸紋等，鈕多為半球形或柿蒂形，開始有銘文，多為通俗的吉祥語，王莽時有紀年銘文。西漢時還出現了所謂"透光鏡"，當鏡面受日光或燈光的聚光照射時，鏡背的銘文或紋飾便可投映在白壁上。上海博物館就藏有這樣一面西漢古銅鏡。東漢中期至魏、晉，有鏡背呈浮雕狀畫像鏡和神獸鏡，鈕座有的為蝙蝠形。到唐代，除圓鏡外，更出現了菱花鏡、八菱鏡、帶柄手鏡等多種式樣，紋飾有花蝶、葡萄、鳥獸、人物故事等，還創造了金銀單脫螺鈿的裝飾（鏡背面用金銀箔和螺鈿製成花鳥紋飾）。宋代多菱花鏡，紋飾以纏枝花草、牡丹等為主，常附有製鏡作坊的標記。銅鏡新鑄成，鏡面粗糙，並無光澤，更不能照人，經過長時間研磨、拋光，方能照出人影。唐代就有以磨鏡為業者，唐裴鉶《傳奇‧聶隱娘》講一女劍俠聶隱娘，忽然看見門前一磨鏡少年，説"此人可與我為夫"，遂嫁之。另外，漢代已會在鏡面塗反光材料。據《淮南子‧修務訓》記載，漢代鏡面塗料是"玄錫"，經近人研究，玄錫就是水銀，可見用水銀做反光材料，在中國已有悠久的歷史。清代乾隆以後，銅鏡逐漸被玻璃鏡所替代。

山字鏡

•• 奩　妝奩

古代盛放梳妝品的盒子。

有蓋，漢代的奩大多是漆器。馬王堆一號漢墓出土了雙層九子奩 (lián 粵 lim⁴)，出土後，依然精美有光澤。《後漢書‧光烈陰皇后紀》："會畢，〔明〕帝從席前伏御牀，視太后鏡奩中物，感慟悲涕。"

奩

博山爐

古代焚（fén 粵 fan⁴）香用的香爐。

有蓋，蓋上鏤空雕刻成山巒形，山上並雕出人物、動物，下有底座。有的遍體飾雲氣紋，有的還鎏金或金銀錯。盛行於漢晉，已出土的博山爐實為青銅鑄造。

博山炉

燈

又作"鐙"。

商代至西周春秋還沒有油燈，夜裏照明用火炬，如在庭中，用大火炬，稱"庭燎"。在室內，用小火炬，稱"燭"，用人手舉着。《儀禮·士喪禮》鄭玄註："火在地曰燎，執之曰燭。"至戰國時，開始用上燈了。用青銅鑄成，上有盤，盛動物油脂，中有柱，下有底座。有的下不設底座而有三足，或旁出三足。燈的樣式很多，有的為樹枝形，每枝上有一燈盤；有為人形的，如長信宮燈；有的圓盤下有三短足，盤邊有把，自身銘文稱為"行燈"；也有為動物形的，如朱雀燈、羊燈等。古時點燈用膏（獸類脂肪）。《楚辭·招魂》："蘭膏照燭，華燈錯些。"後來才改用植物油。

匜

古代盥洗時盛水器。

出現於西周中期，盛行於東周。青銅鑄，也有陶製品。形橢長，無蓋，有的有四短足或圈足，並有流（出水口）鋬（bān 粵 bun¹，把手），有的無足，柄中有道。無足的很像瓢。戰國時的匜（yí 粵 ji⁴）都沒有足。《左傳·僖公二十三年》記載，晉公子重耳流亡十九年，最後到了秦國，秦穆公將被拋棄的懷嬴嫁給了他（實是重耳的姪媳婦），懷嬴"奉匜沃盥"。杜預註："匜，沃盥器也。"楊伯峻註："匜，音移，古人洗手洗面之具，用以盛水。古人洗盥，一人持匜，灌水於洗盥者之手以洗之，下有槃，以盛盥訖之水。"下面接水的槃，也叫"洗"，青銅鑄，類似後世的臉盆。

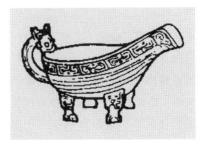

銅匜

盤

古書中寫作"槃"。

《禮記·內則》："進盥，少者奉槃，長者奉水。"鄭玄註："槃，承盥水者。"青銅鑄，略似現今的臉盆。商至戰國時很流行。洗手洗臉時，與匜配合使用，用匜澆水到手上，下面用盤承接用過的水。商代的盤無耳，圈足，器內壁多用龜、魚等動物紋樣做裝飾，有的還在邊沿鑄立鳥。西周至春秋的銅盤多有附耳，有圈足或三足。西周晚期到戰國的銅盤也有長方形的，如傳世的西周晚期虢（guó ⓟ gwik[1]）季子白盤、故宮博物院所藏春秋戰國之際的龜田蟠（pán ⓟ pun[4]）螭（chī ⓟ ci[1]）紋方盤，也有寬唇、無耳、圓底的銅盤，如戰國末期楚王酓（yǎn ⓟ jim[2]）感盤。

鼎

古代青銅鑄炊具，用以煮肉盛肉，又是宗廟祭祀用的禮器、陪葬的明器。

大多是圓腹，兩耳，三足，也有四足的方鼎，都有蓋。青銅鼎是在新石器時代陶鼎的基礎上發展而來的。最大的高三尺多，如商代後期后母戊鼎。鼎的形制因時代而異。大體來說，商代前期多為圓腹尖足，也有柱足方鼎和扁足鼎，商代後期尖足鼎逐漸消失，圓腹柱足鼎較多，分襠（中間有隔兒）鼎增多。西周晚期，扁足鼎和方鼎基本消失，圓腹三足鼎的鼎足呈蹄形。戰國至秦漢的鼎多為斂口（口沿向內收），大多有很短的蹄足，有蓋，蓋上多有鈕或三小獸，古人在鼎足間燒火，煮熟後在鼎內取食。權貴之家或宗廟祭祀都有好幾種肉食，就分幾個鼎來烹煮，叫作"列鼎而食"，按權貴等級，天子、諸侯、大夫、士，列鼎有九鼎、七鼎、五鼎、三鼎之分。權貴之家，主仆人口眾多，每吃飯都要敲鐘（後代的佛寺也是每吃飯必敲鐘），後人便用"鐘鳴鼎食"形容他們的豪富。

禹鼎

克鼎

后母戊鼎

鑊

古代無足的鼎。

青銅鑄或鐵鑄，像鍋，用以烹煮肉、魚、臘肉等食物。《淮南子‧説山訓》："嘗一臠（luán ⑧ lyun⁵）肉，知一鑊（huò ⑧ wok⁶）之味。"高誘註："有足曰鼎，無足曰鑊。"《周禮‧天官‧亨人》："亨人掌共鼎鑊，以給水火之齊。"湯鑊，是古代一種酷刑，鑊裏煮開水，把人扔進去燙死。《史記‧廉頗藺相如列傳》："臣知欺大王之罪當誅，臣請就湯鑊。"

鬲

上古煮飯用的炊具。

新石器時代人們已能燒製陶鬲（lì ⑧ lik⁶）用來煮飯，夏商時，用青銅鑄造。其形似鼎，一般為侈口（口沿向外展），有三個中空的足，便於炊煮加熱。青銅鬲流行於商代至春秋時期。商前期的鬲大多無耳，後期口沿上一般有兩個直耳。西周前期的鬲多為高領，短足，常有附耳。西周後期至春秋的鬲大多為折沿折足弧襠，無耳。另外還有方鬲，長方形。《史記‧范雎蔡澤列傳》："入韓、魏，遇奪釜鬲於塗。"

鬲

甗

上古炊具，陶製或青銅鑄，盛行於商周時期。

上古煮飯用鬲，蒸飯用甗。甗分上下兩層，上部似甑（yǎn ⑧ jin⁵），放食物，下部似鼎，三足，盛水，足間燒火，上下層之間有一銅箅（bì ⑧ bei³）子，箅上有透氣孔。商代和西周時代的甗，上下是一個鑄件，圓形，侈口（口沿向外展），有兩直耳（或稱立耳，耳直立沿口之上），春秋戰國時期的甗，上下層是兩件，可分合。直耳變成附耳（耳在器身外側）。這一時期還出現了四足、兩耳、上下可分合的方形甗，有的方形甗上部加豎隔，可同時蒸兩種食物。

甗

簠

•• 甗

古代煮食用的陶製炊具。

古代的甗（zèng ⊚ zang⁶），底部有許多透蒸氣的小孔，放在鬲或釜上蒸飯。有如現代兩屜的蒸鍋。釜甗之間也有另外加箅子的。《史記·項羽本紀》："項羽乃悉引兵渡河，皆沉船，破釜甑。"

•• 簋

古代用來盛食物的食器。

青銅鑄或陶製，也有木製或竹製的。圓腹，圓口，圈足（足在腹底成圈狀），無耳或有兩耳（實為兩把手）。也有四耳、方座或帶蓋的。相當於後來的碗。古人把飯從甗或甑盛到簋（guǐ ⊚ gwai²）裏，用手抓着吃，或把湯、肉、菜盛到簋裏，用匙舀着吃。《詩經·秦風·權輿》："於，我乎！每食四簋。"

•• 簠

古書裏亦作"胡、瑚"。

簠（fǔ ⊚ fu2）是一種古代食器，用來盛黍、稷、稻粱等。陶製或青銅鑄，長方形，侈口（口沿向外展），四短足，有蓋。蓋與器的形狀、大小相同，合上為一件，打開則是相同的兩件。流行於兩周至戰國末。

簠

•• 敦

古代食器，用來盛黍、稷、稻、梁等。

形狀較多，一般為三短足，圓腹，二環耳，有蓋，有的蓋能翻轉來使圈足的敦（duì ⊚ deoi³），蓋上多有捉手。青銅鑄，流行於春秋戰國時期。

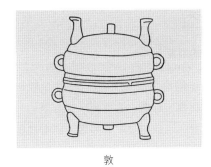

敦

豆

古代食器。

陶製或青銅鑄，也有用木、竹製成的。木豆叫"豆"，竹豆叫"籩（biān ⑧bin¹）"，瓦豆叫"登"。起初用來盛黍稷，後來用以盛肉醬、肉羹一類食物。器淺如盤，下有把兒，圈足，多數有蓋。銅豆在商代少見。西周的豆淺腹，束腰，多無蓋無耳。春秋時，豆增多，側有兩環，下具高足。三國時，器腹變深，有的把兒特別細長。有蓋的豆，蓋上有捉手。《孟子·告子上》："一簞食，一豆羹，得之則生，弗得則死。"

豆

簞

用竹篾編的飯筐。

《論語·雍也》："一簞（dān ⑧daan¹）食（shí ⑧sik⁶），一瓢飲，在陋巷，人不堪其憂，回也不改其樂。"《孟子·告子上》："一簞食，一豆羹，得之則生，弗得則死。"

箸

筷子。

商代就有箸了。《韓非子·喻老》："昔者，紂為象箸而箕子怖。"但戰國以前，人們吃飯尚不用箸，蒸的飯用手抓着吃，祭祀時才用筷子夾肉、菜等。到了漢代，普遍使用筷子吃飯。《史記·留侯世家》："漢王方食……張良對曰：'臣請藉前箸為大王籌之。'"《漢書·周勃傳》："上居禁中，召亞夫賜食。獨置大胾（zì ⑧zi³），無切肉，又不置箸。"

尊

古代盛酒器。

青銅鑄。形似觚而腹較粗，口徑較大，侈口（口沿向外展），高圈足，形制較多，大多為圓形，有的為方形。商代和西周盛行。也有一類形制特殊的盛酒器，模擬鳥獸形狀，統稱為"鳥獸尊"。主要有鳥尊、象尊、羊尊、虎尊、牛尊等。後來，尊成了一切酒器的通稱，又專指酒尊（杯）。銘文常將"尊、彝"二字連用，則為禮器的共名。

尊

•• 卣

上古盛酒器。

青銅製。古文獻和銅器銘文常有"秬鬯（jù chàng ⓰ geoi⁶ coeng³）一卣"（yǒu ⓰ jau⁵），秬鬯是祭祀用的一種香酒，卣是專用盛這種香酒的酒器。在盛酒器裏，卣是重要的一類。器形是橢圓口，深腹，圈足，有蓋有提梁。腹或圓或橢圓或方，也有的為圓筒形，為鴟鴞（chī xiāo ⓰ ci¹ hiu¹，貓頭鷹）形，或為虎吃人形等。盛行於商代和西周。

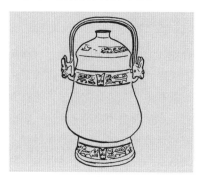

卣

•• 盉

盛酒器。

青銅鑄。形制較多，一般深腹，圓口，有蓋，前有流，後有鋬，下有三足或四足，蓋和鋬之間有鏈相連。盛行於商代和西周。商代的盉多空心足，周代多是四足，春秋戰國時出現了圓腹有提梁的盉（hé ⓰ hap⁶）。

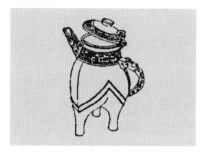

盉

•• 彝

盛酒器。

青銅鑄。身高而方，有蓋，蓋上有鈕，蓋和鈕形似屋頂。有的方彝上還帶有觚棱。腹有直有曲，有的在腹旁還有兩耳上出。盛行於商代和西周。

彝

罍

盛酒器或盛水器。

青銅鑄。《詩經·周南·卷耳》：“我姑酌彼金罍（léi 圖 leoi⁴）。”此罍盛酒。《儀禮·少牢饋食禮》：“司宮設罍水于洗（盆）東。”此罍盛水。罍形有方、圓兩種。方形罍寬肩，兩耳，有蓋。圓形罍大腹，圈足，兩耳。無論方形圓形，一般在一耳的下面圈足之上都鑄有一個穿繩的鼻。盛行於商代和西周。

罍

壺

上古盛水或盛酒的器皿。

陶製或青銅鑄。商代壺多扁圓，貫耳，圈足。周代的壺多扁圓，長頸，大腹，有蓋，獸耳銜環。春秋的壺扁圓，長頸，肩上有二伏獸，有蓋，蓋上常用蓮瓣裝飾。也出土過方壺。1923 年河南新鄭出土的春秋大壺，圈足下有伏獸，蓋上裝飾蓮瓣，中立一鶴。戰國的壺有圓形、方形、扁圓形和瓠（葫蘆）形等多種形狀。

圓形的壺到漢代稱為“鍾”，方形壺則稱為“鈁”。漢代以前的壺與現代的壺大不相同。

壺

盂

古代盛水或飯的器皿。

有陶盂、青銅盂。侈口（口沿向外展），深腹，圈足，有附耳，很像有附耳的簋（guǐ 圖 gwai²），但比簋大得多。有個別方盂。考古發現的盂數量很少，主要是商代和西周的。《韓非子·外儲說左上》：“為人君者猶盂也，民猶水也，盂方水方，盂圓水圓。”

盂

鑒

上古盛水或冰的器皿。

青銅鑄。形體一般很大，像盆，大口，深腹，無足或有圈足，多有二耳或四耳。盛行於春秋戰國。古代在沒有普遍使用銅鏡的時代，常在鑒內盛水用來照影。另一種陶製，用以盛冰存放食物。《周禮·天官·凌人》"春始治鑒" 鄭玄註："鑒，如甀（zhuì ⓿ zeoi⁶，甕），大口，以盛冰，置食物于中，以禦溫氣。"

鑒

缶

古作 "瓾"。

盛水或酒的器皿。多為陶器，也有青銅鑄的。形似後世的罎，小口圓腹，有蓋，肩上有環耳。也有方形的。盛行於春秋戰國。器形略有不同，但器身銘文稱為缶（fǒu ⓿ fau²）的，有春秋中期的欒書缶和安徽壽縣、湖北宜城出土的春秋晚期的蔡侯缶。《史記·廉頗藺相如列傳》記載秦王趙王的澠池會，秦王請趙王鼓瑟，趙王為之鼓兩三聲。藺相如請秦王擊缶，秦王無奈，也只好敲擊兩三聲。但不是

樂聲。其實，五隻大小相同的缶，盛不等量的水，用棍錘敲擊，可奏樂曲。

缶

觥　兕觥

上古盛酒或飲酒器。

用獸角製成的稱 "兕觥（gōng ⓿ gwang¹）"，也有青銅鑄或玉、木、陶做的。器腹圓形或方形，圈足或四足，前有傾酒的流，後有手握的鋬，有蓋，蓋做成帶角的獸頭形，或做成長鼻上捲的象頭形。有的觥內附有酌酒用的勺。主要盛行於商代和西周前期。《詩經·周南·卷耳》："我姑酌彼兕觥。" 這是指盛酒器。《詩經·豳風·七月》："稱彼兕觥，萬壽無疆。" 這是指飲酒器。宋歐陽修《醉翁亭記》："觥籌交錯。" 這裏泛指酒杯。

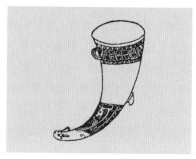

兕觥

觥

·· 爵

商周時期的飲酒器，也可用以溫
酒。相當於後世的酒杯。

青銅鑄。圓腹，前有傾酒用的
"流"，後有尾，旁有鋬（把手），口
上有兩柱，有三高足，下尖。少數
爵（jué 粵 zoek³）為單柱或無柱。
盛行於商代和西周。春秋戰國的製
品就少見了。商前期的爵為平底，
二柱很短，離流的根部（流折）較
近，商代後期和西周的爵多為凸
底，柱離流的根部較遠。《詩經·
小雅·賓之初筵》："酌彼康爵，以
奏爾時。"

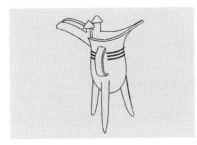

爵

·· 角

商周時的飲酒器，也可用以溫酒。

青銅鑄。形狀似爵，無柱無流，
前後兩尾對稱，有蓋。已出土
的角，大多是商代的。《禮記·
禮器》："宗廟之祭，尊者舉觶，卑
者舉角。"（觶：酒器名，似尊而小）

角

·· 斝

古代溫酒器。

盛行於商代。青銅鑄。形狀似爵，
較大，有三足、兩柱、一鋬，圓口，
平底，無流無尾。有的腹內分襠，
形狀像鬲，也有少數斝（jiǎ 粵 gaa²）
體方而四角圓，下有四足，帶蓋。
《詩經·大雅·行葦》："或獻或酢，
洗爵奠斝。"

斝

·· 觚

飲酒器。

青銅鑄。長身侈口（口沿向外展），口部與底部呈喇叭狀，細腰，圈足，盛行於商代與西周初期。《論語·雍也》記載，孔子見到一隻觚（gū ⓰ gu¹），慨嘆：“觚不觚，觚哉！觚哉！”楊伯峻註：“孔子為甚麼說這話，後人有兩種近於情理的猜想：（甲）觚有棱角，才能叫作觚……孔子所見的觚可能只是一個圓形的酒器，而不是上圓下方（有四條棱角）的了。但也名為觚，因之孔子慨嘆當日事物名不符實。”由此可見當時另有一種上圓下方的觚。

觚

·· 耒耜

上古時代掘土用具。

《周易·繫辭下》：“斫木為耜（sì ⓰ zi⁶），揉木為耒（lěi ⓰ leoi⁶）。”耒，起源於新石器時代。為了播種撒種（zhǒng ⓰ zung²），必用一頭尖的彎木棒在地上掘出一條淺溝，這根木棒就是耒，後來，為掘得深些，在靠近尖頭處綁上一根橫木，腳踩橫木，耒就可挖得深一些。木棒尖端叫“齒”，起初使用單齒木耒，翻出的溝很窄，就再加一齒變成雙齒耒。在新石器時代的遺址中，曾發現有使用雙齒耒的痕跡。隨着農業的發展，人們又將耒齒改為板狀刃，成了耜。最初的耜，用石、骨、蚌殼製成，有長方形、桃形、舌形等不同形狀。耜柄仍為木製，類似現今的鍬。後人仍將耜的把兒稱“耒”。《說文》：“耒，手耕曲木也。”桂馥義證：“耒為耜上之曲木，所恃以發土者耜也。”夏商時代，用青銅鑄耜，後來又用鐵鑄，生產能力進一步提高。後世常以“耒耜”用作耕地農具的總稱。

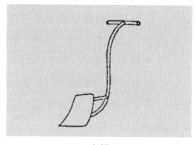

耒耜

·· 钁

古代又稱作“大鋤”。

《說文》：“钁（jué ⓰ kyut³），大鉏也。”王筠句讀：“其用與鉏同，其形與鉏異，老圃用之，其名不改……可以斫地，因名曰斫。”最初是青銅鑄，戰國中後期出現了鐵鑄鑼，成為農業生產的重要工具。河南輝縣等地出土的戰國鐵鑼，呈長條形，橢孔，厚重而堅實，和現在的鐵鑼一樣。

鑼

•• 鋤

用於鋤草、鬆土、碎土等的一種手用農具。

西周時期已有青銅鋤，戰國時出現鑄鐵鋤，呈凹字形。唐杜甫《無家別》詩：“方春獨荷鋤，日暮還灌畦。”河南輝縣等地出土的鐵器中，有六角梯形板鋤，板狀鋤體的上部較厚，下部漸薄，鍛打出銳利的鋤刃，肩部有安把兒的方孔，為使木柄牢固，孔內還加了鐵卡。這種形制的板鋤，已為後世所沿用。

•• 犁

耕地翻土的農具。

人類社會進入新石器時代，除用末耜播種外，還出現了犁、牛耕。這時的犁鑼用石鑼，松江平原村遺址良渚文化層出土的三孔石鑼就是一證。犁身為木製，鑼為石板。到了商代，便出現了青銅鑄的鑼，到了戰國時，鐵器代替了青銅鑄件，在木犁鑼上套上一個 V 字形的鐵刃，俗稱“鐵口犁”。這種簡易的鐵犁鑼，從戰國至西漢，一直廣為使用。到了漢代，出現了全部用鐵鑄造的犁鑼，而且在鑼上裝置了犁鏡（今又稱“犁碗”），用來翻土，使犁的破土、翻土能力大大增強。隋唐時期，又出現了曲轅犁，是將原先的直轅改成曲轅，犁架變小，輕便靈活，且能調節深淺，進一步提高了耕地效率。這種樣式的犁，是中國犁耕史上的一次重大改革，一直沿用至今。唐杜甫《兵車行》詩：“縱有健婦把鋤犁，禾生隴畝無東西。”

•• 耬　耬犁

也叫“耬子、耬車、耩（gōu 🔊 gong²）子”。一種先進的播種農具。

有耬腿、耬斗及耬架組成，一牛牽拉，一人扶着，耬足開溝，耬斗中的種子準確地播到溝裏。元王禎《農書》卷十二：“然而耬種之制不一，有獨腳、兩腳、三腳之異。”明徐光啟《農政全書·農器》：“一人執耬，且行且搖，種乃自下。”

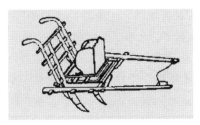

耬車

•• 碌碡

碾壓用的農具，也叫"石磙子"。

脫粒用的石磙子短而粗，壓平播種後的壟的石磙子細而長，用牛馬或人拉。此農具出現於六朝，省力又提高了效率。北魏賈思勰《齊民要術‧大小麥》"青稞麥"原註："治打時稍難，唯伏日用碌碡（liù zhou 🔊 luk¹ duk⁶）碾。"宋范成大《四時田園雜興》之六："繫牛莫礙門前路，移繫門西碌碡邊。"

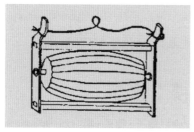

碌碡

•• 磑

石磨。

《莊子‧天下篇》："若飄風之還，若落羽之旋，若磨石之隧，全而無非，動靜無過。"這裏的"磨石"就是磨，"隧"即旋轉。遍查《尚書》、《春秋經傳》、《論語》、《孟子》、《莊子》、《墨子》、《荀子》、《韓非子》等引得、索引。《詩經》有"如琢如磨"、"尚可磨也"兩處，皆讀 mó（🔊 mo⁶）。《墨子》有"以磨為日月星辰"，後人認為"磨"是

"曆（lì 🔊 lik⁶）"的誤字，義為"分離"。又有"高磨樆"、"下磨車"、"磨鹿"，各是一種器物，"磨"讀 mó（🔊 mo⁴）。《荀子》有"如琢如磨"，都不是磨（mò 🔊 mo⁶）。《莊子‧天下篇》是莊子的後學所撰，"磨石之隧"應是他們所見，用以做比喻。這説明戰國中後期人們製成磨，但沒有人效仿，未在各諸侯國推廣。宋高承《事物紀原》："磨：《方言》曰：'磑（wèi 🔊 ngoi⁶）謂之磩（cuì 🔊 ceoi³）。'錯堆切。《説文》曰：'䃺（磨的古字），石磑也。'《方言》：'磑以磩為磨。'則磨以磑而作也。蓋起於公輸〔班〕作磑之後。"西漢後期的淮南王劉安能做豆腐。1957年山東濟南出土西漢兩扇石磨，都證明了磨的普遍使用是在西漢中前期。磨的創製使用，在人們的飯食改善上至關重要。在沒有磨的夏、商、周、春秋、戰國時代，人們用杵臼舂米，只能吃蒸飯和粥，有了磨才能磨麵，諸如蒸餅、烙餅、饅頭、餃子、麵條、炸麻花等，麵食品更加豐富。

•• 碾子

滾軋穀物、藥材等的器具。

《集韻‧線韻》："碾（niǎn 🔊 nin⁵），所以轢（lì 🔊 lik¹）物也。"（轢：碾軋）碾子有兩種，一種是碾米用的，用以碾去小麥、穀子、高粱、水稻

的外皮；一種是茶碾、藥碾，把茶
或藥碾成末。碾子似出現於北魏。
《魏書·崔亮傳》："亮在雍州讀《杜
預傳》，見為八磨，嘉其有濟時用，
遂教民為碾。"後來南方有水碾。

海青碾

連枷

手用農具。

由一根長木棍和一組平排的竹棍或
木條組成的農具，手揚長木棍使其
旋轉拍打穀物使脫粒。《說文》：
"枷（fú ⬚ fat¹），擊禾連枷也。"宋
范成大《秋日田園雜興》之八："笑
歌聲裏輕雷動，一夜連枷響到明。"
明徐光啟《農政全書·農器》："
〔連枷〕擊禾器……其制：用木條四
莖，以生革編之，長可三尺，闊可
四寸。又有以獨梃為之者，皆於長
木柄頭，造為擐軸，舉而轉之，以
撲禾也。"連枷的使用至遲在西漢，
應當出現在商周時代，但無史料文
物之證，不能確定。

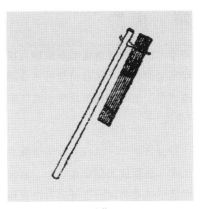

連枷

笱

用竹篾或荊條、柳條編成的捕魚用
具。

大口細頸，頸部裝有倒須，腹大而
長，放入水中，魚能入而不能出。
商周時代已有。《說文》："笱，曲竹
捕魚笱（gǒu ⬚ gau²）也。"《詩經·
邶風·谷風》："毋逝我梁，毋發我
笱。"毛傳："笱，所以捕魚也。"

魚梁

也作"漁梁"。攔截水流以捕魚的壩。

在水不太深、不太寬的小溪上，用
土石橫築一壩，中間留一流水口，
在流水口下邊放魚笱或用竹枝、竹
篾、荊條等編的略長的簾，也叫"篊
子、椋（liàng ⬚ loeng⁴）子"。《詩
經·邶風·谷風》："毋逝我梁。"
毛傳："梁，魚梁。"唐柳宗元《鈷
鉧潭西小丘記》："潭西二十五步，
當湍而浚者，為魚梁。"

符　虎符

符即符信。古代傳達命令或調兵遣將所用的憑證。這種符信古代多鑄成虎形，上面還鑄有銘文，故又稱"虎符"。

一符分為兩半，諸侯王、皇帝處有一半，將軍或大臣處有一半。諸侯王或皇帝要向某一將軍或大臣發佈命令，便將一半的符送到將軍或大臣處，與另一半相合驗證，才能取得信任，執行命令。《史記·魏公子列傳》："公子遂行。至鄴，矯魏王令代晉鄙。晉鄙合符，疑之。"現存最早的符是戰國的，秦漢也使用虎符。符除用銅鑄外，也用金、玉、竹、木製作。

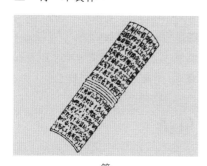

符

虎符

毛筆

中國一種特有的傳統書寫繪畫用具。

1957年，在河南信陽戰國初期楚墓中出土了一支毛筆，竹桿，筆毫捆在筆桿外面，筆頭有套。1954年，湖南長沙左家公山一座戰國墓裏，出土了一支毛筆，竹桿，實心，筆毫是上好的兔箭毛（兔頸上的毛），筆鋒尖挺。1975年，在湖北雲夢睡虎地一座秦代墓裏出土了三支竹桿毛筆，是將筆桿的一端鏤空為毛腔，將筆頭栽入腔內。歷史記載"蒙恬始作秦筆"，其實是蒙恬將傳統的毛筆加以改進。蒙恬的筆用鹿毛和羊毛兩種不同硬度的毛製成，剛柔相濟，宜於書寫，後人稱之為"兼毫"。晉代以後，筆桿逐漸變短。唐筆毛穎硬而短，因為唐代寫字跪在席上，在矮几案上懸肘書寫，筆必須"固可錐，捺如鑿"。宋代高桌椅普及，人們伏在桌上只須懸腕寫字了，筆鋒就變為軟而長了。唐代安徽宣州的兔毫特別勁健，所製紫毫筆極便使轉。宣城出現了製筆世家諸葛氏，世稱"宣筆"。至元代，浙江湖州（今吳興）地方的筆工，用羊毫與兔毫或雞毛與狼（黃鼠狼）毫配製的羊毫筆或兼毫筆逐漸風行，從此"湖筆"取代了"宣筆"，湖州也成了明清時製筆業中心。

墨　廷珪墨

用炭或松煙等材料製成的寫字、作畫用品。

墨的使用應該是伴隨甲骨文的書寫，出現於商代，那時可能用的天然墨。考古發現最早的煙墨塊，出土於湖北雲夢睡虎地秦墓，只是一些小圓塊，還沒製成錠。同時也發現了天然的石墨。秦及以後一個時期，大約是人造墨、天然墨並用。這時人造墨和天然墨，都不能用手拿着研磨，要用研石研磨。到了東漢，書寫開始用紙，墨的使用量大，墨也由小圓塊鑄成墨錠。北魏賈思勰《齊民要術·合墨法》記載，用醇煙以細絹過篩，再配以上等膠、解膠的"梣（cén 🔊 sam⁴）皮水"、蛋白及防腐的麝香等，然後放在鐵臼中搗三萬杵，這樣製出的墨才黑而亮。唐末，製墨工匠奚超、奚廷珪父子改進了搗松、和膠、配料等技術，製出了"豐肌膩理，光澤如漆"的好墨。南唐李後主非常賞識，賜給國姓李。據記載，李廷珪墨，松煙一斤，用珍珠三兩、玉屑、龍腦香各一兩，和以生漆，搗十萬杵製成。當時，吏部尚書徐弦得李墨一錠，每天寫五千字，十年才用完。李墨真是"其堅如玉，其紋如犀"，名滿天下。宋代，李墨的產地安徽歙（shè 🔊 sip³）州改名徽州，著名的"徽墨"就產於此。到了清代，製墨的數量和質量都超過了前代，但這時的製墨工藝，主要向"精鑒墨"（即專供鑒賞的墨）和"家藏墨"（多用作收藏或饋贈朋友的紀念品）兩個方面發展，墨由書寫工具跨入了工藝美術品的領域。

紙

中國古代四大發明之一。

1933 年在新疆羅布泊、1957 年在西安灞橋、1978 年在陝西扶風等地的遺址中都發現了紙片，經鑒定，為西漢前期的紙，但很粗糙，不能用於書寫，只能糊窗戶覆瓿（bù 🔊 pau²，小甕）。1942 年，在居延遺址發現西漢末東漢初的紙的殘片，上有墨跡，有"兵器、縣官"等字。紙很粗糙，但它表明，紙已經開始用於書寫了。到東漢和帝時（東漢中期），宦官蔡倫利用擔任尚方令官職的便利，組織一批工匠，用樹皮、麻頭、破布、舊漁網等物做原料，抄製出一種質量較高的皮紙。公元 116 年，蔡倫被封為龍亭侯，人們便把蔡倫造的紙稱"蔡侯紙"。兩晉、南北朝以後，造紙業有了較大發展。到了唐代，造紙業已遍及全國，造紙原料已擴大到麻、藤、楮（chǔ 🔊 cyu²）樹皮、檀皮、桑皮、竹、麥秆、稻草、海草等。唐宋造紙業空前發達，紙張名目繁多，因原料、造紙人、產地、用途、顏色等各賦其名，如：麻紙、竹紙、白藤紙、青藤紙、桑皮紙、楮皮紙（皮料紙）等因料而名；薛濤箋、謝公十色箋等因人而名；蜀紙、宣紙、越紙、廣都紙、歙紙、徽紙、池紙、蠲（juān ⑧ gyun¹）紙（溫州產）等因地而名；綾紙、薄紙等因品質而名；印紙、箋紙、窗戶紙、燒紙、包裝紙等因用途而名；金泥紙、魚子箋、印金紙等因顏色而名。中國發明的手工造紙法，從魏晉起，先後傳至朝鮮、日本、阿拉伯、歐洲和美洲，後來逐漸傳遍全世界。1891 年，中國引進了外國的造紙機器和技術，從此，中國的造紙業開始由手工製作進入機器製造的階段。

·· 宣紙

一種供毛筆書畫用的高級手工紙。產於安徽南部宣州。

唐代開始抄紙。原料是青檀皮，清代摻了一定比例的稻草。宣紙紙質柔韌，潔白平滑，細膩勻整。由於纖維交織緊密，抗張強度大，不起皺，不掉毛，不怕卷舒，便於收藏，是書畫最理想用紙。宣紙分生熟兩種，按品種說，有單宣、羅紋宣、夾宣等二十幾種，另外還有加工複製的虎皮宣、珊瑚宣和玉版宣等多種彩色宣紙。生宣漬水滲化，作寫意畫最好。若畫雲山，潑墨渲染，空濛飄渺；若繪花鳥，毛茸茸，水溶溶。

熟宣經過膠礬浸染，不滲化，宜於工筆細細描畫。中國書畫的獨特表現方法和風格，和宣紙的性能是分不開的。

·· 硯

硯台，磨墨器。文房四寶之一，是中國特有的文書工具。

硯的起源可上溯到遠古。姜寨仰韶文化遺址中，出土一套繪畫工具，其中有一塊石硯，硯面凹處有一支石研棒，硯上有石蓋，硯旁有黑色顏料（氧化錳）數塊以及灰陶水盂。在漢代以前，使用天然石墨和半人工墨，只是小球狀，還不能直接用手拿墨去研，所以石研棒一直伴隨硯。到了漢代，製出了松煙墨，可製成墨錠，不用研石了，而是手拿墨錠直接研磨。漢代的石硯，多是圓形，三足，渾厚古樸。但也有了紋飾，如洛陽博物館藏西漢石硯，外緣有線刻鳥獸圖案。漢代又有陶硯，陶硯一直使用到隋唐時代。魏晉又出現了青瓷硯（不上釉）、銅硯、鐵硯、漆硯等。唐代的硯形多樣，有圓形、三角形、龜形、履形、箕（jī ⑧ gei¹）形，箕形硯最流行，帶一足或二足，硯面不似漢晉時的微凹，而是不分硯池硯堂，這樣就儲墨很多，因書家常常寫大字，需要大量的墨汁。唐代的硯仍以陶硯為主，中期以後，石硯開始流行，出現端硯、歙（shè ⑧ sip³）硯。宋代以石硯為主，唐州、溫州、端州、歙州、青州、潭州、廬山、蘇州、信州等地都產上好石硯。其中端硯、歙硯、紅絲硯、洮河硯為四大名硯。宋代的硯形也較前世為多，主要硯形是抄手硯、橢圓形高台硯、長方形的平台硯等。抄手硯是從漢代的圈足、唐代的梯形足演變來的。宋硯開始重視裝飾圖案，如在高台的周圍刻畫人物故事等。端硯很重視突出石眼，也叫"石釘"，即在一色的平面上有一自然的深色圓點。大文豪蘇東坡特別好硯，他對端硯、歙硯都很讚賞。明、清兩代，硯刻藝術達到了頂峰。硯式無定型，各具匠心，硯名也隨圖而定，且多求典雅。如：海天旭日、松壽萬年等。

•• 端硯

中國傳統文房用具。產於端州，今廣東肇慶。

唐代開始採石，宋代已為世所重。但傳世的端硯，只有水巖的硯石，品質一直居於首位。水巖為水所浸，坑洞狹小，採石工人每隔三尺坐一人，用水罐淘水傳出，排完水才能開鑿採石。蘇東坡的《端硯銘》道出了採石的辛苦。"千夫挽綆，百夫運斤，溝火下縋，以出斯珍。"明清時代又開採了好些洞坑。端石以紫色為主，名貴的石品有：青花石、魚腦凍石、蕉葉白石、蘇青石、

冰紋石、火捺石、斑馬尾紋石、胭脂暈石、鴝鵒（qú yù 🔊 keoi⁴ juk⁶）眼石等。端石大塊的不多，故多隨形雕刻，追求氣韻。由於受到象牙雕刻的影響，崇尚深刀。唐李賀《楊生青花紫石硯歌》："端州石工巧如神，踏天磨刀割紫雲。"

•• 歙硯

中國傳統文房用具。主要產自江西婺（wù 🔊 mou⁶）源（唐代婺源被劃分在歙州境內）龍尾山，所以又稱"龍尾硯"。

唐代已開始採石做硯。坑深有的達三十多公尺，石藏土中，有的坑在溪下，冬天水涸（hé 🔊 kok³）才能開採。以青色為主，名貴的石品有：金星石、金暈石、銀星石、眉子石、羅紋石等。而每種石又可細分，如羅紋石有：粗羅紋石、細羅紋石、角浪紋石、刷絲羅紋石、古犀羅紋石、金絲羅紋石、卵石羅紋石等二十餘種。歙硯以浮雕線刻為主，精細工整是它的特色。

•• 漆器

用漆樹流出的漆做成的器物。

中國南方有一種漆樹，喬木，高二三丈，皮白，葉似椿，花似槐，其果似牛李子，六七月時，用快斧砍開樹皮，用竹管插入皮下，樹的

汁滴下來就是生漆，色黑，因其易乾，必用白蘇油調和。生漆經氧化加熱而成熟漆，棕黑色，比生漆光亮。春秋時期和戰國前期的漆器，大多是在精工製作的木胎上，加繪朱、墨、藍、黃等色彩艷麗的彩漆。都由木工完成。戰國時，人們很喜愛漆器，對髹（xiū ⑲ jau¹，塗）漆要求越來越高，漆工便脫離了木工，成了獨立的行業。由於漆對器具有較好的保護性質，彩漆又富麗美觀，所以權貴、富豪之家皆崇尚漆器，形成一種社會風氣。今天能見到的湖南長沙、河南信陽等地出土的戰國漆器，花紋流暢，圖案勻稱（chèn ⑲ cing³），絢麗奪目，彩繪如新，可見當時漆雕漆繪技巧相當成熟。由於木胎、竹篾胎的胎骨越來越薄，雖內外多層塗漆，邊口還是容易破損，於是在器物口沿上加鑲金銀等邊扣，器物塗漆後更加美觀，北京豐台、成都羊山子都有出土。戰國時，髹漆物品較多，如作為生活用器的杯、豆、盤、盒、奩（lián ⑲ lim⁴，化妝品盒）；傢具牀、几、案；武器的甲、盾、戈柲（bì ⑲ bei³，柄）、弓、箭桿、箭袋；作為樂器的琴、瑟、鼓；喪葬用具棺、鎮墓獸等，都已髹漆。西漢漆器，輕巧精緻，達到了很高的工藝水平。長安、成都等地，由政府工官經營着大型漆作坊。貴州清鎮出土的西漢末年墓中一件漆盤，鎏金銅胎的口沿，盤身花紋圖案用黑、

紅兩色間繪，它的銘文記載，是經過六道工序五層監管。長沙馬王堆一號漢墓出土了 180 件漆器，保存完好，光澤如新。這批漆器有木胎、夾苧胎、竹胎三種。花紋有流雲紋、幾何紋、鳥獸紋、花草紋等。用色以紅、黑為主，摻以黃、白、金、灰、綠，配合醒目。其中一件雙層九子奩，以金箔鋪底，極為富麗。唐代創"剔紅雕漆"，明代興起"鑲嵌"之法，都在工藝上有很大進步。清代錢泳《履園叢話》載："周製之法……其法以金銀、寶石、真珠、珊瑚、碧玉、翡翠、水晶、瑪瑙、玳瑁、硨渠、青金、綠松、螺甸、象牙、密蠟、沉香為之，雕成山水、人物、樹木、樓台、花卉、翎毛，嵌於檀梨漆器之上，大則屏風、桌椅、窗槅、書架，小則筆牀、茶具、硯匣、書箱，五色陸離，難以形容，真古來未有之奇玩也。"

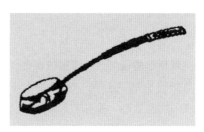

漆勺（漢）

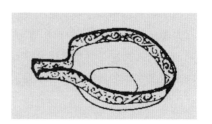

雲紋漆匜

18

 貨幣

錢

錢本來是農具名，形狀像現代的鏟，用來鏟地除草。

《說文》："錢，古者田器。"《詩經‧周頌‧臣工》："命我眾人，庤（zhì 粵zi⁶）乃錢鎛（bó 粵bok³）。"鄭玄箋："教我庶民，具汝田器。"上古的錢幣本叫作"泉"，取其可以像泉水一樣流通的意思，泉是共名，包括各種質地、各種形狀的錢。春秋戰國時，趙、魏、韓以及東周、西周和秦國盛行錢幣，就是農具錢，因農具錢又稱"鎛"，所以通行的錢幣又稱"布幣"。到了秦代，"錢"字已完全轉變為貨幣名稱了。

西晉的"太平百錢"是"錢"字最早出現在貨幣上的實物。

孔方兄

是錢的別名，帶有戲謔之意。

戰國時銅錢是圓形圓孔，戰國晚期出現了圓形方孔錢。秦始皇統一六國後，統一幣制，鑄"半兩錢"，就是方孔圓錢，從此，中國銅錢的樣式固定下來。有的學者認為，銅錢外圓內方，反映了古人天圓地方的宇宙觀。晉魯褒《錢神論》："錢之為體，有乾坤之象，內則其方，外則其圓。……親之如兄，字曰孔方。失之則貧弱，得之則富昌。"這大概是稱錢為孔方兄的開始。南北朝時，士人為了自標風雅，不稱錢而稱孔方，成為風氣。後來，更有人省稱為"孔兄、方兄"。

肉好

方孔錢的圓形實體叫"肉"，孔叫"好(hào ⬛ hou³)"，這跟玉璧一樣。

《漢書‧食貨志》記載周景王所鑄大錢，"肉好皆有周郭"。《三國志‧董卓傳》："更錢為小錢，大五分，無文章，肉好無輪廓。"周郭、輪廓又叫"錢唇"。

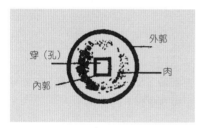

外郭
穿(孔)
肉
內郭

肉好

幕

金屬錢幣的背面。

《漢書‧西域傳》："以金銀為錢，文(指正面)為騎馬，幕(màn ⬛ maan⁶)為人面。"《清史稿‧食貨志》："令準重錢式，幕兼用滿、漢文。"現今使用的硬幣也都是字(正面)幕(背面)兩面。

私鑄　官鑄

私鑄指在民間由私人鑄造錢幣。官鑄則指同官府監製鑄造錢幣。

秦始皇統一幣制，只是貨幣種類和貨幣單位的統一，而不是貨幣鑄造發行權的統一。傳世的秦代半兩錢，大小、孔的大小、輕重的差異很大，表明不是由國家統一鑄造的，而是由各地自行鑄造的。漢初，貨幣的鑄造發行也還沒有完全集中在朝廷手裏，朝廷曾經明令宣佈百姓可以私自鑄錢。吳王劉濞(bì ⬛ bai³)"富埒(póu ⬛ lyut³)天子"，倖臣鄧通"財過王者"，"吳、鄧氏錢布天下"。由朝廷統一鑄幣，始於漢武帝元鼎四年(前113年)。《史記‧平準書》記載，這一年"悉禁郡國無鑄錢，專令上林三官鑄"。從此，官鑄錢流通天下，嚴禁民間私鑄，漢代私鑄者處以死刑，唐代私鑄者"流三千里"。但私鑄歷代屢禁不絕。

貝幣

中國最早的一種貨幣。

殷周時以齒貝(一種帶有槽齒的海貝殼)最為流行。殷人的商業行為已越出國境。殷墟墓中遺留很多貝、玉，玉產於西方，貝產在海濱。可見殷人國內市場廣大，吸引人們遠道販運謀利。殷亡後，周公允許殷民牽牛車到遠方去做買賣。《尚書・酒誥》："肇牽牛車，遠服賈(gǔ ⑧ gu²)用，孝養厥（你們）父母。"古人最初選用齒貝作為貨幣，因為：一、齒貝光亮、緊湊，可做裝飾品，象徵吉利。二、有天生的單位，便於計數作價。三、堅固耐久。四、便於攜帶。五、數量不多，取得貝要花去相當的勞動。由於商業的發展，海貝數量不夠，人們就用仿製品：用蚌殼仿製，用軟石仿製，用獸骨仿製。殷商晚期，便出現了用銅鑄造的銅貝，這是現存人類最早使用金屬貨幣的史料。河南安陽大司空村商代晚期墓中出土有鑄造的銅貝。貝的計算單位是"朋"，五貝為一串，兩串為一朋。"朋"字在金文中寫作⟨⟩，像兩串貝形。殷、周的王或貴族常用貝賞賜臣屬。《詩經・小雅・菁菁(jīng ⑧ zing¹)者莪(é)》："既見君子，錫我百朋。"（錫：同賜）鄭玄箋："古者貨貝，五貝為朋。"

布幣

春秋戰國時的一種銅幣，主要通行於三晉地區。

仿鏟而鑄。最早的布幣，完全保留了鏟的形狀，所以也叫"鏟幣"。鏟，古書稱"鎛(bó ⑧ bok³)"，是一種鏟草的農具。"鎛、布"二字古音同，便以"布"代"鎛"，因有布

幣之稱。布幣種類很多，大體可分兩大類：空首布和平首布。前者布首中空，上端可以裝柄；後者布首扁平，不能裝柄。根據形狀不同，空首布又可分為方肩空首布、斜肩空首布和尖足空首布。平首布又可分為尖足布、方足布和圓足布。布幣上一般鑄有地名。秦始皇統一六國，廢除布幣，代之以半兩錢。

布幣

刀幣

春秋戰國時流通於燕、趙、齊等國的一種銅幣，仿刀而製。

種類很多，有齊刀、即墨刀、安陽刀、尖首刀、圓首刀、明刀等。一般鑄有鑄造地點等文字。秦朝建立，刀幣被廢除。王莽建國，一度鑄金錯刀、契刀，行之不久即廢。

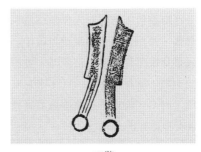

刀幣

環錢

又稱"圜金、圜錢"。始於戰國中期的一種銅幣，主要流通於周、魏、秦等地區。

形圓，中間有一圓孔，分有廓和無廓兩種。環錢的由來，一說仿紡輪而製，一說仿璧環而製。是方孔錢的前身。錢上鑄有文字，一個字到六個字不等。已出土的最早的環錢，是河南輝縣固圍村戰國墓出土的鑄有"垣"字的錢，及山西聞喜縣東鎮鄉戰國墓出土的鑄有"共"字的錢。環錢有孔，便於攜帶和清點，成為秦代方孔錢仿製的樣本。

爰金

戰國時楚國的金幣。也稱"金爰（yuán ⑱ wun⁴）、印子金"或"餅金"。

多鑄成方形或長方版狀，每版重一斤，上面要鑄出十六或十五小方格，每個小方格上面鑄壓出帶有"郢爰、陳爰"等字樣的小方戳。郢、陳是地名。郢，今湖北江陵；陳，今河南淮陽。楚國曾先後在這兩地建都。爰是古代一種重量單位，一說是貨幣單位。零星使用時，可剪成小塊，稱量後支付。近年來在安徽、河南、山東、江蘇等地的貴族墓葬中都有出土。

爰金

蟻鼻錢

戰國時楚國的銅幣，可能是"爰金"的輔幣，也有人認為可能是銅貝的高級形態。

呈橢圓形，背面平，正面突起，並鑄有文字，最常見的一種像古文"貝"字，也有人認為是古文的"晉"字。又像人臉，俗稱"鬼臉錢"。另一種的文字一般解作"各六朱"或"各一朱"，三字連寫，其筆畫形如螞蟻，加以"鬼臉"上有鼻狀凸起，所以又稱"蟻鼻錢"。

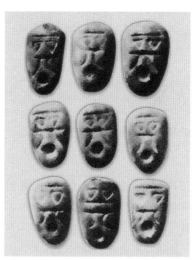

蟻鼻錢

半兩錢

中國古銅幣，外圓內方，始於秦代。錢上鑄有"半兩"二字，故名。

據《史記・平準書》記載，秦統一六國後，統一全國貨幣，規定黃金為上等幣，銅錢為下等幣。銅錢上"識（zhì 粵 zi³）曰'半兩'，重如其文"，這就是半兩錢。漢代也使用半兩錢，起初還"重如其文"，後來就逐漸減輕，或重八銖，或重四銖，成了名不副實的半兩錢。《史記・平準書》："至孝文時，乃更鑄四銖錢，其文為'半兩'。"一兩是二十四銖，半兩是十二銖，把四銖重的錢也叫"半兩"，就輕了三分之二。漢代許多半兩錢既輕又小，狀如榆莢，所以又叫"莢錢"。

五銖錢

中國古銅幣，圓形，方孔，有外廓，重五銖，幣上鑄有"五銖"二字。

最初鑄於漢武帝元狩（shòu 粵 sau³）五年（前 118 年），從此以後，直到隋代的六七百年間，各朝代均有鑄造，但其重量、形制、大小各不相同，都叫"五銖"，唐武德四年（612 年）廢止，但舊五銖仍在民間流通。

五銖錢

皮幣

漢武帝時，因為國用不足，於元狩四年（前 119 年）冬採用皮幣。皮幣由禁苑中的白鹿皮製成。

皮幣每張一尺見方，繪以彩畫，每張值四十萬錢。因定價太高，流通不廣，僅用於王侯宗室的朝覲聘享。皮幣雖沒有發揮貨幣的作用，但由此奠定了紙幣的基礎，成為中國象徵貨幣的濫觴。

金錯刀

中國古銅幣，也叫"錯刀"。

王莽居攝二年（7 年）所鑄。因為這種錢上"一刀"兩字是用黃金錯（鑲嵌）成，而錢身又呈刀形，所以叫"金錯刀"。錢上鑄有"一刀平五千"字樣，表明一枚金錯刀可當五千錢用。當時黃金一斤值萬錢，兩枚金錯刀就可以換取黃金一斤。這種大錢造成了通貨膨脹，行不久即廢。金錯刀製作精緻，為後世所重，不少詩人加以歌詠。漢張衡《四愁》詩："美人贈我金錯刀，何以報之英

瓊瑤。"唐杜甫《對雪》詩:"金錯
囊從磬,銀壺酒易賒。"

通寶

中國自唐至清末銅幣的一種名稱。

起於唐高祖武德四年(621年)鑄造
的"開元通寶"。通寶,意為通行寶
貨。以後歷朝沿襲,並常在"通寶"
二字前冠以年號、朝代或國名,如
北宋的"太平通寶"、"寶和通寶",
元代的"至正通寶",明代的"永樂通
寶",清代的"康熙通寶"。

開元通寶

中國古銅幣。唐高祖武德四年(621
年),廢止五銖錢,鑄造新錢,錢
文為"開元通寶"四字,簡稱"開元
錢"。

開元,意謂開闢新紀元,並非年號;
通寶,意為通行寶貨。開元通寶在
中國貨幣史上佔有重要地位。(1)
唐以前的錢幣,絕大部分以重量為
名稱,如"五銖錢",自"開元通寶"
錢始,不再以重量為名稱,而改稱
寶、通寶、元寶等。(2)開元通寶
不標重量,標準的開元錢每枚重二
銖四累(lěi 🔊 leoi⁴,十累為一銖,
二十四銖為一兩),每十枚重一兩。
從此以後,中國衡制不再以銖、累
計算,而改用兩、錢、分、厘的十
進位法(其中的"錢"即指開元錢

一枚的重量)。(3)開元錢不僅是
唐代最通行的錢,而且在樣式和輕
重上,也成了後世銅錢的標準。這
一點與五銖錢有相似之處。唐兩百
多年間,不斷鑄造開元錢,版別很
多。唐武宗會昌年間(841—846年)
鑄造的開元錢,一般稱為"會昌開
元",和普通開元錢不同的地方,是
背面鑄有地名。

開元通寶

年號錢

以皇帝年號命名的錢。

中國最早的年號錢,是南北朝時,
北朝五胡十六國的漢李壽所鑄的
"漢興"錢(338—343年),稍後又
有南朝宋的"孝建五銖"(454—456
年)和北魏孝文帝的"太和五銖"
(477—499年)等。年號錢成為制度
始於宋代,從北宋太宗到南宋度宗
的近三百年間,年號錢連綿不斷。
宋代年號改得比較頻繁,所以年號
錢也特別多。宋代以後,歷代所鑄
的錢都是年號錢。如元代的至元通
寶、明代的洪武通寶、清代的乾隆
通寶等。

對錢

同一種錢，其銅質、大小、厚薄、內外廓完全一樣，只是錢文用不同字體書寫。

如宋代的"聖宋元寶"，一種用行書，一種用篆體，同一種"聖宋元寶"，行書、篆體就是一對。鑄造對錢始於五代十國的南唐，其"唐國通寶"就是對錢，一種錢文用隸書體，另一種錢文用篆書體。對錢盛行於宋代，從北宋仁宗開始，到南宋孝宗止，歷朝都鑄有對錢。有的是真書與篆書對，有的是隸書與篆書對，有的是行書與篆書對。宋徽宗時的聖宋元寶、政和通寶、宣和通寶等對錢，製作精美，尤為後世貨幣收藏家珍愛。從宋孝宗淳熙七年（1180 年）起，不再鑄造對錢，而在錢的背面鑄上表示年份或鑄造地方的字樣，如淳熙七年的錢在背面鑄一"柒"字，八年的錢鑄一"捌"字，"紹熙通寶"鐵錢背面鑄有"春三"二字，表明是紹熙三年（1192 年）蘄（qí ⑧ kei⁴）春地方所鑄。

鐵錢

西漢末年，公孫述在四川鑄鐵質五銖錢，這是中國最早的鐵錢。

大規模使用鐵錢，始於梁武帝普通四年（523 年）。當時鐵錢二枚當銅錢一枚。此後，五代、兩宋、遼、夏也都用過鐵錢，使用最多的是兩宋，主要通行於四川地區。《宋史·食貨志》載："川陝鐵錢十，值銅錢一。"鐵錢笨重粗惡，體大值低，使用不便。每次鑄造鐵錢，都意味着通貨貶值。

制錢

明、清兩代官局鑄造的銅錢。

因其形式、文字、重量、成色都有訂制，故名。《明史·食貨志》："凡納贖稅收，歷代錢、制錢各收其半。"《清史稿·食貨志》："自舊錢申禁，而閩地僻遠，猶雜制錢行之。"制錢一詞，用來區別於前朝舊錢和本朝私鑄錢。在和歷代舊錢相比時稱"今錢"，在和本朝私鑄錢相比時稱"官錢"。

交子

中國最早的紙幣，也是世界上最早的紙幣。

最早出現於四川，時為北宋真宗大中祥符四年（1011 年）。起初為私營性質，由十幾戶富商主持發行，可以兌現，也可以流通。十二年後，即宋仁宗天聖元年（1023 年），由官府接管，改為國家辦理。朝廷在四川設交子務，作為發行交子的專門機構。交子作為地區性的貨幣，使用地區大體限於四川。交子的幣面價值，最早限於一貫至十貫，數額在發放時臨時填寫，這與近世的支票有相似之處。後來改為定額印刷，即在交子上印好一定的價值數額，這就與近代紙幣很相似了。北宋交子的一大特點是分界發行，定期收回。所謂界，就是交子的有效使用期限，二年或三年為一界。從宋仁宗天聖元年（1023年）開始，到宋徽宗大觀元年（1107年）為止，前後共發行了四十二界官營交子。交子的發行總額，起初受到嚴格控制，規定每界的發行額為一百二十五萬貫，絕不濫印濫發，因此幣值穩定。後來，朝廷為了彌補財政虧空，或者兩界並用，或者濫印濫發，從而造成交子貶值。在這種情況下，朝廷為了挽救財政危機，在大觀元年（1107年）將"交子務"改名為"錢引務"，從第四十三界起，將"交子"改名"錢引"。錢引取代交子後，仍作為四川紙幣，分界發行，沿用到南宋。

•• 會子

南宋時所用的紙幣名。

因廣泛用於東南地區，故稱"東南會子"或"行（xíng ⊕ hang⁴）在會子"。最初由商人發行，稱"便錢會子"。官營的會子由戶部發行，始於紹興三十年（1160年），起初只行用於兩浙，後來擴及淮、浙、湖北、京西。納稅和交易都可使用。三年為一界，按界發行，到界以舊換新，舊會子定期收回，但展界（延長使用期限）的事也屢有發生。會子以銅錢為幣值本位，面額計有四種：一貫、二百文、三百文、五百文。會子的樣子是豎長方形，上半中央是賞格，印有"敕偽造會子犯人處斬。賞錢一千貫"等字。賞格的右邊為票面金額，如"大壹貫文省"，左邊為號碼，稱第若干料。賞格下面一行大字"行在會子庫"。下為圖案花紋。會子共發行十八界。

•• 中統寶鈔

中國最早的不兌換的紙幣。

始發行於元世祖中統元年（1260年），分為十種面額：十文、二十文、三十文、五十文、一百文、二百文、三百文、五百文、一貫、二貫。中國使用紙幣，到元朝時已有二百多年的歷史，但早期的紙幣多少帶有兌換券的性質，到了中統寶鈔的發行，才有了真正不兌換的紙幣。這在中國乃至世界貨幣史上都是一件大事，它標誌着純紙幣流通的開始。

黃金

貴金屬的一種。中國貨幣除使用錢幣外，黃金與白銀也一直佔據着重要的地位。

古代在殷商後期，已知用金，到了春秋戰國時期，黃金的使用已較普遍。《戰國策・秦策一》載蘇秦遊說秦王未成功，"黑貂之裘弊，黃金百斤盡，資用乏絕，去秦而歸"。這裏的黃金為"資用"，當然是貨幣。當時還用黃金標定價值，如：千金裘、千金之劍、黃金千鎰（yì ⓟ jat⁶）、萬金之家等。"金"用作貨幣，單位有鎰，合二十兩；又有斤，合十六兩。戰國時兩者混用。秦朝用鎰，漢代用斤。用作貨幣的黃金是有一定形制的，如楚國的爰金是鑄成方塊十六小方格或五十小方格的，《漢書・食貨志》說："太公為周立九府圜法：黃金方寸，而重一斤。"《後漢書・列女傳》說，河南樂羊子在路上拾得金餅一枚。這些事例，說明秦漢以前，已經有過固定形態的金幣。漢武帝時鑄馬蹄金"麟趾裊（niǎo ⓟ niu⁵）蹏（蹄）"，這是後世馬蹄金的始祖。《文獻通考・錢幣考》中說："考古者金銀皆有定式，必鑄成幣而後用之。"兩漢用金最多，數量也很大，多為帝王賞賜。如《漢書》記載的賜金額，計九十九萬斤，東漢賜金額兩萬一千七百四十斤。黃金大量減少，原因有多種。一是外貿輸出黃金。二是王莽亂後黃金散落民間。三是建築及其他工藝使用黃金。四是公私使用金器大量增加。五是金首飾盛行。如郭況僱用四百個僮仆製作金器。曹植詩："皓腕約金環，頭上金爵釵"，即其明證。東漢佛教傳入，佛寺佛像用金，也大為增加。處處用黃金，用作流通的黃金大為減少。兩宋以後，黃金主要成了豪富之家的貯藏品，有時用作對外貿易的支付手段。

銀幣

貴金屬的一種。最早的銀幣見於戰國時的楚國，多鑄成鏟形。

元狩四年（前 119 年），漢武帝以銀錫合金鑄行"白金三品"，名為"白選"。圓而有龍行圖案的，重八兩，值三千。方形有馬圖的，重六兩，值五百。橢圓形有龜圖的，重四兩，值三百。因成色不足，"歲餘終廢不行"。後世大多鑄成銀鋌、銀錠、銀餅，以本身的重量參與流通。金章宗承安二年（1197 年）鑄"承安寶貨"銀幣，自一兩到十兩，分為五等，這是自漢武帝以來第一次發行正式銀幣。元代以後，中國以銀為主要貨幣。16 世紀，西方銀元開始流入中國，清代嘉慶（1796—1820年）以後，官方和私商不斷仿造，光緒十五年（1889 年）鑄造的"光緒元寶”，是中國最早的正式新銀元。因為這種銀元的背面鑄有蟠龍紋，所以又稱為“龍洋”。

元寶

中國舊時銀幣的一種。又叫“寶銀”，因其形似馬蹄，也叫“馬蹄銀”。

中國白銀的形制，自古有鋌有餅，為長條形或圓形，自元代以後，就以元寶為主要形式。元寶每隻約重五十兩，上面鑄有鑄造的時間、地點和銀匠姓名等字樣。白銀貨幣的樣式和名稱，除了元寶以外，還有中錠、錁子、散碎銀子等。中錠，重約十兩，馬蹄形者多，所以又叫“小元寶”。錁子，形狀像饅頭，重一、二兩到三、四兩。散碎銀子，有滴珠、福珠等名稱，重量在一兩以下。付用時用戥（děng ⑭ dang²）子稱重。

朱提

本為漢代縣名，屬雲南犍（qián ⑭ kin⁴）為郡，治所在今雲南昭通，境內有朱提山，產銀多而質美。故後世以“朱提”為優質銀的代稱。

《漢書·食貨志下》：“朱（shū ⑭ syu⁴）提銀重八兩為一流，值一千五百八十，它銀一流值千。”顏師古註：“朱提，縣名，屬犍為，出善銀。”

19

度量衡

度量衡

"度"是計量長短，"量"是計量容積，"衡"是計量輕重，這三種量的總稱叫度量衡。

度量衡大約產生於商代後期，即商業從生產中分化出來的時期。現傳世有河南安陽殷墟出的象牙尺。

商周時期，度量衡用具及其管理制度比較完備，中央和地方都設置專職管理官員，負責度量衡標準器的頒發、檢定和使用。春秋時期，諸侯國各自為政，度量衡制度比較混亂，如齊國每斤合 198.4 克，而楚國每斤則合 227.2 克。公元前 350 年，秦國商鞅第二次變法，改革了度量衡制，實行"平（即統一）斗桶、權衡、丈尺"之法，並在公元前 344 年頒發了標準量器"商鞅方升"。秦朝建立後，用法律形式統一了全國的度量衡，中央製造頒發度量衡標準器，作為各地製作和檢定的標準，每年對度量衡器鑒定一次。漢代及三國時期，度量衡制度無大變化。兩晉南北朝時期，度量衡制度比較混亂，度量衡的單位量增值較多，當時通行的叫"大制"。但在調樂律、測日影、定藥量，以及製作冠冕禮服等方面的制度，仍沿用秦漢之制，當時稱為"小制"。隋文帝統一全國後，再次統一度量衡，把前期增大的量值固定下來，唐至清代，度量衡相對統一，制度也更加完備。從中國度量衡發展總體趨勢來看，尺寸越來越長，升斗越來越大，斤兩也越來越重。這種增長，標誌着社會生產力的發展。但度量衡三種量具增率又各不相同。其中尺寸的增長率最小，從商周到清，只增長了 60%；升斗的增長率最大，從周到清，加大了約 453.5%；斤兩的增長率，在尺寸和升斗之間，從周到清，加大了 160.75%。

∙∙ 度器　量具

計量長度的器具，就是尺。

起初，一尺長的量具叫"尺"，後來不分長短，凡是量長短的器具都叫"尺"。（1）按照不同的用途，分別冠以不同的名稱，如比較音律用的，叫"律用尺"，簡稱"律尺"；木工用的木工尺，簡稱"木尺"，又叫"魯班尺"；蓋房營造用的叫"營造尺"；衣工用的叫"衣工尺"，又叫"裁縫尺"，簡稱"裁尺"。這四種尺長度不同。（2）計量長度的單位：引、丈、尺、寸、分。從商周到現今，都是十進制。（3）尺寸這種量具本身越來越長。如：商代 1 尺 =15.8 厘米，戰國、秦、西漢、新莽 1 尺 =23.1 厘米。戰國齊"鄒忌修八尺有餘"，則身高 1.85 米。西漢匈奴人金日磾（mì dī ⒇ mik⁶dai¹）"長八尺二寸"，則身高 1.89 米。霍光"為人沉靜詳審，長財（財：古同"才"，剛剛、僅）七尺三寸"，身高 1.68 米，一個"財"字，表達對身高的惋惜。漢武帝時的內侍東方朔，"臣朔年二十二，長九尺三寸"，身高 2.15 米。因其身高非同一般，故而書之。東漢 1 尺 =23.75 厘米，漢末三國、西晉、東晉、南北朝 1 尺 =24.5 厘米，南北朝末、隋 1 尺 =29.6 厘米，唐 1 尺 =30 厘米，宋、元 1 尺 =31.2 厘米，明、清 1 尺 =32 厘米，民國至今 1 尺 =33.33 厘米。《世說新語·容止》記"嵇康身長七尺八寸"，則身高 1.91 米。《晉書·慕容垂載記》載"〔慕容垂〕身長七尺七寸"，則身高 1.88 米。唐王度《古鏡記》："昔者，吾聞黃帝鑄十五鏡，其第一橫徑一尺五寸，法滿月之數。"唐代的一尺五寸相當於現代的一尺三寸六分。

∙∙ 量器

計量容積的器具。

古時，量（liáng ⒇ loeng⁴）器容量小，斗、斛（hú ⒇ huk⁶）是主要的量器，如《越絕書》所謂"大禹平斗斛"，《禮記·月令》："角斗甬。"（角：校正。甬：斛）後來，量器的容量逐漸加大，升、斗就成為主要的量器。斗，上大下小，上下皆方形，四面皆倒梯形，上面中間有一梁，與邊口平齊，每稱量時，要多裝一些，用一平直長條板沿着中間的梁和邊沿刮一下，這一斗的量不多不少，這條板子叫"概"或"概板"。《禮記·月令》："正權、概。"鄭玄註："概，平斗斛者。"

戰國時，各國的量器名稱不同，進位制也不同。如齊國，五升為一豆，五豆為一區（ōu 🔊 au¹），五區為一釜，十釜為一鍾。楚國五升為一筲（shāo 🔊 saau¹）。秦國十升為一斗，十斗為一斛（秦稱桶）。魏國是十益為一斗。戰國的秦、東周、趙、韓各國都是十升為一斗，十斗為一斛。西漢、新莽、東漢各代，合、升、斗、斛都是十進制，合之下又分出三級小量，即四圭為一撮，五撮為一龠（yuè 🔊 joek⁶），兩龠為一合。三國至唐，皆為合、升、斗、斛，都是十進制。宋、元、明、清各代在斛之上加了石（dàn 🔊 daam³），即石、斛、斗、升、合。不同的是五斗一斛，二斛為一石。把原來斛的量變成了石，斛的量減少了一半。

新中國成立，確立了皆是十進制的撮、勺、合、升、斗、石的制度。容量越來越大。僅以斗為例。現今一斗為一萬毫升，黃豆六十斤。民國、明、清三代相同，元代是九千五百毫升，宋代是六千七百毫升，四十斤二兩。唐代是六千毫升，三十六斤三兩，六朝和南朝梁、陳一斗兩千毫升，十二斤，秦、兩漢、新莽朝代相同。戰國時的魏國，一斗為二千二百五十毫升，趙國一斗為一千七百五十毫升，十斤五兩。戰國時的一斗，比現在的升多五兩，比現在斗小了近六倍。《史記·廉頗藺相如列傳》："趙使者既見廉頗，廉頗為之一飯斗米，肉十斤，被甲上馬，以示尚可用。"戰國時，趙國的十斤是現在的五斤。

商鞅方升

✦✦ 衡器　權器

稱量重量的器具。古代叫"衡"和"權"。"衡"本義是平，"權"就是重。

衡器指的是各種秤，一般說來就是桿秤。秤有鈎秤、盤秤兩種，又有大小：十斤秤、二十斤秤、五十斤秤、百斤秤。最小的秤是戥（děng 🔊 dang²）秤。最大一兩，可稱出錢、分、厘、毫，用以稱貴重物品金銀珠寶和藥物。現在中草藥舖還在用。衡器的單位名稱、進位制在戰國時的楚國是：二十四銖為一兩，十六兩為一斤。趙國是：二十四銖為一兩，十六兩為一斤，一百二十斤為一石。韓魏是：二十兩為一鎰，一鎰為十釿（斤）。秦統一六國後一直到隋都是：二十四銖為一兩，十六兩為一斤，三十斤為一鈞，四鈞為一石。從唐至清皆是：

十分為一錢，十錢為一兩，十六兩為一斤，一百二十斤為一石。現今制度是：十絲為一毫，十毫為一厘，十厘為一分，十分為一錢，十錢為一兩，十兩為一斤（1959年6月前用舊制十六兩為一斤），一百斤為一擔。歷代斤、兩、錢單位名稱相同，但單位所含的量逐漸增大。現今一斤為五百克，戰國時各國一斤都是二百五十克左右，實是現在的半斤。三國時的一斤為二百二十克，是現在的四兩四錢。唐、宋、元代一斤為六百六十一克和六百六十三克，合現今為一斤二兩二錢。清代一斤為五百九十六克，合現今為一斤一兩八錢。

仞

古代長度單位。

《列子·湯問》："太行、王屋二山，方七百里，高萬仞（rèn ⊜ jan6）。"仞與尺的比例關係，一向沒有明確的定數。據陶方琦《說文仞字八尺考》說，周制為八尺，漢制為七尺，東漢末則為五尺六寸。又，測量深度時也用仞做單位。《左傳·昭公三十二年》："計丈數，揣高卑，度厚薄，仞溝洫（xù ⊜ gwik1）。"（溝洫：泛稱田間的水溝）

尋

古代長度單位。八尺為尋。

《詩經·魯頌·閟宮》："是斷是度，是尋是尺。"鄭玄箋："八尺曰尋。"

常

古代長度單位。八尺為尋，兩尋為常。

《國語·周語下》："夫目之察度也，不過步武尺寸之間；其察色也，不過墨丈尋常之間。"韋昭註："五尺為墨，倍墨為丈，倍尋為常。"

舍

古代行軍以三十里為一舍。

《左傳·僖公二十三年》："晉楚治兵，遇於中原，其辟（避）君三舍。"又《左傳·僖公二十八年》："退三舍辟之。"（辟：同避）後常以"退避三舍"比喻對人讓步，不敢與爭。

20

文字

•• 甲骨文

商周時代刻在龜甲、獸骨上的文字。

殷王非常迷信，對打獵、征伐、收成、生孩子是男是女，生病有沒有危險等，都要進行占卜。占卜的方法是，在龜的腹甲裏面，或牛、鹿等獸的肩胛 (jiǎ ⑧ gaap³) 鑿出一個橢圓形的槽，或者鑽個小孔，但不通透，然後用炭火烤，在肩胛骨槽的周圍和龜甲外面未鑽透的小孔周圍，便"卜、卜"出現爆裂，卜人把裂紋粗略排列一下，與八卦的卦爻 (yáo ⑧ ngaau⁴) 比附，占卜完了，再把要問的事情和占卜的結果，用文字刻在龜甲或獸骨上，這就是甲骨文。清光

緒二十五年 (1899 年)，北京的國子監 (jiàn ⑧ gaam³) 祭酒王懿榮生瘧疾，從藥舖抓回一劑中藥，看到處方上有一味"龍骨"，又發現藥裏似有骨頭片，揀出來細看，骨片上似乎有像字一樣的劃痕。王懿榮是位古文字學家，熟悉金文，故而斷定這是文字，於是把藥舖的龍骨全買回來辨識。又找到骨商繼續收購龍骨，有字的按字計算，一個字二兩銀子，無字的一塊一兩銀子。這樣，他就搜集了不少。光緒二十六年 (1900 年)，王懿榮充任團練大使，當年，八國聯軍攻陷北京，他投井自殺。此後，其家人將所購甲骨賣給端方，又輾轉歸了劉鶚。1903 年，劉鶚編印出第一部

著錄甲骨文的《鐵雲藏龜》。1904年，孫詒讓寫成第一部考釋甲骨文的研究著作《契文舉例》。1908年，羅振玉首先搞清了甲骨出土地點——今河南安陽小屯村，又與王國維考定殷墟是商朝後期的都城。甲骨被發現後，在殷墟進行了多次發掘，先後出土共十餘萬片，都是盤庚遷殷到紂亡，前後共二百餘年間，十二個帝王的遺物。已發現的甲骨文單字大約有四千五百個左右，已經認識的有二千左右。其文字圖畫性很強，結構不僅由獨體趨向合體，而且有了大批形聲字，是相當進步的一種文字。多數字筆畫、結構尚未定型。因為是用刀刻在龜骨上，因而線條纖細瘦勁，結構不大嚴整，多是直筆，如月作▷，人作⺇，且形体較小，精巧美觀。

甲骨文

•• 金文

舊稱"鐘鼎文"。泛指鑄或刻在商周青銅器上的文字。

上古的青銅器中，以禮器中的鼎和樂器中的鐘為最多，亦為代表，故鐘鼎為青銅器的總稱，鑄刻在鐘鼎器上的文字便稱為"鐘鼎文"。又因為"金"在上古是金、銀、銅、鐵、錫的總稱，故而鐘鼎文又稱"金文"。殷代金文的字體和甲骨文相似，銘辭的字數較少。周代青銅器增多，器上的文字也多起來，西周後期的毛公鼎，也稱"大盂鼎"，就有四百九十七個字。金文是從甲骨文演變而來的，金文有五個明顯的特點：(1) 甲骨文中的假借字，有許多在金文中加上聲符或形符，變成了形聲字。(2) 行款漸漸固定整齊，有的還畫了方格。(3) 合文逐漸消失。(4) 異體字大增。(5) 形體風格多樣，也比甲骨文突出。甲骨文是用刀在甲骨上刻出來的，必然筆道直而纖瘦，直角。金文除極少是銅器鑄好後刻上去的，絕大多數是在鑄模 (mú 🔊 mou[4]，泥模、沙模或陶模) 上先用毛筆寫上銘文，刻出來。用刀在泥模或沙模上不管刻陰文或陽文都很容易，用筆圓潤。西周前期金文，字體凝重，行筆方整，如"大盂鼎"。中期金文筆道稍細，大字則延伸，縱長勻稱 (chèn 🔊 cing[3])。後期金文，全無粗筆，行間字間一定，偏旁勻稱，字形形式化而無變化。西周中後期金文的特點是：行筆由方整變為圓勻，結構更緊密、平正、穩定，全篇章法，縱有行 (háng 🔊 hong[4])，橫有距，如"散氏盤"等。據統計，金文現搜集到 3902 件器皿，收金文 3772

字，可識者 2420 字，尚未確讀者 1352 字。

籀文　大篆

籀（zhòu 粵 zau⁶）文，因著錄於《史籀篇》而得名。又名"大篆"。

西周末期由金文演變而來，春秋戰國時秦國使用的一種文字。現今能看到的有兩種，一是《說文解字》所附的二百多個籀文，一是石鼓文和石刻詛楚文。《漢書·藝文志》著錄《史籀十五篇》，註稱："周宣王太史作大篆十五篇，建武時（漢代，25—27 年）亡六篇矣。"又稱："《史籀篇》者，周時史官教學童書也，與孔氏壁中古文異體。"籀文從金文演化而來。西周末期，金文字體方正微長，行款整齊，筆道勻稱，偏旁、結構基本固定，"稍涉繁複，象形象事之意少，而規旋矩折之意多"（王國維語）。這就和籀文十分相似了，秦國沿用了這種字體。《說文》所附籀文形體繁簡不一，筆勢圓潤，末端尖細。"籀"字從"竹"，可以想見，先用毛筆寫在竹簡上，然後刻出來，這樣一來，筆道圓潤、末端尖細是容易做到的。籀文是金文和小篆間的一種過渡字體。

石鼓文

中國現存最早的刻石文字。因為石呈鼓形，所以稱此刻石文字為"石鼓文"；又因石上所刻的文字內容是關於遊獵的事，也稱石鼓為"獵碣"。

唐朝初年，在天興（今陝西寶雞）名為三畤（zhì 粵 zi⁶）原的地方出土了十塊鼓形石，上面用籀文分別刻著十首記述遊獵情況的四言詩。宋代鄭樵及近代專家考證對比，認為石鼓文為秦代刻石文字。原石現藏北京故宮博物院，石上文字多有漫滅，其中有一石竟一字無存。石鼓文不僅是研究古文字的重要資料，而且是書法藝術的瑰寶。

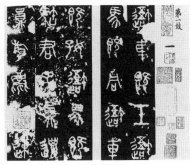

石鼓文大篆字體

古文　六國古文

古文之稱，所指範圍不同。

廣義古文泛指秦統一文字前所有的文字，時間、地點不限，包括甲骨文、金文、籀文和東方六國各國使用的文字。狹義的古文僅指《說文》中所附的古文。《說文》所附古文有五百多字。《説文敍》稱："古文，孔子壁中書也。壁中書者，魯恭王（前155—前129年）壞孔子宅，而得《禮記》、《尚書》、《春秋》、《論語》、《孝經》……孔子書六經，左丘明述《春秋傳》，皆以古文。"秦始皇三十四年（前213年）下令焚書，孔子後裔將院牆改成夾壁牆，將竹簡藏於其中，西漢魯恭王住宅與孔府相鄰，為擴大院落，拆毀孔府院牆，發現了古書，上報朝廷，朝廷派專人前來，將竹簡運回京城整理。壁中書為戰國末年寫本，並非孔子手寫。漢初張倉所獻古文《春秋左氏傳》，為漢初古文經學家輾轉摹寫之本，亦並非左丘明手寫。不僅山東六國文字未統一，即使一國之中也未能劃一。戰國異形文字，大多為偏旁紊亂，繁簡雜出，濫為音假，甚至為了美觀而信筆裝飾。如一二作弌弍，禮礼並見，棄弃並見，年字作秊，疊借作早。六國古文字體不一，與書寫方式多樣化也有很大關係。其中的銅器銘文刻而鑄，石刻、簡書用刀在簡石上刻，繒帛書用毛筆寫等。

‣‣ 小篆

秦代通行的文字。

許慎《説文敍》説："秦始皇帝初兼天下，丞相李斯乃奏同之，罷其不與秦文合者。斯作《倉頡篇》，中車府令趙高作《爰歷篇》，太史令胡毋敬作《博學篇》，皆取史籀大篆，或頗省改，所謂小篆者也。"所謂省改，主要有以下幾個方面：（1）省去籀文中龐雜的部分，歡省作歟。（2）省去籀文中相同重出的部分，轟省作車。（3）省去籀文一些裝飾性符號，中省作中。（4）將籀文會意字添加形符，增加表意功能。如：得，籀文、古文皆作䙷，一手持貝，會意。小篆作得，加形符彳，表示行有所得，變為形聲。（5）更換一些形聲字的形符，使事物的分類更加準確合理：煩改作頦。（6）更換一些字的聲符，使讀音更準確：倆改作仿。（7）更換一些字的六書方式，如雲，古文作"云"，象形，小篆作"雲"，改為形聲。（8）使一些漢字的結構穩定下來。不論甲骨文、金文、籀文、六國古文，構件的位置常常是可左可右，可上可下，可內可外，小篆則使每個字構件的位置固定下來。如：佃，克鐘、柳鼎作𤰍。好，石鼓作孜，小篆用好。質，侯馬盟書作䫆，小篆作上下結構。漢字發展到小篆，象形意味大大減少，符號化更加明顯。小篆的形體結構，跟它以前的文字相比，主要有三方面的不同：一是形體固定，每一個字只有一種寫法；二是部件位置固定，一個字的各個部分不能隨意變動；三是確定一個字由哪些部件組成，不能隨意更換或增減。故而小篆在體式上顯得統一、整齊、平衡，筆勢圓轉勻淨，風格更加協調莊重。現在可以看到的小篆有《泰山刻石》、《瑯邪刻石》。

字磚上的小篆

:: 隸書

《説文敍》："是時，秦燒滅經書，滌除舊曲，大發隸卒興役戍，官獄職務繁，初有隸書，以趣約易，而古文由此絕矣。"

從此以至後世，人們一直認為隸書是由小篆演變而來的。近幾十年來，由於發現的春秋戰國的文物不斷增多，證實了隸書由籀文演變而來，並非出於小篆，而是早於小篆。春秋至戰國初期，籀文、六國古文開始演變為隸書，如長沙的戰國帛書、曾侯乙墓的竹簡等。這一時期的字形，並沒有完全改變籀文、六國古文的結構，只是在筆勢上，書寫方法上有所變化，一些圓轉屈折的筆勢變得相對平直方挺，每一筆畫相對篆書弧度減弱，每個字略呈扁方。但是，至戰國中期，大多數的字仍沒有脱離籀文、古文的窠臼，只有 10% 的字和隸書沒有區別。戰國晚期的青川木牘，為秦武王二年（前 309 年）之物，一件墨書 154 字，已經和後世的隸書一樣了，如逆鋒入筆，平過提出，收筆有波勢等。隸書從籀文、古文演變而來，至秦始皇統一文字，隸書已基本成熟，並在社會上廣泛使用。雖然朝廷頒發了《倉頡》、《爰歷》、《博學》等小篆體的識字課本，推廣小篆，當作正宗，但官府日常用字皆為隸書，"以趣約易"，小篆並未得到廣泛使用，小篆只用在一些特殊莊重場合，如刻石紀功，官頒識字課本等。隸書本身也有變化，如秦隸、漢隸、魏隸的變化等。

:: 楷書　真書

減省漢隸的波磔並糾正草書的漫無標準而形成的一種書體。以形體方正，橫平豎直，可作為楷模，故名楷書。又名"正書、正楷、真書"。

由隸書演變而成，東漢末漸趨形成，一直沿用到今天。唐以前，楷書亦指八分書和隸書。

顏真卿《楷書竹山堂連句》（局部）

附錄：古代漢語語法知識

賓語前置

古代漢語中賓語前置，大体有四類。（一）疑問代詞賓語前置。（二）人稱代詞賓語前置。（三）指示代詞賓語前置。（四）名詞賓語前置。

（一）疑問代詞賓語前置　在先秦上古的文獻典籍中，疑問代詞做賓語，一般都在動詞或介詞前。疑問代詞做動詞賓語前置，如：

1. 吾誰欺，欺天乎？（《論語・子罕》）

2. 王者孰謂？謂文王也。（《公羊傳・隱公元年》）

3. 人而無止，不死何俟。（俟：等待）（《詩經・鄘風・相鼠》）

4. 彼且奚適也？（奚適：去哪兒）（《莊子・逍遙遊》）

5. 朝者曰：“公焉在？”其人曰：“吾公在壑谷。”（《左傳・襄公三十年》）

6. 行賢而去自賢之心，安往而不愛哉！（《莊子・山木》）

7. 〔亡國之君〕雖聞，曷聞？雖見，曷見？雖知，曷知？（《呂氏春秋・任數》）

8. 微君之故，胡為乎中露？（《詩經・邶風・式微》）

疑問代詞做介詞賓語前置，如：

1. 誰為為之，孰令听之。（漢司馬遷《報任安書》）

2. 百姓足，君孰與不足？百姓不足，君孰與足？（《論語・顏淵》）

3. 大車無輗，小車無軏，其何以行之哉？（《論語・為政》）

4. 許子奚為不自織？（《孟子・許行》）

5. 曷為久居此圍城之中而不去也？（《戰國策・趙策》）

6. 項王曰："此沛公左司馬曹無傷言之，不然，籍何以至此？"（《史記・項羽本紀》）

（二）人稱代詞賓語前置 這裏包含兩個條件。第一，全句必須是否定句，句中要有"不、毋（無）、未、莫"等表示否定意義的詞。第二，賓語必須是人稱代詞。如：

1. 日月逝矣，歲不我與。（《論語・陽貨》）

2. 以吾一日長乎爾，毋吾以也。（《論語・先進》）

3. 我無爾詐，爾無我虞。（《左傳・宣公十五年》）

4. 赫赫師尹，民俱爾瞻。（《詩經・小雅・節南山》）

5. 居則曰："不吾知也。如或知爾，則何以哉？"（《論語・先進》）

（三）指示代詞賓語前置

1. 王賜乘馬，是用左王。（賜：賜。乘馬：四匹馬）（《虢季子白盤》金文）

2. 伯夷、叔齊不念舊惡，怨是用希。（《論語・公冶長》）

3. 爾貢包茅不入，王祭不共，無以縮酒，寡人是徵；昭王南征而不復，寡人是問。（《左傳・僖公四年》）

4. 敏而好學，不恥下問，是以謂之文也。（《論語・公冶長》）

5. 惜其不成，是以就極刑而無慍色。（漢司馬遷《報任安書》）

6. 彼民有常性，織而衣，耕而食，是謂同德。（是謂：人們把這叫作）（《莊子・馬蹄》）

7. 天下之非譽，無益損焉，是謂全德之人。（《莊子・天地》）

8. 殺人者不死，而傷人者不刑，是謂惠暴。（《荀子・正論》）

（四）名詞賓語前置　名詞賓語用指示代詞"是、之"的復指放在動詞前。如：

1. 日居月諸，下土是冒。（冒：照耀）（《詩經・邶風・日月》）

2. 將虢是滅，何愛於虞。（《左傳・僖公四年》）

3. 豈不穀是為，先君之好是繼。（《左傳・僖公四年》）

4. 雞鳴而駕，……唯余馬首是瞻。（《左傳・襄公十四年》）

5. 今吳是懼，而城於郚。（《左傳・昭公二十三年》）

6. 君亡之不恤，而羣臣是憂，惠之至也。（《左傳・昭公二十三年》）

7. 諺所謂"輔車相依，唇亡齒寒"者，其虞虢之謂也。（《左傳・僖公五年》）

8. 寡君其罪之恐，敢與知魯國之難？（《左傳・昭公三十一年》）

9. 燕婉之求，得此戚施。（《詩經・邶風・新台》）

10. 吾以子為異之問，曾由與求之問。（《論語・先進》）

11. 此之不為而顧彼之久行。（"此、彼"是指示代詞，亦用"之"復指前置）（《漢書・賈誼傳》）

名詞賓語，用指示代詞復指前置，往往句首用"唯"字呼應。如：

1. 率師以來，唯敵是求。(《左傳・宣公十二年》)

2. 唯吾子戎車是利，無顧土宜。(《左傳・成公二年》)

3. 除君之惡，唯力是視。(《左傳・僖公二十三年》)

4. 余雖與晉出入，余唯利是視。(《左傳・成公十三年》)

謂語前置

古代漢語中謂語的位置和現代漢語基本一致，主語在前，謂語在後。但有時謂語在前，主語在後，稱之為謂語前置。一種出現在疑問句，為突出所要問的人或事，把謂語放在主語之前。如：

1. 何哉，爾所謂达者？(《論語・顏淵》)

2. 伯魚之母死，期而猶哭，夫子聞之，曰："誰與，哭者？"（期：一週年）(《禮記・檀弓上》)

3. 子邪，言伐莒者？(《呂氏春秋・重言》)

另一種是感嘆句，為強調感嘆而前置。如：

1. 賢哉！回也。(《論語・雍也》)

2. 亦太甚矣！先生之言也。(《戰國策・趙策》)

3. 大哉！堯之為君。(《孟子・許行》)

定語後置

古代漢語定語的位置和現代漢語基本上相同，一般放在中心語之前。但是，有時要突出這個定語，就把它放在中心語之後，稱為定語後置。大體可分為四種類型：

(一)"中心詞＋定語＋者"式

1. 求人可使報秦者。（《史記・廉頗藺相如列傳》）

2. 天下吏士趨勢力者，皆去魏其歸武安。（《史記・魏其武安侯列傳》）

3. 嬰乃言袁盎、欒布諸名將在家者進之。（《史記・魏其武安侯列傳》）

4. 募軍中壯士所善願從者都十人。（《史記・魏其武安侯列傳》）

5. 太子及賓客知其事者，皆白衣冠以送之。（《史記・刺客列傳》）

6. 嚴仲子恐誅，游求人可以報俠累者。（《史記・刺客列傳》）

7. 時大風雪，旌旗裂，人馬凍死者相望。（《資治通鑒・李愬雪夜入蔡州》）

(二)"中心詞＋之＋定語＋者"式

1. 物之已至者，人祅則可畏也。（《荀子・天論》）

2. 五穀，種之美者。（《孟子・告子上》）

3. 伯夷，聖之清者也；伊尹，聖之任者也；柳下惠，聖之和者也；孔子，聖之時者也。（時：趕時髦）（《孟子・万章下》）

4. 馬之千里者，一食或盡粟一石。（唐韓愈《雜説四》）

5. 石之鏗然有聲者，所在皆是也。（宋蘇軾《石鐘山記》）

(三)"中心詞＋而＋定語＋者"式

1. 老而無妻曰鰥，老而無夫曰寡，老而無子曰獨，幼而無父曰孤。此四者，天下之窮民而無告者。（《孟子・梁惠王下》）

2. 子貢問曰："有一言而可以終身行之者乎？"（《論語・衛靈公》）

(四)"中心詞 + 之 + 定語"式

1. 揚雲霓（旗）之晻藹兮，鳴玉鸞之啾啾。（戰國楚屈原《離騷》）

2. 帶長鋏之陸離兮，冠切雲之崔嵬。（切雲：冠名）（戰國楚屈原《九章・涉江》）

3. 蚓無爪牙之利，筋骨之強。（《荀子・勸學》）

4. 爾乃豐層覆之眈眈，建高基之堂堂。（豐：增大。層覆：指樓閣。眈眈：深邃）（《文選・何晏〈景福殿賦〉》）

5. 登崤坂之威夷，仰崇岭之嵯峨。（《文選・潘岳〈西征賦〉》）

6. 藉皋蘭之猗靡，蔭修竹之蟬蜎。（《文選・成公綏〈嘯賦〉》）

7. 披荒榛之蒙蘢。（《文選・孫綽〈遊天台山賦〉》）

8. 越弱水之淥淡兮，蹻不周之嶮巇。（《魏書・陽尼傳》載《演賾賦》）

9. 入雲宮之巉嵯，登仙觀之岧嶤。（隋盧思道《納涼賦》）

10. 尋墜緒之茫茫。（唐韓愈《進學解》）

11. 嘗登姑蘇之台，望五湖之渺茫，羣山之蒼翠。（明歸有光《滄浪亭記》）

詞類活用

詞類就是詞的語法分類，如名詞、動詞、形容詞等。古今漢語的詞類基本上是固定的，古漢語中各類詞的語法功能，和現代漢語的也大致相同，例如名詞可做主語、定語、賓語、不帶賓語的謂語，動詞做謂語，形容詞做定語、謂語、狀語等。但在古代漢語中，有些詞可以按照一定的語言習慣而靈活運用，臨時改變它的詞性的基本功能，這就是詞類活用。如《公羊傳・宣公六年》："勇士入其大門，則無人門焉者。"其中"門焉"的"門"由名詞變成動詞，詞義變成"守門"。詞類的活用，不同於詞的兼類。詞的兼類，指的是一個詞在不同的語言環境裏，經常具備兩種或兩種以上詞類的語法功能，它們在意義上有一定的聯繫，又有明顯的區別。

如《左傳‧隱公元年》："公賜之食，食舍肉。"前一個"食"是名詞，指食物，後一個"食"是動詞，意思是吃。這兩種用法在古書中極為常見，又是名詞，又是動詞，是兼類詞，而不是活用。古代漢語中，名詞、動詞、形容詞都有活用現象。

名詞活用作動詞

古漢語中，名詞活用作動詞現象比較普遍，類型較多，我們可根據其類型狀態去辨別是否活用。

(一) 兩個名詞連用，它們之間既不是並列關係，也不是偏正關係，其中必然一個名詞活用作動詞了，因為漢語語句中最重要的是動詞謂語。先看前個名詞活用。

1. 曹子手劍而從之。（手拿着）（《公羊傳‧莊公十三年》）

2. 許子衣褐。（穿）（《孟子‧滕文公上》）

3. 鄂侯爭之疾，辯之急，故脯鄂侯。（殺死做成肉乾）（《戰國策‧魯仲連義不帝秦》）

4. 范增數目項王。（遞眼色）（《史記‧項羽本紀》）

5. 踵門而告文公。（腳跟，活用後義為來到）（《孟子‧滕文公上》）

6. 籍吏民，封府庫而待將軍。（戶口簿，活用後義為登記）（《史記‧項羽本紀》）

7. 狐死首丘，代馬依風。（《後漢書‧班超傳》）

8. 乃幽武，置大窖中，絕，不飲食，天雨雪，武臥齧雪與旃毛並嚥之，數日不死，匈奴以為神。（《漢書‧蘇武傳》）

9. 王安豐婦，常卿安豐，安豐曰："婦人卿婿，於禮為不敬，後勿復爾。"婦曰："親卿愛卿，是以卿卿，我不卿卿，誰當卿卿？"遂恆聽之。（卿，是帝王稱臣下的稱呼）（《世說新語‧溺惑》）

以上是兩個名詞連用，前個名詞活用作動詞，下面是兩個名詞連用，後個名詞活用作動詞。

1. 竊鈎者誅，竊國者侯。（做諸侯）《莊子·胠篋》

2. 齊景公問政於孔子。孔子對曰："君君，臣臣，父父，子子。"公曰："善哉！信如君不君，臣不臣，父不父，子不子，雖有粟，吾得而食諸？"（君要像個君，臣要像個臣，父要像個父，子要像個子）《論語·顏淵》

3. 許子冠乎？《孟子·滕文公上》

4. 張良從外來謁，漢王方食，曰："子房前，客有為我計橈楚權者。"俱以酈生語告於子房。《史記·留侯世家》

（二）代詞前的名詞活用為動詞。因為代詞只能做主語、謂語、賓語，不受名詞修飾。如：

1. 從左右，皆肘之，使立於後。（用肘制止）《左傳·成公二年》

2. 春秋齊魯夾谷之會，齊侯欲以萊人武舞劫持魯公，"孔丘以公退，曰：'士兵之。'"（用兵器殺死他們）《左傳·昭公十年》

3. 顧謂良曰："孺子，下取履！"良鄂然，欲毆之，為其老，強忍，下取履。父曰："履我！"良業為取履，因長跪履之。《史記·留侯世家》

4. 童寄者，柳州蕘牧兒也，行牧且蕘。二豪賊劫持，反接，布囊其口，去逾四十里之墟所賣之。（唐柳宗元《童區寄傳》）

（三）副詞後的名詞活用為動詞。因為副詞只能修飾動詞，不能修飾名詞。如：

1. "晉人禦師必於殽，殽有二陵焉……必死是間，余收爾骨焉。"秦師遂東。《左傳·僖公三十二年》

2. 江水又東。《水經注·三峽》

3. 再火令藥熔。（宋沈括《夢溪筆談》）
　　　△

4. 今京不度，非制也。（不合法度）（《左傳·隱公元年》）
　　　　△

5. 小信未孚，神弗福也。（《左傳·莊公十八年》）
　　　　　　△

6. 以道莅天下，其鬼不神。（作怪）（《老子》六十章）
　　　　　　　　　△

7. 此果不材之木也。（《莊子·人間世》）
　　　　△

8. 物物而不物於物。（支配物而不被物所支配）（《莊子·山木》）
　△　　　　△

9. 高者不旱，下者不水。（澇）（《荀子·富國》）
　　　　　　　　△

（四）能願動詞後的名詞活用作動詞。能願動詞也叫"助動詞"，能、願、欲、可、相等一類的詞，這種詞的語法功能是只與它後面的動詞結合成合成謂語，不能與名詞結合，所以能願動詞後的名詞活用作動詞。如：

1. 道可道，非常道；名可名，非常名。（《老子》）
　　　　△　　　　　　　　△

2. 三日而後能外天下……七日而後能外物……九日而後能外生。（當作身外之物，遺忘）（《莊子·大宗師》）
　　　　　　　△　　　　　　　　　　　　　　　△

3. 沛公欲王關中。（《史記·項羽本紀》）
　　　　△

4. 吾亦欲東耳。（《史記·淮陰侯列傳》）
　　　　△

5. 薛宣為丞相，〔朱〕雲往見之，宣備主禮，謂雲曰："在田雲無事，可留我東閣。"雲曰："小生乃欲相吏也？"（讓我做僚屬）（《漢書·朱雲傳》）
　　　　　　　　　　　　　　△

（五）處所名詞、介詞結構前的名詞活用作動詞。介詞結構的特點，就在於表示動詞的處所、對象，所以介詞結構前的名詞活用作動詞。如：

1. 師還，館於虞。（《左傳·僖公五年》）
　　　　△

2. 晉師軍於廬柳。（《左傳·僖公二十三年》）
　　　△

3. 欒黶門於北門。（守門）《左傳・襄公九年》
   △

4. 周道衰，孔子沒，火於秦，黃老於漢，佛於魏晉齊梁之間。（火：
   △   △
   被火燒。黃老：被黃老之學替代。佛：被佛教替代）（唐韓愈
   《原道》）

5. 晉軍函陵，秦軍氾南。（《左傳・僖公三十年》）
   △   △

6. 故火燭一隅。（照亮）（《呂氏春秋・士容篇》）
       △

7. 及既上，蒼山負雪，明燭天南。（清姚鼐《登泰山記》）
                   △

動詞的使動用法

動詞的使動用法，是主語所代表的人或物並不施行謂語動詞所表示的動作，而是
主語使賓語所代表的人或物施行這個動作。也就是說，動詞謂語的動作，不是主
語發出的，而是主語使賓語發出的。如：晉侯飲趙盾酒。不是晉侯喝趙盾的酒，
而是晉侯請趙盾喝酒。不及物動詞使動用法多，帶了賓語也好判斷。及物動詞也
有使動用法。

(一) 不及物動詞使動用法。如：

1. 莊公寤生，驚姜氏。（《左傳・隱公元年》）
           △

2. 焉用亡鄭以陪鄰。（《左傳・僖公三十年》）
       △

3. 梁客辛垣衍安在？吾請為君責而歸之。（《戰國策・趙策三》）
                           △

4. 小子鳴鼓而攻之可也。（《論語・先進》）
       △

5. 求也退，故進之；由也兼人，故退之。（《論語・先進》）
           △   △

6. 故遠人不服，則修文德以來之。（《論語・季氏》）
                       △

7. 秦時與遊，項伯殺人，臣活之。（《史記・項羽本紀》）
                       △

（二）及物動詞使動用法。及物動詞做使動時，賓語往往省略。如：

1. 晉侯飲趙盾酒。（《左傳·宣公二年》）
　　　△

2. 左右以君賤之也，食以草具。（《戰國策·齊策四》）
　　　　　　　　△

3. 止子路宿，殺雞為黍而食之，見其二子焉。（《論語·微子》）
　　　　　　　　△　　　　　△

4. 欲辟土地，朝秦楚，涖中國，而撫四夷也。（使朝見）（《孟子·梁
　　　　　　△
　惠王上》）

5. 武丁朝諸侯。（使朝見）（《孟子·公孫丑上》）
　　　△

6. 單于使使曉〔蘇〕武，會論虞常，欲因此時降武。（使蘇武投降）
　　　　　　　　　　　　　　　　　　　△
　（《漢書·蘇武傳》）

7. 是其為人也，有糧者亦食，無糧者亦食。（《戰國策·齊策四》）
　　　　　　　　　　　　△　　　　　　△

8. 〔蕭〕何聞〔韓〕信亡，不及以聞，自追之。（使之聞）（《史記·淮
　　　　　　　　　　　　　△
　陰侯列傳》）

形容詞的使動用法

形容詞的使動用法，是形容詞所表示的狀態，不是主語所具有的，而是主語使賓語
所具有的。如：君子遠庖廚，是君子使庖廚遠離，而不是君子遠離庖廚。

1. 勞師以襲遠，非所聞也。（《左傳·僖公三十二年》）
　　△

2. 古之善為道者，非以明民，將以愚之。（《老子》）
　　　　　　　　　　△　　　　△

3. 冉有曰："既庶矣，又何加焉？"曰："富之。"（《論語·子路》）
　　　　　　　　　　　　　　　　　　△

4. 君子正其衣冠。（《論語·堯曰》）
　　　△

5. 抑王興甲兵，危士臣，構怨於諸侯，然後快於心與？（《孟子·梁
　　　　　　△
　惠王上》）

6. 〔舉行祭典〕以正君臣，以篤父子，以睦兄弟，以齊上下。(《禮記‧
   △   △   △   △
   禮運》)

7. 故天將降大任於斯人也，必先苦其心志，勞其筋骨，餓其體膚，空
                          △   △   △
   乏其身，行拂亂其所為。(《孟子‧告子下》)
   △

8. 短屈原於頃襄王。(《史記‧屈原列傳》)
   △

9. 虛囹圄而免刑戮。(漢賈誼《過秦論》)
   △

10. 春風又綠江南岸。(宋王安石《泊船瓜洲》)
          △

名詞的使動用法

名詞的使動用法，是名詞活用作動詞後，使它的賓語所代表的人或物成為這個名
詞所代表的人或物。如："太后豈以為臣有愛不相魏其。"(《史記‧魏其武安侯列
傳》)"相"活用為動詞，"魏其"是賓語，並使"魏其"成為"相"。這樣，"相"是
使動用法。古漢語中，名詞使動用法遠比動詞、形容詞少。如：

1. 吾見申叔，夫子，所謂生死而肉骨也。(《左傳‧襄公二十二年》)
                          △

2. 域民不以封疆之界。(《孟子‧公孫丑下》)
      △

3. 縱江東父老憐而王我，我何面目見之？(《史記‧項羽本紀》)
                  △

4. 齊桓公合諸侯而國異姓。(《史記‧晉世家》)
              △

5. 項王雖霸天下而臣諸侯。(《史記‧淮陰侯列傳》)
              △

6. 天子不得而臣也，諸侯不得而友也。(漢劉向《新序》)
          △   △

7. 然則如之何而可也？曰：不塞不流，不止不行。人其人，火其書，
                                      △
   廬其居，明先王之道以道之。(唐韓愈《原道》)
   △

8. 障百川而東之，回狂瀾於既倒。(唐韓愈《進學解》)
          △

形容詞的意動用法

形容詞的意動用法，將形容詞放在賓語前面，主語認為賓語具有形容詞所表示的性質或狀態，並不是賓語真具有這種性質和狀態。如：

1. 左右以君賤之也，食以草具。(《戰國策・齊策四》)

2. 甘其食，美其服，安其居，樂其俗。鄰國相望，雞犬之聲相聞，民至老死不相往來。(《老子》)

3. 人主自智而愚人，自巧而拙人。(《呂氏春秋・知度》)

4. 吾妻之美我者，私我也；妾之美我者，畏我也；客之美我者，欲有求於我也。(《戰國策・齊策一》)

5. 細萬物，則心不惑矣。(細：認為萬物渺小)(《淮南子・精神訓》)

6. 是故明君貴五穀而賤金玉。(漢晁錯《論貴粟疏》)

7. 將天醜其德而莫之顧邪？(唐韓愈《送孟東野序》)

名詞的意動用法

名詞的意動用法，是把名詞放在賓語前，充當動詞謂語，主語把賓語看成是這個名詞所表示的人或事物。如：

1. 不如小決使道，不如吾聞〔百姓批評〕而藥之也。(《左傳・襄公三十一年》)

2. 言夫人必以其氏姓……夫人之，我可以不夫人之乎？(《穀梁傳・僖公八年》)

3. 於是乘其車，揭其劍，過其友曰："孟嘗君客我！"(《戰國策・齊策四》)

4. 托地而遊宇，友風而子雨，冬日作寒，夏日作暑，廣大精神，請歸於雲。(《荀子・賦》)

5. 且矯魏王令，奪晉鄙兵以救趙……公子乃自驕而功之，竊為公子
   不取也。（《史記・魏公子列傳》）

6. 行無轍跡，居無室廬，幕天席地，縱意所如。（西晉劉伶《酒德頌》）

名詞用作狀語

狀語是加在動詞和形容詞前面的修飾或限制成分。現代漢語裏，一般只有表示時間或處所的名詞，可做狀語，而古漢語裏，普通名詞也經常用作狀語，表示比喻、處所、態度、方式、工具、時間等多種意義。

(一) 普通名詞做狀語，表示比喻。如：

1. 豕人立而啼。（《左傳・莊公八年》）

2. 嫂蛇行匍伏。（《戰國策・秦策一》）

3. 其後，秦稍蠶食魏。（《史記・魏公子列傳》）

4. 天下雲集而響應，贏糧而景（影）從。（漢賈誼《過秦論》）

5. 各鳥獸散，猶有得脫歸報天子者。（《漢書・李廣蘇建傳》）

6. 子產治鄭二十六年而死，丁壯號哭，老人兒啼。（《史記・循吏
   列傳》）

7. 大盜移國，金陵瓦解。（北朝周庾信《哀江南賦序》）

(二) 名詞做狀語，表示處所。如：

1. 舜勤於民而野死。（《國語・魯語》）

2. 今先生儼然不遠千里而庭教之，願以異日。（《戰國策・秦策一》）

3. 童子隅坐而執燭。（《禮記・檀弓上》）

4. 夫以秦王之威，相如廷叱之。（《史記・廉頗藺相如列傳》）

5. 至南鄭，諸將行道亡者數十人。(《史記·淮陰侯列傳》)

(三) 名詞做狀語，表示對人的態度。是把賓語所代表的人或事物，當作狀語
　　名詞所代表的人或事物來對待。一般可譯作"像對待……那樣地"。如：

1. 彼秦者，權使其士，虜使其民。(《戰國策·趙策三》)

2. 今而後知君之犬馬畜伋。(《孟子·萬章下》)

3. 齊將田忌善而客待之。(《史記·孫子吳起列傳》)

4. 楚田仲以俠聞，喜劍，父事朱家。(《史記·遊俠列傳》)

5. 范、中行氏皆眾人遇我，我故眾人報之；至於智伯，國士遇我，
　　我固國士報之。(《史記·刺客列傳》)

(四) 名詞做狀語，表示工具或方式。如：

1. 項羽召見諸侯將，入轅門，無不膝行而前，莫敢仰視。(《史記·
　　項羽本紀》)

2. 叩石墾壤，箕畚運於渤海之北。(《列子·湯問》)

3. 朱亥袖四十斤鐵椎，椎殺晉鄙。(《史記·魏公子列傳》)

4. 秦王車裂商君以徇。(《史記·商君列傳》)

5. 羣臣後應者，臣請劍斬之。(《漢書·霍光傳》)

6. 程李俱東西宮衛尉，今眾辱程將軍，仲孺獨不為李將軍地乎？
　　(《史記·魏其武安侯列傳》)

時間名詞

"時、日、月、歲"做狀語，有些特殊性，即改變了原有的含義。

第一，"時"的用法

用在動詞前，有"按時、到時、有時"等含義。如：

1. 秋水時至，百川灌河。（《莊子·秋水》）

2. 謹食之，時而獻焉。（唐柳宗元《捕蛇者説》）

3. 我決起而飛，搶榆枋，時則不至，而控於地而已矣。（《莊子·逍遙遊》）

用在句首主語的前面，有"那時、當時"的意思。如：

1. 時諸外家為列侯，列侯多尚公主，皆不欲就國。（《史記·魏其武安侯列傳》）

2. 時曹公軍眾已有疾病。（《三國志·吳志·周瑜傳》）

3. 時大風雪，旌旗裂，人馬凍死者相望。（《資治通鑒·唐憲宗元和十二年》）

4. 汝時尤小，當不復記憶；吾時雖能記憶，亦未知其之悲也。（唐韓愈《祭十二郎文》）

以上各句中的"時"，都沒有"時常"的意思。

第二，"日、月、歲"的用法

用在具有行動性的動詞前面，有"日日"（每天）、"月月"（每月）、"歲歲"（每年）的意思。

1. 君子博學而日參省乎己，則知明而行無過矣。（《荀子·勸學》）

2. 園日涉以成趣，門雖設而常關。（晉陶淵明《歸去來兮辭》）

3. 公家日以窘，而民日以窮而怨。（宋王安石《上運使孫司諫書》）

4. 今有鄰日攘其鄰之雞者……月攘一雞，以待來年然後已。（《孟子·滕文公下》）

5. 良庖歲更刀，割也；族庖月更刀，折也。(《莊子·養生主》)
　　　　△　　　　　　　　　　　△

"日"用在表示發展變化的動詞、形容詞前，表示"一天一天地"。

1. 故君子之所以日進，與小人之所以日退，一也。(《荀子·天論》)
　　　　　　　　△　　　　　　　　　　　△

2. 事日急，諸公莫敢復明言於上。(《史記·魏其武安侯列傳》)
　　△

3. 田單兵日益多，乘勝，燕日敗亡。(《史記·田單列傳》)
　　　　△　　　　　　　△

4. 賤妾守空房，相見常日稀。(《孔雀東南飛》)
　　　　　　　　　　△

"日"用在句首主語前，是"往日"的意思。

1. 日君以夫公孫段為能任其事，而賜之州田。(《左傳·昭公七年》)
　△

2. 日宋之盟，屈建問范會之德於趙武。(《左傳·昭公二十年》)
　△

3. 文公在狄十二年。狐偃曰："日吾來此也，非以狄為榮，可以成事
　　　　　　　　　　　　　　△
　也。"(《國語·晉語》)

有時，"歲、日"做狀語，是"按年、按日"的意思。如：

今吾日計之而不足，歲計之而有餘。(《莊子·庚桑楚》)
　　△　　　　　　　△

以上各句中"日、月、歲"的用法，都和現代漢語有所不同。

附表索引

筆畫索引

273

274